EIFEL

Von Aachen bis Trier und vom Rhein bis ins Hohe Venn

Alexander Richter

TRESCHER VERLAG

1. Auflage 2018

Trescher Verlag
Reinhardtstr. 9
10117 Berlin
www.trescher-verlag.de

ISBN 978-3-89794-421-3

Herausgegeben von Bernd Schwenkros und
Detlev von Oppeln

Reihenentwurf und Gesamtgestaltung:
Bernd Chill
Gestaltung, Satz, Bildbearbeitung: Ulla Nickl
Lektorat: Sabine Fach, Sabine Zitzmann-Startz
Stadtpläne und Karten: Johann Maria Just,
Martin Kapp

Gedruckt auf chlorfrei gebleichtem Papier

Printed in Germany

Alle Angaben in diesem Reiseführer wurden
sorgfältig recherchiert und überprüft. Dennoch
können Entwicklungen vor Ort dazu führen,
dass einzelne Informationen nicht mehr aktuell
sind. Gerne nehmen wir dazu Ihre Hinweise und
Anregungen entgegen. Bitte schreiben Sie an
post@trescher-verlag.de.

Titelbild: Monreal (→ S. 106)
vordere Umschlagklappe: Maar bei Daun
(→ S. 163)
hintere Umschlagklappe: Ahreifel
(→ S. 113)

Schloss Bürresheim bei Mayen

Vorwort

Als Junge in Köln hatte ich so alle sechs Wochen am Samstag oder Sonntag die Wahl, eine Tour ins Bergische Land oder in die Eifel zu unternehmen. Und da in Euskirchen (Voreifel) und Daun Tanten und Onkel wohnten, war die Entscheidung meist vorgegeben: ab in die Eifel! Ich habe hier meine erste Zigarette geraucht und in der Jugendherberge auf der Burg in Blankenheim meine erste Freundin geküsst. Schöne Erinnerungen, die geblieben sind.

Und jetzt, viele Jahre später, waren meine Frau und ich im Frühsommer in der Eifel in den Ferien – zwei Wochen bei meist schönem Wetter. Wir wanderten in der Nord- und Rureifel im einzigen Nationalpark von Nordrhein-Westfalen und haben eine Landschaft bewundert, die jetzt wieder ganz sich selbst überlassen bleibt. Wir fuhren auf dem großen Rursee Boot und gerieten in Monschau mitten in die TV-Dreharbeiten für die ›Eifel-Praxis‹. Wir waren im Hohen Venn, dem Eifelfortsatz im Norden, und sind mal eben ›rübergehüpft‹ nach Belgien, um hier aus der Tüte zweimal frittierte Pommes zu genießen. In Aachen, der Eifel-Grenzstadt im Norden, wandelten wir auf den Spuren Karls des Großen – und erlebten bei einem späteren Besuch einen der schönsten Weihnachtsmärkte Deutschlands.

Wir sahen uns auch im Osten der Eifel um, kehrten im bekannten Eifelkloster Maria Laach ein und erlebten live im Laacher See, wie tief im Erdinnern die Erde noch brodelt und kleine Gasbläschen an die Seeoberfläche schickt. Im nahen Mendig erinnerte uns gleich einiges an die vulkanische Vergangenheit der Region – u. a. der Lava-Dome und die Vulkan-Brauerei, die die große Bier-Vergangenheit von Mendig süffig in die heutige Zeit gerettet hat. Und wir entdeckten noch viel mehr: Mayen, wo der große Mime Mario Adorf seine Jugend erlebte, das hübsche Fachwerkstädtchen Monreal, die Maifeld-Hochebene mit Münstermaifeld als Hauptort sowie die berühmte Burg Eltz sind Highlights für jeden Eifelbesucher. Das gilt auch für die Ahr-Eifel, die für viel Romantik und exzellente Rotweine Pate steht.

Die Hohe Eifel bildet mit der Hohen Acht das Dach des Mittelgebirges und hat mit dem Nürburgring eine weltweit bekannte Sehenswürdigkeit vorzuweisen. Auch wenn am Ring jüngst viele ›Show-Pläne‹ krachend platzten, ist die Faszination der Grünen Hölle ungebrochen.

In Bad Münstereifel shoppten wir im City-Outlet und probierten in Heinos Café die berühmte Nusstorte. Im Freilichtmuseum Kommern lernten wir viel über das einfache Eifelleben unserer Vorfahren.

Die Maare der Vulkaneifel erlebten wir spektakulär aus der Luft, und in Maarfeld und Schalkenmehren haben wir prächtig gewohnt und gegessen. Das gilt auch für Bitburg, wo uns in der Brauerei das Bier gut gemundet hat. Ein Ausflug nach Luxemburg und in die belgische Eifel (Ardennen) durfte ebenfalls nicht fehlen.

Ganz im Süden grenzt die Eifel an die Mosel. Viele beliebte Flussstädtchen wie Cochem oder Traben-Trarbach und Busse voller Besucher stehen hier in direktem Kontrast zum ›Geheimtipp Eifel‹, wo das Leben ein wenig beschaulicher, ruhiger und stressfreier abläuft. Nicht fehlen darf ein Abstecher nach Trier, der ältesten Stadt in Deutschland. Die reichlich vorhandene römische Vergangenheit paart sich in der Geburtsstadt von Karl Marx mit einer fast schon südländischen Gelassenheit – einfach schön. So wie die Eifel. Entdecken Sie sie. So wie wir.

Annäherung an die Eifel

Die schönsten Eifel-Ziele

Maare ▼

Sie sind die ›Augen der Eifel‹, wassergefüllte oder verlandete Relikte des aktiven Vulkanismus vor Ort. Heute sind die Maare ein beliebtes Freizeitziel – z.B. drei auf einen Streich in Schalkenmehren (bei Daun). In einigen Maaren darf man schwimmen, in anderen Bötchen fahren. → S. 163

Nürburgring

Die ›grüne Hölle‹ der Eifel ist eine Legende des Motorsports, die nach wie vor fasziniert. Ob auf der kurvigen Nordschleife oder im Erlebnismuseum Ringwerk, ob in den Städtchen drum herum (wie Adenau) oder den Bergen (etwa die Hohe Acht) – die Region Nürburgring begeistert. → S. 137

Rursee

Die Rurtalsperre Schwammenauel ist mit Rur-, Ober- und Urftsee einer der ganz großen Wasserspeicher in Deutschland. Die ›Eifler Seenplatte‹ gilt auch als ein Dorado für Aktive: Boot fahren, wandern, schwimmen. Einmal im Jahr, immer Ende Juli, lockt das Feuer-Spektakel ›Rursee in Flammen‹. → S. 64

Nationalpark Eifel ▶

Im Eifel-Nationalpark hat die Natur das Sagen, der Mensch greift so gut wie nicht ein. Die Nationalpark-Ranger wissen Bescheid und führen Gäste gerne und kostenlos durch Wald und über Wiesen. Das Zentrum des Nationalparks im IP Vogelsang ist die Ausstellung ›Wildnisträume‹ – ein Hingucker. → S. 73

Hohes Venn

Torfheiden und rostorange leuchtendes Pfeifengras. Dazu knorrige Moorbirken, moorige Wassertümpel und endlose Erikaweiten. Im Nieselregen und bei Nebel ist das Venn nichts für Feiglinge. Aber unheimlich schön. Durch den deutsch-belgischen Naturpark Hohes Venn wandert man auf Holzstegen und trifft oft stundenlang keinen Menschen. → S. 62

Kommern und Zülpich ▶

Wie das bäuerliche Leben der Region früher ausgesehen und wie es sich entwickelt hat, zeigt das Freilichtmuseum in Kommern in der Vordereifel. Eine alte Schule, eine verrauchte Kneipe – 70 Originalgebäude von anno dazumal wecken viele und meist angenehme Erinnerungen (→ S. 92). Ganz in der Nähe liegt auch Zülpich: Die alte Römertherme und das angeschlossene Museum für Badekultur lassen tief blicken. → S. 94

Klöster

Ob Maria Laach oder Himmerod, ob Steinfeld oder Mariawald – an Klöstern kennt die Eifel keinen Mangel. Jedes einzelne hat seine ganz eigene Ausrichtung und Spezialitäten: In Maria Laach z.B. geben sich gerne und oft Bustouristen die Klinke in die Hand, während Steinfeld eher ein Ort der Besinnung ist. → S. 71, 98, 175

Burg Eltz
Sie ist die Mutter aller Eifel-Burgen und der touristische Leuchtturm der Osteifel-Region: Burg Eltz in Wierschem, die zu DM-Zeiten die Rückseite der 500er Note zierte. Die private Zinnen-Anlage ist nur per pedes (oder mit dem Pendelbus) erreichbar, lohnt eine Besichtigung und einen Snack auf der Terrasse. → S. 111

Monreal ▼
Idyllisch im Tal des Elzbachs gelegen, bezaubert des einstige Zentrum der Tuchindustrie mit besonders hübschen Fachwerkhäusern und gleich zwei Burgen. → S. 106

Mendig ▲
Die kleine Stadt war einst Zentrum des Basalt- und Lavaabbaus und ist deshalb massiv untertunnelt. Einige dieser ›Höhlen‹ kann man noch besichtigen, etwa den tiefen Bierkeller der Vulkanbrauerei oder den ›Parade‹-Keller, der auf einer Führung durch den Lava-Dom besucht werden kann. Auch die nahe Straße des Vulkanismus hat großen Erlebniswert. → S. 103

Eifelsteig
Auf 313 abwechslungsreichen Kilometern führt der mehrfach ausgezeichnete Fernwanderweg in 15 Tagesetappen einmal quer durch das Mittelgebirge – von Aachen bis Trier. Oder umgekehrt. Man kann auch bequem nur einzelne Etappen laufen, z.B. die von Gemünd bis Kloster Steinfeld. Die leckere Klosterküche und ein ordentliches Bett erwarten den Wanderer. → S. 51

Monschau ▶
Die kleine Stadt ist für ihr geschlossenes mittelalterliches Stadtbild mit vielen Fachwerkhäusern bekannt. Überragt wird der lebendige Ort mit seinen vielen Läden und Cafés von einer imposanten Burgruine. → S. 80

Tief im deutschen Westen, wo bekanntlich die Sonne versinkt, hat die Eifel als vulkangeprägtes Mittelgebirge viel zu bieten. Tolle Landschaften, nette kleine Städtchen, viel Fachwerk und massenhaft Burgen. Die Eifel ist ein starkes Stück Deutschland.

Eine Burg wie aus dem Ritteroman; Eltz in der Osteifel

ANNÄHERUNG AN DIE EIFEL

Im Land der Vulkane

Die Eifel ist Vulkanland. Nirgends in Deutschland ist die feurige Vergangenheit der Erde derart präsent. Vor allem in der Ost-, Vulkan- und Westeifel sind rund 350 dieser Fels- und Feuerspucker bekannt, von denen nach Ansicht der meisten Wissenschaftler viele nur ruhen und durchaus noch einmal ausbrechen können. Nun ja, die letzten Ausbrüche sind über 13 000 Jahre her, es wird also wohl noch etwas dauern, bis…wenn überhaupt.

Der Laacher See-Vulkan ist wohl der bekannteste, der Ulmener Deutschlands jüngster Vulkan, der wie zahlreiche andere ein Maar als Erbe für die Nachwelt bereitstellt. Gut 70 dieser Maare gibt es noch eifelweit (s. Vulkaneifel), die meisten von ihnen sind verlandet, also für Laien nur noch schwer als vulkanische Hinterlassenschaft zu erkennen. Die ›Faszination Vulkanismus‹ kann man in der Eifel vielfach erleben, allein im sogenannten Vulkanpark in der Osteifel (→ S. 15) sind sechs Höhepunkte präsent. Hinzukommt die Region um den Laacher See. In der Vulkan- und Westeifel bündelt der Nationale Natur- und Geopark Vulkaneifel (→ S. 144) viele Aktivitäten.

Man kann aber auch auf eigene Faust auf der Deutschen Vulkanstraße fahren und sich an 39 Standorten informieren (www.deutsche-vulkanstrasse.de). Auch die Lava-Bombe in Strohn oder der Brubbel in Wallenborn (→ S. 156) sind lohnende Vulkan-Ziele.

In der Vulkan- und Westeifel (→ S. 143) begeistern Vulkankegel, Mineralwasserquellen und vor allem die diversen Maare, die Eifel-Dichterin Clara Viebig mal als die Augen der Eifel beschrieb, die Besucher. Seit Ende 2015 präsentiert der Natur- und Geopark Vulkaneifel stolz den Titel ›UNESCO Global Geopark‹. Im European Geoparks Network ist die Vulkaneifel vertreten, zusammen mit der Vulkanregion Osteifel wurde sie von der Alfred-Wegener-Stiftung in Kooperation mit dem Bundesministerium für Bildung, Wissenschaft und Forschung als ›Nationaler Geopark‹ ausgezeichnet. Im Jahre 2016 wurde der Geopark in einen Ostteil (Laacher See) und in den zentralen (West-)teil auseinanderdividiert – aus Marketing-Gründen. (www.geopark-vulkaneifel.de)

Die Deutsche Vulkanstraße führt vom Rhein bis in die Hohe Eifel

Vulkanpark Osteifel

Für einen ›feurigen‹ Einstieg ins Thema aber ist der Vulkanpark der Osteifel mit sechs ›heißen‹ Adressen die erste Wahl.
Bei allen im Folgenden genannten Angeboten gibt es auch Familien- und Gruppenkarten, letztere aber oft nur nach Voranmeldung. Außer den hier erwähnten Karten für verschiedene Attraktionen im Vulkanpark gibt es keine Kombikarten. Mehr Informationen finden sich auf den einzelnen Websites oder unter über das Infozentrum des Vulkanparks in Plaidt südlich von Andernach.

Infozentrum Vulkanpark

Im Infozentrum ist die Ausstellung in drei verschiedene Bereiche unterteilt: Vulkanologie, Archäologie und Steinerlebnisgarten. In der Vulkanologie können sich Besucher große Leuchtbilder und Filme anschauen. Bei der Archäologie geht es im Römerbergwerk um die Steingewinnung – von den Römern bis in die Neuzeit. Und im Garten dreht sich alles um Steine, so gibt es etwa ein Stein-Xylophon oder einen Summstein. Ein Audioguide als Erklärhilfe ist ratsam.
Infozentrum Vulkanpark, Rauschermühle 6, 56637 Plaidt, Tel. 02632/98750. 15. März–31. Okt. Di–So sowie an Feiertagen 9–17 Uhr. Übrige Zeit Di–So 11–16 Uhr. www.vulkanpark.com; Karte → S. 99

Lava-Dome in Mendig

Auf 700 Quadratmetern Ausstellungsfläche wird das ›Kuriosum Vulkanismus‹ weltweit aus verschiedenen Blickwinkeln beleuchtet und verständlich erklärt. Multimedial wird ein Vulkanausbruch gezeigt, auch ein Rundkino ist vulkangerecht aufgemacht. An mehreren Experimentiertischen können die Besucher selbst aktiv werden. ›Sprechende Steine‹ erzählen die Geschichte verschiedener Vulkane.
Wer noch tiefer eintauchen will, geht unter die Erde (muss zusätzlich gebucht werden): Beim sogenannten Lavakeller handelt es sich um ein Labyrinth aus Schächten und

Die Vulkanbrauerei in Mendig

Stollen, die einmal alle miteinander verbunden waren, heute aber nur noch vereinzelt genutzt werden. Der Keller beim Lava-Dome befindet sich etwa 30 Meter unterhalb der Erdoberfläche und ist fast drei Quadratkilometer groß. Führungen sind möglich, der Zugang erfolgt über eine steile Treppe mit 150 Stufen (oder für Gehbehinderte über einen Aufzug), die Treppen führen dabei durch einen erkalteten Lavastrom. Für einen Besuch von Museum und Keller, u. U. mit anschließender Brauereibesichtigung (der Vulkan Bräu liegt direkt nebenan), sollte man locker einen halben Tag einplanen! → S. 103
Lava-Dome Mendig, Brauerstraße 1, 56743 Mendig, Tel. 02652/9399222. Di–So sowie Feiertage, 10–17.30 Uhr (letzter Einlass 16.45 Uhr); Mo geschlossen, nur in den Ferien RLP und NRW und an Feiertagen auch montags geöffnet! Eintritt (Dome und Keller) Erw. 9,50 €, Kinder bis 16 Jahre 7,50€, Kinder unter 100cm Größe frei. www.lava-dome.de; Karte → S. 99

Geysir Andernach

In Andernach am Rhein (knapp außerhalb der Eifel) befindet sich der höchste Kaltwassergeysir weltweit, er sprudelt bis zu 60 Meter hoch und wird ›angetrieben‹ durch

Der Kaltwassergeysir in Andernach

vulkanisches Kohlendioxid aus dem Erdinneren. Eine multimediale Ausstellung thematisiert das Naturspektakel, die Besucher begleiten quasi ein Kohlenmonoxidmolekül auf seiner Reise vom Erdinneren bis hin zum Kaltwassergeysir. Es gibt verschiedene Experimentierstationen und multimediale Elemente. Nach der Theorie folgt spektakulär die Praxis: Mit dem Schiff setzt man auf dem Rhein über zur Halbinsel Namedyer Werth und erlebt live den Ausbruch des Geysirs. Für den Besuch sollte man zweieinhalb bis drei Stunden Zeit einplanen.

Geysir Zentrum Andernach, Konrad-Adenauer-Allee 40, 56626 Andernach, Tel. 02632/9580080. In der Saison (2. April–31. Oktober): 9–17.30 Uhr. Fahrtzeiten des Schiffes: täglich (Ende März –Ende Oktober) 11.15, 13.05, 15 und 17 Uhr; Gruppen müssen sich vorher anmelden. Eintritt: Kinder bis 100cm frei; Kinder bis 16 Jahren, Schüler, Studenten, Behinderte 9,80 €; Erwachsene 15 €.
www.geysir-andernach.de ; Karte → S. 99

Terra Vulcania in Mayen

Im Erlebniszentrum werden die Besucher in der Ausstellung ›Steinzeiten‹ zu Bergarbeitern in einem 7000 Jahre alten Basaltsteinbruch und können verschiedene Arbeitsschritte (etwa kranen oder hebeln) selbst ausprobieren. Verschiedene Animationen und Filme zeigen, wie der Mensch in den vergangenen Jahrhunderten in der Eifellandschaft gelebt und sie auch für sich genutzt hat. Am Ende der Ausstellung kann man das erlernte Wissen im ›Klassenzimmer‹ anwenden

Nach Besuch der Ausstellung kann man durch das angrenzende Mayener Grubenfeld spazieren und reale Schauplätze der Bergbaugeschichte live erleben. Interessant für Besucher sind auch der Silbersee und der Lapidea-Skulpturenpark. Das Steinbruchgelände, das seit 2014 unter Naturschutz steht, gilt als wichtigstes Fledermausquartier in Deutschland, in dem tausende Fledermäuse leben. Der ehemalige Grubeneingang ›Schacht 700‹ wurde für Besucher zur Tierbeobachtung freigegeben. Für den Besuch in das Mayener Grubenfeld und von Terra Vulcania sollte man etwa zwei Stunden einplanen. → S. 16

Terra Vulcania, An den Mühlsteinen 7, 56727 Mayen, Tel. 02651/491506. In der Saison (10. April–4. November): Di–So 10–17Uhr, Mo geschlossen, außer in den Ferien in RLP und NRW und an Feiertagen. Eintritt Kinder bis 100 cm: frei, Kinder bis 16 Jahre, Schüler, Studenten, Behinderte: 3,50 €, Erwachsene: 6 €, www.terra-vulcania.de Karte → S. 99

Deutsches Bimsmuseum in Kaltenengers

Das Gebäude ist geradezu ideal: Das Museum erzählt die 150-jährige Geschichte der Bimsindustrie in einer ehemaligen Bimsfabrik, in der vor wenigen Jahren noch produziert wurde. Draußen können deshalb auch noch die Originalmaschinen bestaunt werden. Viele von ihnen aufbereitet und zeigen die einzelnen Arbeitsschritte. Besucher können sich auch einen Förderschacht anschauen. Durch Fotos, Dokumente und Zeitzeugenberichte erfährt man zudem vieles aus dem Alltagsleben der Arbeiter. Für den Besuch im Museum sollte man ein bis anderthalb Stunden einplanen.

Bimsmuseum Kaltenengers, Rübenacher Straße, 56220 Kaltenengers, Tel. 02631/22227 (Mo–Fr 8–16 Uhr), 01575/3224154 (Fr–So ab 13 Uhr). 1. April bis 31. Oktober, Freitag bis Sonntag 13–17 Uhr
Eintritt Erw. 5 €, bis 16 Jahre 3,50 €, Kinder unter 100 cm Größe frei.
www.bimsmuseum.de

Römerbergwerk Meurin

In Kretz kann man ein Bergwerk wie zu Zeiten des römischen Kaisers Konstantin I. besichtigen. Hier wurde durch modernen Bimsabbau der antike Steinbruch freigelegt. Schon damals brachen römische Kumpel und Soldaten Tuffblöcke. Die frühere Decke der alten Grube existiert nicht mehr, sie ist eingestürzt oder wurde abgetragen. Stattdessen führen heute Stege und Treppen in und über das Stollensystem, sodass die Interessierte auch von oben einen Blick in das Bergwerk werfen können. Und sie können sich in die engen Gänge stellen

und nachvollziehen, wie hart der Steinabbau damals war. Auch erinnern Filme und Ausstellungsstücke an die Arbeit zu Römerzeiten. Draußen vor der Tür erwartet die Besucher eine ›antike Technikwelt‹, durch die es immer mittwochs und sonntags kostenlose Führungen gibt. An verschiedenen Stationen und Werkstätten dreht sich alles um die Welt des römischen und mittelalterlichen Bauwesens. Viele alte Techniken kann man ausprobieren, und es gibt Rekonstruktionen von alten Maschinen, etwa einen alten Baukran, mit dem zwei starke Personen früher 500 kg heben konnten. Für den Besuch sollte man zwei Stunden Zeit einplanen.

Römerbergwerk Meurin, Nickenicher Straße (an der B256), 56630 Kretz, Tel. 02632/98750. Weil das Museum nicht beheizt ist, ist es nur in der Sommersaison geöffnet. 15. März – 31. Oktober: Di–So 9–17 Uhr, Mo geschlossen außer in den Ferien von RLP und NRW und an Feiertagen. Eintritt Erw. 4,90 €, bis 16 Jahre 2,60 €, Kinder unter 100 cm Größe frei.
www.roemerbergwerk.de
Karte → S. 99

Maare sind typische Ausprägungen des Vulkanismus

Annäherung an die Eifel

Geschichte und Wirtschaft

Mittendrin, aber nie ganz vorne dabei – das war das Los der Eifel im Lauf der Geschichte. Und daran hat sich auch bis in die Gegenwart nichts geändert. So ist das Mittelgebirge im tiefen deutschen Westen heute auf zwei Bundesländer aufgeteilt, wird von Landespolitikern in Düsseldorf (NRW) und Mainz (Rheinland-Pfalz), von Regierungspräsidien in Köln, Koblenz und Trier, von der Bundespolitik in Berlin sowie von der EU in Brüssel und Luxemburg beeinflusst und mitverwaltet.

Die ›Musik zur Eifel‹ hat immer an ihrem Rand gespielt – mit einer Ausnahme: Die Vulkanausbrüche der Stein- und Bronzezeit prägen das Landschaftsbild bis heute. Nicht minder bekannt sind die zahlreichen Burgen der Eifel – die Region galt einst mit gut 140 Burggemäuern als einer der burgenreichsten Landstriche in Europa. Viele davon sind bis heute ganz oder als Ruinen erhalten.

Im Laufe der Geschichte war die Eifel immer ein Stück vereinte Natur, zusammengehalten vom rauem Klima, strebsamen, aber armen Menschen und wildester Wildnis. Politisch war die Eifel stets fremdbestimmt. Bei den Kelten war das so, bei den Römern erst recht, die mit Trier im Süden und Köln im Nordwesten ihre machtpolitischen Zentralen außerhalb des Eifellandes hatten. Die hügelige Landschaft drumherum war für sie Durchmarsch- und Rückzugs- bzw. Erholungsgebiet – so mache Villa und Therme entstand aus diesem Grund. Wenn man so will: die Römer brachten auch ein Stück Glanz in die Eifel. Immerhin!

Auf die Römer folgten die Franken, die Gaue (auch den Eifelgau) und Bauerndörfer errichteten und die Christianisierung der Region vorantrieben. Die Doppelabtei Stablo-Malmédy sowie die Klöster in Echternach und Prüm spielten dabei wichtige Rollen.

Im 9. Jahrhundert wuchs der französische Einfluss, während die existierenden Herzogtümer und Gaue an Bedeutung verloren. Neue kleine Grafschaften bauten große Burgen, bekriegten sich und eroberten Land, das sie dann als ihr Eigentum betrachteten. Viele Kleinstterritorien zerstückelten in der Folge die Eifel. Auch Klöster und Kirchenbesitz sowie die rivalisierenden Erzbistümer in Köln und Trier prägten den entstehenden bunten Flickenteppich Eifel, der alles

Herbst im Kylltal

Dokumentationszentrum zur Via Roma in Blankenheim

war, nur nicht geeint. Die mächtigen Herren in Köln und Jülich im Norden sowie Trier und Luxemburg im Süden bestimmten, was zu geschehen hat im Eifelland.

Kriege, Verwüstungen, Opfer und bittere Armut ziehen sich wie ein schwarzer Faden durch die späteren Eifel-Jahrhunderte.

Der Wiener Kongreß 1815 schlug die Eifel zur preußischen Rheinprovinz, was der Infrastruktur der Region gut tat. Dennoch: die große Industrialisierung blieb aus. Die beiden Weltkriege brachten erneut großes Elend, Trümmerfelder und zigtausende Tote. Die Eifel war wieder einmal unverschuldet zwischen die Fronten geraten. Wie so oft in ihrer Geschichte: mittendrin, aber nie bestimmend dabei.

Via Roma – die Eifel-Römer

»Als die Römer frech geworden, zogen sie nach Deutschlands Norden«, haben wir (Germanen-)Kinder früher mit erhobenen Haupt gesungen, ohne zu wissen, was wir da eigentlich von uns gaben. Als Römer verkleidete man sich zu Karneval; Cäsar, Augustus und Co. quälten uns im Lateinunterricht. Aber sonst?

Die Geringschätzung von damals entbehrt natürlich jeder Grundlage: Zu ihren besten Zeiten (um 115 n. Chr.) regierten die Römer ein Weltreich, in dem die Eifel mittendrin lag. Viele römische Spuren findet man bis heute vor Ort, und sehr oft bewegt man sich auf einer ursprünglich von römischen Bausoldaten angelegten *via publica*, einer öffentlichen Straße. Davon hatte das Römische Reich mehr als genug: Man spricht heute von einer imposanten Straßenausdehnung von über 100 000 Kilometern. Einige 100 davon führen durch die römische Provinz *Germania inferior* (Niedergermanien) und damit zu einem großen Teil auch durch die Eifel.

Der Erlebnisraum Römerstraße wird heute auch in dem **Projekt ›Via‹** sichtbar. 18 Kommunen und der Landschaftsverband Rheinland suchen gemeinsam neue Wege in die Geschichte des Rheinlands und machen sie als Puzzle- und Spurensuche, gepaart mit einer Prise Phantasie, auch wieder erlebbar. Vor allem die beiden römischen Fernstraßen von Köln nach Boulogne-sur-Mer (die *Via Belgica*) und die berühmte Agrippastraße von Köln über Trier und Lyon nach Mar-

Informationsstele an der alten Via Agrippa bei Nettersheim

seille sind im Rheinland wieder – im wahrsten Sinn des Wortes – erfahrbar. Ein Rad- und Wanderweg, der so nah wie möglich an den Originalverlauf der einstigen Fernstraßen anknüpft, sowie zahlreiche Info-Stelen bieten Einblicke in den römischen Alltag entlang zweier Straßen, die man heute Autobahn nennen würde ( ).

In **Zülpich**, dem alten *Tolbiacum*, traf sich die römische Welt: Hier war nicht nur ein wichtiger Kreuzungspunkt der Via Agrippa mit anderen Straßen. Hier luden auch Herbergen, Kneipen und eine Wechselstation für Pferde und Gespanne zum Verweilen ein. Die Reste der imposanten römischen Thermen in Zülpich und viele Landhäuser (*villae publiccae*) in der Umgebung erinnern an diese bewegte Zeit – die Römer waren die ersten und nicht die schlechtesten Straßenbaumeister der Welt. Denn in Rom wusste man schon damals: Nur wer mobil ist, regiert die Welt.

Die Eifel erinnert in vielfältiger Weise an das große Römische Imperium. Am Rand des Mittelgebirges beherbergen Trier (u. a. die Porta Nigra) und Köln (u. a. das Römisch-Germanische Museum) mit Abstand die meisten Schätze des alten Rom. In der Domstadt am Rhein gilt sogar der Spruch, dass jeder, der hier zehn Meter in die Erde gräbt, auf irgendetwas Römisches stößt, was Tiefbauarbeiten zuweilen langwierig macht.

Auch in der Eifel kann man davon ein Lied singen. Da die Römer wie die Weltmeister bauten, benötigten sie für ihren Mörtel jede Menge Baukalk. Den brannten sie aus Kalkstein oder Dolomit. Die nördlichen Ausläufer der **Kalkeifel** bei Bad Münstereifel-Iversheim eigneten sich da zum Abbau bestens – sie lagen schließlich nicht weit entfernt von den städtischen Baustellen (etwa Köln, CCAA) und den Militärlagern am Rhein. Wie die Römer Kalk brannten und wie sie als Handwerker Maßstäbe setzten, erlebt der Besucher live in der Kalkbrennerei Iversheim.

Auch wussten die Römer sich die Vorzüge und die natürlichen Reichtümer der Region zu Nutzen zu machen. So schaffte es die römische Ingenieurkunst, kristallklares Eifelwasser über rund 90 Kilometer bis nach Köln zu transportieren. Die **Wasserleitung**, die im Urfttal bei Nettersheim am Grünen Pütz begann, verlief teilweise überirdisch, ihre Reste sind heute noch sichtbar. Der größte Teil des ›Römerkanals‹, der sich einzig des natürlichen Gefälles bediente, ist indes längst unter Straßen, Wegen und Feldern begraben.

Aber die Römer haben in der Eifel noch vielmehr hinterlassen: prachtvolle Villen oder Tempelanlagen, Töpfereien und Glasbläsereien. Und die Herren aus dem Süden waren pfiffig, als es galt, die Bodenschätze der Region zu erschließen. Auch eine römische Langmauer ist in der südlichen Eifel (in Herforst und in Zemmer) in Teilen erhalten bzw. aus original römischen Steinen rekonstruiert worden.

Römische Eifel-Höhepunkte

▸ die Römervillen in Bad Neuenahr-Ahrweiler (→ S. 123) sowie u.a. in Bollendorf, Fließem, Gerolstein, bei Bitburg
▸ die Thermen von Zülpich (→ S. 94)
▸ der Quelltempel von Birresborn
▸ die Kalkbrennerei in Bad Münstereifel-Iversheim (→ S. 89)
▸ die Römerstraße bei Hillesheim
▸ an jedem dritten Wochenende im Juli steht auf dem Areal rund ums Erlebniszentrum Terra Vulcania am Mayener Grubenfeld (→ S. 16) ein Römerfest auf dem Programm. Die Legio XXII Primigenia aus Bitburg präsentiert ein ziviles und ein militärisches Lager der Römerzeit (Tel. 02651/903004, Tourist-Info).

Eifel-Wirtschaft

»Wo Eifel drauf steht, ist auch Eifel-Qualität drin.« Das mag nicht in allen Fällen stimmen, ist aber doch ein erstaunlicher Wertewandel gegenüber alten Zeiten. Da wurde die Eifel als ›Rheinisch- oder Preußisch-Sibirien‹ verspottet, als Arme-Leute-Land verachtet. Die Zeiten haben sich längst geändert: Die Eifel hat auch wirtschaftlich Anschluss an die heutige Zeit gefunden, auch wenn weite Teile des charaktervollen Mittelgebirges im Westen Deutschlands nach wie vor als strukturschwach eingestuft werden müssen.

Große Industriebetriebe sucht man daher in der Eifel nach wie vor vergeblich, Mittelständler und Zuliefer- (zum Beispiel für die Automobilindustrie) und Landwirtschaftsbetriebe dominieren. Einige wenige Global Player sind bundes-

Beginn der Römischen Wasserleitung in Nettersheim

Der Nürburgring ist ein Wirtschaftsfaktor

und europaweit erfolgreich. Dazu gehören – der vulkanischen Vergangenheit sei Dank – Mineralbrunnen wie Gerolsteiner und Apollinaris. Auch eine der größten Brauereien Deutschlands versorgt aus Bitburg in der Südeifel die Welt mit untergärigem Bier. An Rhein, Mosel und Ahr ist der Weinbau stark ausgeprägt und erzielt mit einigen seiner Tropfen nationale Erfolge.

Tradition hat in der Eifel zudem der Abbau von Bims, Basalt sowie anderen Gesteinen und Mineralien, hier hat der Vulkanismus seine Spuren nachhaltig hinterlassen. Vereinzelt ist auch der Eifel-Bergbau (Schiefer) noch aktiv.

Eine immer bedeutendere Rolle spielt der Tourismus für die Region, die entsprechende Infrastruktur wird zügig und stetig weiter ausgebaut (Hotels, Ferienparks). Der Nationalpark und der Nürburgring, die Maare und der Vulkanpark, romantische Städtchen wie Monreal, Reifferscheid oder Monschau sowie viele landschaftliche Kleinodien punkten in der Eifel und ziehen Gäste an – woran auch diverse TV-Serien als willkommene Werbeträger nicht ganz unschuldig sind.

Politisch ist die Eifel in die Bundesländer Nordrhein-Westfalen und Rheinland-Pfalz aufgeteilt, was bei unterschiedlichen Regierungskonstellationen für das Mittelgebirge nicht immer von Vorteil ist. So ist die Nord-Süd-Eifelautobahn A 1 seit Jahrzehnten ein verkehrstechnischer Torso und wird es wohl auch auf unbestimmte Zeit bleiben. Dabei punktet die Region mit ihrer Lage inmitten Europas eigentlich bei Transport und Logistik: BeNeLux und Frankreich liegen vor der Haustür und sind schnell erreichbar.

Sprudelnde Quellen

Für ihr gutes Wasser ist die Eifel bekannt. Was bei der vulkanischen Vorgeschichte der Eifel-Erde ja auch kein Wunder ist. Es ist deshalb nur folgerichtig, dass die Region mit Mineralbrunnen ebenso wie mit Brauereien gut bestückt ist. Viele dieser Betriebe, die bundesweit bekannt sind und große Namen tragen, können besichtigt werden.

Biere

Eine der größten Brauereien Deutschlands ist in der Süd-Eifel zuhause. Gegründet 1817, zählt die Bitburger Brauerei mit einem jährlichen Ausstoß von rund vier Millionen Hektolitern – zusammen mit den Töchtern aus Duisburg (König), Licher, Köstritzer, Wernesgrüner – zu den bedeutendsten Premium-Brauereien Deutschlands. Auch die Marken ›Königsbacher‹, ›Nette‹ und ›Benedektiner Weißbier‹ sind Vertriebsmarken der Bitburger, sehr zum Ärger der Benediktiner-Mönche im bayrischen Ettal, die den Namen des Weißbieres für sich beanspruchen. Der Werbespruch »Bitte ein Bit« zog von Bitburg aus um in die Welt. Interessierte Touristen können die Bitburger Marken-Erlebniswelt besuchen und das führende Eifel-Bier mit allen Sinnen erleben (www.bitburger.de)

Auch Mendig in der Ost-Eifel blickt auf eine große Brauereidichte zurück. Die einst überlieferten rund 30 Brauereien der Stadt sind freilich längst Geschichte. Übrig geblieben ist einzig die alte Vulkan-Brauerei, die sich 2011 nahe der Eifel-Autobahn A 61 als handwerkliche Craftbier-Brauerei unter dem Namen ›Vulkan‹ neu aufgestellt hat. Gebraut werden Biere, die nicht nur im Mainstream liegen, wie India Pale Ale oder Porter. Für den landläufigen Biergeschmack gibt es aber auch Pils, Helles und Dunkles. Angeboten werden Führungen durch den historischen Basaltfelsenkeller (153 Stufen, 30 Meter tief) und durch die Brauerei (www.vulkan-brauerei.de). Tipp: Alle zwei Jahre im Mai (nächstes Mal 2019) steht das mehrtägige Gambrinus-Fest auf dem Gelände der Brauerei auf dem Programm – prost!

Die Region im ›bierigen‹ Namen führt das untergärige Eifeler Landbier der kleinen Gemünder Brauerei in Schleiden-Gemünden. Seit 1791 schon braut die älteste Land- und Familienbrauerei der Eifel (Cramer) süffige Biere in Nideggen-Wollersheim (Nordeifel). Allerdings: Vor Ort wird heute nicht mehr gebraut, das geschieht in der Kölner Sünner-Brauerei (www.cramer-bier.de)

Das Bierbrauen war lange Zeit ein Vorrecht der Mönche, die in der Fastenzeit mit starken Bieren das Fasten unterstützten. In der Eifel setzen das Kloster Steinfeld sowie die einzige deutsche Trappistenabtei in Mariawald (oberhalb von Heimbach) mit einem Klosterbier bzw. 9 Prozent Alkohol starken Tripel-Trappistenbier ›Fluitter‹ diese Tradition fort. Gebraut werden die Biere allerdings außerhalb der Klostermauern nach – so steht's auf dem Etikett – Originalrezept in Gemünd (Steinfeld) bzw. Bitburg (Mariawald).

Die kleine Hausbrauerei Zils braut in Naurath in der Südeifel (www.brauhauszils.de). Und am Rande der Eifel in Linnich-Welz (Kreis Düren) steht die regional bekannte Privatbrauerei Rainer für diverse, handwerklich gekonnt gebraute Biere. Sie gilt heute als die am weitesten im Westen produzierende Brauerei Deutschlands (www.brauerei-rainer.de).

Eifeler Landbier

Wasser

Eifelland ist – sozusagen von Natur her – Wasserland. Der Gerolsteiner Brunnen ist nach eigener Aussage der größte Mineralwasser-Exporteur Deutschlands und weltweit die Nr. 1 unter den Wassern mit ›Blubber‹ (Kohlensäure). Seit 1888 machen die Gerolsteiner in Wasser, das sie zunächst in bauchige, braune Tonflaschen abfüllten. Dabei war der wässrige Beginn einem Zufall zu verdanken. Bei einer Bohrung nach natürlicher Kohlensäure stieß der Geologe und Bergwerksdirektor Wilhelm Castendyck 1887 in Gerolstein auf eine artesische Quelle. In einer 30 bis 40 Meter hohen Fontäne schoss Mineralwasser empor. Das Wasser hatte beste Qualität, der Grundstein für einen Welterfolg war gelegt (kostenlose Führungen: www.gerolsteiner.de/de/besucherzentrum).

Als ›Queen of table waters‹ machte Apollinaris aus Bad Neuenahr-Ahrweiler einst Werbefurore, heute gehört der Traditionsbrunnen (seit 1852) zum Konzern der bekanntesten US-Süßbrause (www.apollinaris.de).

Sinziger Mineralbrunnen in Sinzig veranstaltet immer wieder mal ein fröhliches Brunnenfest (zuletzt 2016), das eifelweit Bedeutung findet (www.sinziger.de)

Insgesamt zählt die Eifel rund zwei Dutzend Mineralquellen, die aber oftmals zu klein sind für eine nennenswerte Förderung. Bekanntere Wasser kommen von Brohler, der Eifel-, der Nürburg- und der Vulkanquelle, aus Daun und Dreis-Brück sowie von Rhodius (Vulkanpark-Quelle) aus Burgbrohl.

Eifel-Promis aktuell

Es ist natürlich immer eine Sache des Blickwinkels: Für den einen ist der eine prominent, während ein anderer sagt: Der doch nicht! Ein solcher ›Fall‹ ist da zum Beispiel ein gewisser Walther (Waldi) Lehnertz, geboren in Prüm. Im beliebten TV-Dauerbrenner ›Bares für Rares‹ ist der Kunst- und Antiquitätenhändler aus der Eifel in der Sitzordnung der Händler der Linksaußen, äußert sich mit rheinischem Zungenschlag immer nur sehr bedächtig und bietet grundsätzlich: »Füneff Euro…« – mein Gott Walther…

Gerolsteiner in den 1960ern

Hier wohnt Heino

Auch Horst Lichter, der ›Chef vons Ganze‹, hat Rand-Eifler Wurzeln. Der Koch, Moderator und Entertainer stammt aus dem rheinischen Braukohlenrevier bei Rommerskirchen.

Nicht von Geburt mit der Eifel verbunden, aber doch hier aufgewachsen ist Mario Adorf. Der international geachtete Charakterschauspieler, Stammgast im deutschen Fernsehen, kam in Zürich zur Welt, wuchs aber in Mayen auf. Bis heute mit der Stadt seiner Jugend verwurzelt, ist er Schirmherr der Burgfestspiele und immer wieder mal zu Gast in der Osteifel. 2001 wurde er zudem zum Ehrenbürger Mayens ernannt.

Ein echtes Kind der Eifel ist Andrea Nahles, die Berufspolitikerin der SPD in Berlin. In Mendig geboren lebt sie heute in ihrem Heimatdorf Weiler und pendelt Woche für Woche nach Berlin. Vor allem in Wahlkampfzeiten werden im nördlichen Rheinland-Pfalz zig Masten, Bäume, Plakatwände mit ihrem Konterfei bestückt – Nahles hat in den Landkreisen Ahrweiler und Mayen-Koblenz ihren Wahlkreis.

Ebenfalls in der Eifel daheim ist ein gewisser Heinz Georg Kramm, den zumindest die deutsche Schlagerwelt nur als Heino kennt. Sein Markenzeichen: blonde Haare, schwarze Sonnenbrille, tiefe Bariton-Stimme. Geboren in Düsseldorf, lernte er Bäcker und Konditor, was ihm in seiner Wahlheimat Bad Münstereifel mächtig nutzte – seine Fans pilgerten in sein Rathaus-Café am Marktplatz und bestellten vor allem seine legendäre Haselnuss-Torte. Das ›Café downtown‹ ist längst Geschichte, heute bietet dort ein deutscher Sportartikel-Fabrikant aus Franken seine Produkte an. Heino lebt mit seiner dritten Ehefrau Hannelore Auersperg oben am Berg auf der kompletten zweiten Etage im Historischen Kurhaus von Bad Münstereifel und hat mit dem neuen Café nicht wirklich was zu tun. Es wird von einem Pächter unter dem Namen ›Heinos Café‹ geführt und zeigt im Erdgeschoss viele Devotionalien des Sängers mit der markanten Stimme.

Die Grand-Prix-Strecke am Nürburgring

Sonstige Eifel-Promis sind solche, die hier ein Ferienhaus besitzen oder gerne mal eine Auszeit auf dem Land genießen möchten. Fußballer, Musiker (Peter Brings von der gleichnamigen Kölsch-Rock-Band), Schauspieler und Moderatoren (etwa RTL-Frau Sonja Zietlow) gehören dazu.

Andere Fernsehgrößen wie der bullige Uwe Ochsenknecht oder die charmante Caroline Peters sind nur im Film in der Eifel zuhause. Überhaupt bescherten TV-Serien wie ›Mord mit Aussicht‹, ›Der Bulle und das Landei‹ oder auch ›die Eifelpraxis‹ der Region einen gewaltigen (touristischen) Schub.

Der vielleicht bekannteste Eifler, der die Region sogar in seinem Namen verewigt hat, war der große französische Ingenieur Gustave Eiffel. Seine väterlichen Vorfahren hörten auf den Namen Bonickhausen-Eiffel bzw. Bonickhausen dit Eiffel.

Der Ring der Ringe

Sie heißen Fuchsröhre, Karussell oder Schwalbenschwanz: spektakuläre Kurven und Rennabschnitte auf der Sehnsuchtspiste, die sich wie ein Lindwurm durch die grüne Natur der hohen Eifel schlängelt. 20,8 Kilometer, 73 Kurven, 17 Prozent Steigung, 300 Meter Höhenunterschied. Die Nordschleife, die längste Rennstrecke der Welt, ist Herausforderung, Pulsbeschleuniger und Abenteuer zugleich. Es gibt auf diesem Ring der Ringe Kurven, die kann man mit 90 km/h prima fahren, wenn man sie richtig anschneidet. Mit 105 km/h landet man oftmals im Krankenhaus. Die härteste Rennstrecke der Welt ist brandgefährlich, aber nach wie vor beliebt. Der Mythos Nürburgring lebt (→ S. 137).

Die Rennstrecke in den Eifelbergen bietet dem, der sie mit Muße im eigenen Wagen fahren kann, tolle Ausblicke in die Gegend, auf die Nürburg, auf die Hohe Acht zum Beispiel. Nur die meisten, die hier Gas geben, interessiert das nicht im geringsten. Sie jagen ihre eigene Bestzeit oder die des Kollegen, legen sich in schräge Kurven und donnern auf tückische Kuppen zu, hinter denen das Unbekannte lauert. Es geht steil bergauf und ebenso steil wieder bergab – hier könnte man im Winter prima rodeln. Macht aber keiner.

Hier müssen die Motoren röhren und dröhnen, hier stehen am Brünnchen die Schaulustigen und fachsimpeln, hier ziehen sich die echten Freaks bei Opa Strack am tiefsten Punkt der Strecke – im Adenauer Ortsteil Breidscheid (direkt an der Nordschleifen-Zufahrt) – ihre Currywurst mit Pommes rot-weiß rein.

Je näher man dem Ring kommt, umso höher wird die Anzahl der Spoiler. Und der Doppel-Auspuffanlagen. Und der Fahrer, die verspiegelte Sonnenbrillen und Rennfahrermontur tragen. Würden auf den Straßen rund um den Ring Blitzampeln stehen, die Behörden könnten ziemlich sicher viel Geld kassieren.

2017 feierte das immergrüne Eifel-Evergreen Geburtstag. 90 Jahre alt wurde die »grüne Hölle«, wie den Kurs der schottische Formel-1-Fahrer und Ex-Weltmeister Jackie Stewart die Strecke der Unvernunft einmal benannt hatte. Und in der Tat. Mit umweltbewussten Augen betrachtet ist der Ring eigentlich ein Anachronismus: laut, teuer, spritfressend, gefährlich. Aber die Legende lebt, ist beliebt wie eh und je. Und wer weiß, vielleicht hat der Ring der Ringe ja auch eine neue Karriere vor sich – als grüne Hölle für grüne Motoren. Die ersten Elektroflitzer sind bereits auf dem Eifelkurs unterwegs.

Sagenhafte Geschichten

Die dichten, dunklen Wälder. Die geheimnisvollen Maare. Ritterburgen und herrschaftliche Schlösser. Nackte Felsen, tiefe Schluchten. Immer schon hat die Eifel die Phantasie der Menschen angeregt und sie beflügelt. Das gilt nicht nur für bekannte Literaten und Krimiautoren wie Clara Viebig oder Jacques Berndorf. Von den Geschichten der einfachen Leute ist wahrer Fundus an Sagen und Erzählungen erhalten geblieben. Nicht immer voll und ganz der Wahrheit verpflichtet, aber immer doch mit einem pädagogischen Kern ausgestattet. Das Brauchtum der Eifel, ihre Kultur und Tradition – in diesen Geschichten bewahrt die Eifel ihre Ursprünge. Drei (nacherzählte) Beispiele sind im Folgenden aufgeführt (Quelle: Sagen und Geschichten aus der Eifel. Hans-Peter Pracht).

Der Venngeist

Das Hohe Venn, diese mächtige Moorlandschaft, in der man stundenlang keiner Menschenseele begegnen kann, war immer schon ein Ort der schwarzen Phantasie. Häufige dichte Nebel und ein durchdringender Nieselregen schürten Ängste vor einem Fehltritt, dem Ein- und Versinken im Moor. Und so wird an manchem Kaminfeuer, bei so manchem hochprozentigen ›Eifelgeist‹ und an so manchem gar schaurigen Winterabend auch die Geschichte vom freundlichen Venngeist und der bösen Moorhexe erzählt. Sie lockte zwei Kinder auf Beerensuche tief ins

Im Moorgebiet Hohes Venn

Annäherung an die Eifel

Moor hinein, um sich an ihnen für was auch immer zu rächen. Die Kinder fanden bei einsetzender nebliger Dämmerung den Rückweg nicht mehr… Aber es kam wie es kommen musste: Der gute Venngeist rettete die Kinder und brachte sie auf sicherem Weg hinaus aus dem Venn!

Der Schäfer vom Pulvermaar

… war ein gottesfürchtiger Mann, der mit sich und seiner Herde zufrieden am Pulvermaar lebte. Eines Tages hörte er ein unheimliches Rauschen und Tosen und er sah, wie sich das Wasser des kreisrunden Maars zu einem gewaltigen Tsunami aufstaute. Der Schäfer erinnerte sich, dass früher die Menschen in der katholischen Eifel zu Gott auf Prozessionen gebetet hatten, um seinen Segen für eine gute Ernte zu bekommen. Dieser fromme Brauch war im Wohlstand des Lebens verloren gegangen. Und jetzt nahm das Maar Rache. Doch der Schäfer war schlau und zog mit seiner Herde und den laut bellenden Hunden betend und singend ums Maar. Und tatsächlich: Das Wasser beruhigte sich wieder und von da gab es wieder regelmäßige Prozessionen am Pulvermaar.

Die Bitburger Geißenströpper

Bitburg ist heute bekannt für sein Bier. Während des Dreißigjährigen Krieges aber, als man die bösen Schweden, die die Stadt belagerten und sie aushungern wollten, noch nicht mit dem Bierspruch »Bitte ein Bit« überzeugen konnte, griffen die Bitburger zu einer List. Sie schlachteten die letzten Ziegen (Geißen), zogen sich die Felle über und steckten die Köpfe der Tiere auf lange Stangen. Die hielten sie über die Stadtmauer und die wackeren Nordmänner fielen drauf rein. »Die haben ja immer noch gut zu essen, die geben nie auf«, sagten sie sich und zogen von dannen. Bitburg war gerettet und konnte einige Jahrzehnte später sein Bier erfinden. Zur Bierprobe kommen die Schweden heute auch gerne in die Stadt hinein.

Blick von der Kronenburg auf die Eifellandschaft

Das kreisrunde Pulvermaar

Digital Detox in der Eifel

Auf einmal ist da nur noch Ruhe. Kein Brummen. Kein Flieger am Himmel. Kein Autolärm. Nichts. Eine Ruhe, die fast weh tut. Nichts geht: Kein Internet funktioniert, kein Handy plärrt. Dafür Vogelgezwitscher und Windrauschen. So schön kann Stille sein. An manchen Stellen glänzt die Eifel als ein großes Funkloch. Bietet den gestressten Menschen aus den nahen Städten für ein paar Tage Entspannung pur. Digital Detox sozusagen. Runterkommen und sich wohlfühlen. Die ›digitale Entgiftung‹ liegt voll im Trend und wird in den nächsten Jahren wohl noch wichtiger werden. Der Alltagsstress droht uns aufzufressen – für die Eifel eine neue Chance, sich touristisch in der ersten Reihe zu platzieren.

Die Plätze, wo die Lebensmaxime heißt: »Nichts müssen müssen«, gibt es bereits mehr oder weniger in allen Teilen der Eifel. Im späten Frühling im ersten Grün einer wilden Wiese liegen. Im Sommer frühmorgens im kalten Wasser eines Maars seine Runden ziehen. Im Herbst durch den bunten Blätterwald des ›Eifler Summers‹ wandern. Und im Winter das Après-Ski am Kaminfeuer des gemütlichen Feriendomizils genießen. Urlaub machen von der vernetzten Welt.

In der Eifel gibt es viele solcher Auszeitplätze, wo das Zusammenspiel der Ruhe, die solche Orte ausstrahlen, neue Kräfte frei setzen. Die Natur ist der beste Mediziner. Der große Jacques Berndorf, Krimi-Autor und Vater aller Eifel-Krimis, landete einst nach hektischer Großstadtzeit eher zufällig in der Eifel. Er ist geblieben, weil er das ruhige Eifelleben abseits der stressigen Welt lieben lernte. Und in seinen Romanen beschrieb.

Viele Menschen aus den umliegenden Ballungsräumen von Rhein und Main tun es ihm nach, steigen für lange Wochenenden aus, beugen damit auch Burnout-Erkrankungen und anderen Krankheitsbildern vor, die dem modernen Alltag geschuldet sind.

Die Eifel bietet Pausen von der Hektik. Und hier gehört die Aufregung darüber, keinen Internetzugang im Dorf, in der Ferienwohnung oder im Hotel zu haben, nicht zum guten Ton. Pause von der Welt – die Eifel macht auch das möglich (Tipp: Wer bei Google nach Eifel Detox sucht, bekommt 154 000 Treffer angezeigt…).

Mord mit Aussicht

von Detlev von Oppeln

Die beliebte Serie ›Mord mit Aussicht‹, die in der Eifel angesiedelt ist, lebt von einer Idee: Eine in Köln arbeitende, ehrgeizige Kommissarin, wird in den idyllisch gelegenen fiktiven Eifeler Ort Hengasch versetzt. Sophie Haas, gespielt von Caroline Peters, vermutet eine Männer-Intrige, da sie davon ausging, Leiterin der Kölner Mordkommission zu werden.

Liebevoll wird schon in der ersten von 39 Folgen beschrieben, was es bedeutet, Polizist in der Eifel zu sein. Statt Razzien im Kölner Drogen-Milieu wird der Landwirt ermahnt, den Mist, der von seinem Traktor-Anhänger auf die Hauptstraße gefallen ist, wieder einzusammeln. Man sieht Hunde statt Obdachlose auf dem Gehweg liegen, Katzen um die Ecke schleichen, einen Hahn auf dem Misthaufen krähen, und eine Eule, die das Polizeirevier von einem Baumwipfel aus schläfrig beobachtet. Die hochbetagte Frau Ziegler, die in vielen Folgen einen kleinen Auftritt zusammen mit ihrem Rollator hat, hebt in der ersten Folge eine von der Kommissarin weggeworfene Zigarettenkippe im Zeitlupentempo auf, und befördert diese langsam aber stetig in eine Mülltonne. Frau Haas, die das alles vom Fenster der Polizeiwache aus beobachtet, muss tief Luft holen.

Für einen Einblick in die spießige Provinzwelt sorgt ansonsten Heike Schäffer (Petra Kleinert), von ihrem Mann, Polizeiobermeister Dietmar Schäffer, liebevoll ›Muschi‹ genannt, die in allen Ortsangelegenheiten bestens unterrichtet ist. Aber auch Polizist Schäffer, überzeugend beamtenhaft gespielt von Bjarne Mädel, der stets mit ›Hochdruck‹ an den Fällen arbeitet, von denen es allerdings nur eine übersichtliche Anzahl gibt. Hochdruck erzeugt der Obermeister ansonsten gerne mit seiner Mini-Pumpspritze, mit der er Kakteen und andere Büropflanzen besprüht und dabei Mutmaßungen über mögliche Täter oder Tatvorgänge anstellt.

Den jeweiligen Fall pro Folge, manchmal sind es auch zwei oder drei, löst allerdings fast immer die Dienststellenleiterin, meistens unterstützt von der jungen und lernwilligen Polizeimeisterin Bärbel Schmied (Meike Droste), die sogar schon einmal eine Fortbildung in Darmstadt zum Thema ›Profiling‹ absolviert hat. Aber auch Frau Schäffer trägt in fast jeder Folge zur Überführung der Täter bei. Sie ist aufgrund ihrer neugierigen und schwatzhaften Art die Tippgeberin des ermittelnden Trios. Ein die Serie begleitender Running Gag ist, neben der häufigen Namensanspielung auf ›Chef‹ und ›Schäffer‹, das Auftreten des Gynäkologen Dr. Arndt Bechermann (Patrick Heyn), der, in Ermangelung eines Gerichtsmediziners, bei Todesfällen zu Rate gezogen wird. Er tippt fast immer auf Herzinfarkt, was es dann in der Regel nicht ist, sondern Mord – ein willkommener Ermittlungsauftrag für die Kommissarin.

Privat ist Sophie Haas auf der Suche nach einer nicht zu engen festen Beziehung, die sie jeweils vorübergehend beim Tierarzt, einem Kommissar aus Koblenz, dem Ortsgigolo und schließlich dem neuen Bürgermeister findet.

Ein Teil der Dreharbeiten fand im Eifeler Ort Kallmuth statt, vor allem die Außenaufnahmen des Polizeireviers wurden dort gefilmt, das Bürgerhaus diente als Vorlage für die Polizeistation, und im Vorspann zur Serie ist die Kallmuther St.-Georgs-Kirche zu sehen. Zuvor wurde der Ort schon für Außenaufnahmen zu dem Fernsehfilm ›Tod in der Eifel‹ aus dem Jahr 2008 genutzt. In der Eifel liegt auch der Nettersheimer Hof, der in der Serie als Zwiebelfelder Hof in den Folgen ›Der Schandbaum‹ und ›Und ewig singt das Blaukehlchen‹ zu sehen ist. Weitere Drehorte finden sich überwiegend im Bergischen Land, dort ist unter anderem der Gasthof Röttgen (Seelscheid) gelegen, der in der Serie als ›Gasthof Aubach‹ Treffpunkt der Bürger von Hengasch ist. Auch das alte Forsthaus, Wohnhaus der Kommissarin, liegt im Bergischen (Federath).

In den ersten Folgen kann man noch gelegentlich den Eifeler Dialekt vernehmen, meistens bei Nebendarstellern wie den Landfrauen. ›Klatsch und Tratsch‹ wird breiter Raum eingeräumt, auch das Wetter sowie die mit Gülle geschwängerte Luft sind ein wiederkehrendes Thema der ersten Folgen. Die Serie zeichnet sich durch detailverliebte Szenen eines entschleunigten Lebens auf dem Lande aus, die dem Zuschauer keine grausam inszenierten Mordszenen zumuten, sondern eher kuriose Tragödien. Von Folge zu Folge entsteht, trotz der Unterschiedlichkeit der einzelnen Charaktere, ein Gefühl des Miteinanders der ermittelnden Polizisten und deren Angehörigen. Das Landleben kann neben einer breit dargestellten unerträglichen Enge offenbar auch ein Gefühl von zwischenmenschlicher (Schaden-) Freude erzeugen, nicht nur beim Kniffeln.

Mit dem zunehmenden Erfolg der Serie tauchen weitere bekannte Fernsehdarsteller wie Christine Urspruch, Carmen-Maja Antoni oder Johann von Bülow in Hengasch auf. Sogar die norddeutsche Fakeband ›Fraktus‹ mit Sänger Rocko Schamoni gibt hier eine Vorstellung. Vernachlässigt wird jedoch das alltägliche Leben in der Eifel in Verbindung mit den liebevollen Macken seiner Bewohner. Ab Folge 27 bis zur letzten Folge 39 agieren die Darsteller fast nur noch als Karikaturen ihrer selbst. Vor allem die zuvor klug und einfallsreich ermittelnde Dienststellenleiterin verliert an Glaubwürdigkeit durch ständige Übertreibungen, indem sie ihre Umgebung sowie hauptsächlich Polizeiobermeister Schäffer anhaltend der Lächerlichkeit preigibt. Nicht zu Unrecht beschwerte sich Schauspieler Bjarne Mädel nach dem Dreh der dritten Staffel über mangelnde Kreativität und stellte seine weitere Mitarbeit in Frage.

Bis heute sind noch keine neuen Folgen der 2008 gestarteten Serie geplant – und sie wird es zum Leidwesen der zahlreichen Fans vermutlich auch nicht geben. Vielleicht ist es so, dass sich die Idee der Serie nicht länger als zwei Staffeln getragen hat, und man zum dauerhaften Ruhm einer der erfolgreichsten Serien der ARD wohl besser auf die dritte Staffel verzichtet hätte. Das gilt vor allem für den anschließend umgesetzten 90-minütigen Fernsehfilm, der in der ARD um 20 Uhr 15 zur besten Sendezeit ausgestrahlt wurde. Dieser zeichnete sich nur noch durch billigen Klamauk aus, er hätte auch in Oberbayern oder an der Nordsee spielen können.

Auch wenn die Orte der Serie bis auf Bad Münstereifel und Köln nicht existieren, macht ›Mord mit Aussicht‹ Lust, die Eifel (neu) zu entdecken, um sich beim Spaziergang, Wandern oder Radfahren darüber zu freuen, dass hier mal wieder gar nichts los ist, in Hengasch, in Dümpelbach oder in Fußhölle, ja im gesamten Kreis Liebernich.

Eine Karte von ›Hengasch‹ und Umgebung gibt es als Poster unter: info@fastbreak.biz

Wat willste denn da?

Ferien aktiv: 14 Tage Eifel – ein Experiment

»Wohin fährst Du dieses Jahr? In die Eifel… Wat willste denn da?« Wir waren wild entschlossen. Die Wettervorhersage war gut, und wir hatten die Eifel eigentlich immer schon einmal besuchen wollen. Nicht nur für ein kurzes Wochenende. Spätestens nach weiteren Folgen der Schmunzelkrimis ›Mord mit Aussicht‹ und ›Der Bulle und das Landei‹ war für uns klar: Da geht's hin, 14 Tage lang. In die Nord- und in die Vulkaneifel. Auch die Kids nörgelten nicht – ok, wir hatten ihnen zum Abschluss zwei Tage im Phantasialand bei Brühl versprochen. Und siehe da: Plötzlich klappte es bei ihnen auch mit dem Wandern…

1. Tag: sonnig, 26 Grad

Wir laufen auf der Anreise zu den Rurseen in Bad Münstereifel ein, die Outlet- und Heinogemeinde im Süden von NRW. ›Hochschulstadt‹ steht stolz auf dem Ortseingangsschild, was meint, dass hier eine Fachhochschule für Rechtspflege ihren Standort hat. Na ja, immerhin… Wir gehen shoppen (vier neue Trinkgläser müssen es sein und – natürlich – Schuhe für meine Frau) und essen eine leckere Salatplatte im Bit-Brauhaus an der Erft. Ab 15.30 Uhr sind wir im noch jungen und unverwohnten Landal-Ferienpark, der direkt oberhalb der Staumauer von Schwammenauel seine Gäste, viele aus den Niederlanden und Belgien, empfängt. Ankommen, runterkommen, ruhig werden. Abends trinken wir unser erstes Eifel-Bier im Heimbacher Brauhaus. Das Bier heißt zwar so wie das Haus, kommt aber aus Essen von der anderen Ru(h)r im Ruhrpott – na ja!

Meterhohe Buchen im Heckenland

Am Urftsee

2. Tag: schon wieder schön, hohe Wolken, 25 Grad

Mit dem Bötchen fahren wir über den großen Rursee und laufen von Rurberg zur wuchtigen Urft-Talsperrenmauer von 1905, die damals die größte Anlage dieser Art in Europa war. Wir staunen auch heute noch, gönnen uns ein Eis und fahren mit dem Bus zurück.

3. Tag: endlich Regen, »Et is am rähne«, heißt es hier im Dialekt

Nach zwei Stunden hört das Nass von oben aus, und ab Mittag kommt die Sonne wieder. Wir laufen mit Ranger Arno durch die sanfte Höhe des Wilden Kermeter im Nationalpark Eifel und lernen viel über ein Stück Landschaft, das wieder sich selbst überlassen wird. »Hier baut die Natur« steht auf einem Hinweisschild und verspricht, in etwa 250 Jahren fertig zu sein. Warum nur fällt mir da spontan Berlins BER-Airport ein? Abends: Relaxen im Landal-Wellness.

4. Tag: Wolken, grauer Himmel, aber warm

Wir fahren nach Monschau, der touristisch bestens aufgestellten Stadt im Rurtal. Wir lernen: Die alte Tuchmacher- und heute beliebte TV-Kulissenstadt sollte man erst mittags und bei blauem Himmel anlaufen. Der dunkle Schiefer und die enge Tallage drücken aufs Gemüt, zumal die Monschauer Geschäftsleute gerne auszuschlafen scheinen. Einer hat ein listiges Schild ins Fenster gehängt. »Wir öffnen meistens um 10 oder 11 Uhr, manchmal auch erst um 12 Uhr. Manchmal machen wir auch gar nicht auf.« Das Wetter wird besser, nachmittags kommt die Sonne zurück. Wir wandern im Ortsteil Höfen auf dem Heckenweg und staunen über meterhohe Rotbuchen-Gebilde, die Haus und Hof vor Wind und Wetter schützen.

Blick von oben auf die Dauner Maare

5. Tag: dunkle Wolken, es nieselt leicht

Wir fahren über die offene Grenze nach Ost-Belgien. Die Eifel geht hier übers Hohe Venn in die Ardennen über und umgekehrt. Der deutsch-belgische Naturpark ist ein starkes Stück Natur. Auf Wegen aus Holzbohlen laufen wir durchs Moor. Drei Stunden lang treffen wir kaum Menschen. Karge Natur, eine friedliche Stille. Neben flämisch und französisch wird hier im Osten des Königreichs vor allem deutsch gesprochen – in Eupen, Malmédy, St. Vith. Nette kleine Städtchen mit leckeren Pommes (doppelt frittiert, deshalb die besten der Welt), zischendem Bier und köstlichem Ardenner Schinken aus Montenau. Auf der Rückfahrt stoppen wir noch am sogenannten Ardenner Cultur Boulevard bei Losheim direkt auf der Grenze. Mehrere kuriose Museen und Ramsch hoch drei – Kitsch-Kultur! Schnell weiter und back to Landal.

6. Tag: ein paar Tropfen, dann wieder Sonne

Glück auf! Heute ging es unter Tage – im wahrscheinlich größten Basaltbergwerk der Erde. Ganz Mendig ist unterhöhlt, hier schufteten einst die Bergleute in gut 30 Metern mit Hammer und Meißel und förderten den grauen Stein nach oben. Aus ihm fertigte man zum Beispiel Mühlräder. Heute ist ein Teil dieser Lavahöhlen als Besucherbergwerk ausgebaut und gesichert. 150 Stufen führen in die Tiefe, einen Helm zu tragen ist Pflicht. TV-Filme sind hier gedreht worden (›Sterntaler‹), was der Bergführer mit seinem Jahrmarktsgeschrei oft genug betont. Seriös erklärt der benachbarte Lava-Dome das vulkanische Geschehen in diesem Teil der Eifel, in dem der Laacher-See-Vulkan vor gut 13 000 Jahren mit voller Wucht ausbrach. Würde er das noch einmal tun, wären große Landstriche bis hinauf nach Köln Trümmerwüsten. Dass der Vulkan nur schläft (allerdings tief und fest), beweisen sogenannte Mofetten, die an einigen Stellen des Laacher Caldera-Sees vor sich hin blubbern – Anzeichen dafür, dass es unter der Eifelerde immer noch brodelt.

Die nahe Klosterkirche Maria Laach vermarktet sich mit allen umliegenden Wirtschaftsgebäuden prächtig. Manchmal hat man den Eindruck, dass auch der Gott der Abzocke hier ein bisschen heimisch ist…

7. Tag: heiter bis wolkig, Gewitter am Abend

Wir machen nix, Pause. Die Kids genießen das Bad im Landal-Park. Wir bummeln ein wenig durch Heimbach, steigen Burg Hengebach in den Hof, staunen über eine mächtig kreative Malgruppe und lassen uns ein Eis schmecken. Ach ja: Packen müssen wir ja auch noch – morgen geht's von der Rur- in die Vulkaneifel.

8. Tag: heiter bis wolkig, am Abend wieder Gewitter, dieses Mal heftig

Die Augen der Eifel – das erste sehen wir in Schalkenmehren. Die eifelweit 100 Maare gibt es mal in nass (Maarsee) und trocken (Trockenmaar). Im Schalkenmehrer Maar darf man schwimmen – wir hopsen direkt nach dem Einzug in die neue Ferienwohnung hinein. Hui, ist das kalt… Die Wohnung oben am Berg mit Teilblick aufs Maar ist klein, hat zwei Schlafzimmer und gefühlt 100 bunte Lampen… Auf dem Weg in die Vulkaneifel haben wir Station gemacht in Kronenburg, dem südlichsten Zipfel von NRW. Ein autofreies Dorf wie ein Museum, morgens um 10 Uhr ist hier noch Nachtruhe. Nur im ›Café Zehntscheune‹ gibt's schon einen Cappuccino. Abends kommt die Eifel-Kochkunst voll zu Ehren und Schnitzel mit Pommes auf den Tisch, das, weil's im Café (Restaurant) ›Maarblick‹ gut gemacht ist, lecker schmeckt.

9. Tag: Lala-Wetter, nichts halbes, nichts Ganzes, sogar einige Tropfen

Wir erkunden das Dorf, das schöne alte Fachwerkhäuser hat, aber auch jede Menge Ferienwohnungen, Hotels und Restaurants. Der Eifelsteig verläuft durch den Ort, das erklärt die vielen Wanderer und Rucksackgäste. Wir laufen ums Maar, was in 60 Minuten erledigt ist und entdecken einen Skulpturenschnitzer, der die Kettensäge rotieren lässt. Eine Eule hat's mir angetan, das Gesicht meiner Frau spricht aber Bände… Abends bei ›Schneider‹ auf der Terrasse ein, zwei, drei Bit gezischt.

10. Tag: Welcome back – die Sonne ist wieder da

Sieben Maare in einer Tour: Das ist unser heutiges Tagespensum. Die drei Dauner Maare liegen vor der Haustür, dazu das Holz- und das kreisrunde Pulvermaar. Dann noch das verlandete Dürre Maar und schließlich das Meerfelder Maar. Kreative Salatplatte gegessen im NaturPurHotel ›Maarblick‹ (Landidyll-Gruppe), das auch als Tipp für eine Übernachtung unsere erste Wahl ist. Abends bleibt die Küche kalt.

Annäherung an die Eifel

11. Tag: Sonne satt, 27 Grad

Wir fahren in den Süden, zunächst zur Abtei in Himmerod. Was für ein Schmuckstück! Und morgens um 10 Uhr ist hier noch alles in Ordnung. Ein paar Mönche sind noch da. Keine Ahnung, was hier einmal werden wird, wenn die nicht mehr sind. Die Nachwuchssorgen in den Eifelklöstern sind groß. Wir fahren weiter nach Bitburg und besichtigen die Brauerei-Erlebniswelt. Die eingekauften Bitburger Craftbiere munden uns abends prächtig zu herzhaften Bütterchen (auch Stullen genannt).

12. Tag: Sonne, blauer Himmel, 28 Grad

Unser Burgentag: Erst geht's nach Manderscheid mit seinen fotogenen Burgruinen und dem netten Maarmuseum, wo eine amerikanische Schulklasse aus Ramstein an den Lippen des Lehrers hängt, der ihnen das fossile Urpferdchen näher bringt. Etwas länger ist die Fahrt dann zu Mutter aller Burgen: Burg Eltz nahe Münstermaifeld. Für zehn Euro pro Nase gibt's eine Führung treppauf und treppab. Die Burg, die privat unterhalten wird, lebt von diesen Geldern – da gönnen wir uns gleich noch eine Currywurst. Später machen wir an der nahen Mosel bei Cochem Rast und erleben ebenso weinselige wie stimmschräge Moselherrlichkeit: »Oh Mosella…«

13. Tag: schon wieder Sonne, es wird schwül-heiß, bis 32 Grad

Die Eifel ist seit langem als Krimiland bekannt. Nicht nur die neuen TV-Krimis, sondern vor allem die ersten deutschen Regionalkrimis kamen aus der Eifel. Unter dem Pseudonym Jacques Berndorf schrieb der Duisburger Journalist Michael Preute seine Krimis um den Journalisten Siggi Baumeister. 1989 erschien mit

Das sehenswerte Maarmuseum in Manderscheid

Die Burg Vianden in Luxemburg

›Eifel-Blues‹ der erste Band, viele weitere folgten. Der kleine Ort Hillesheim hat die Chance clever genutzt und vermarktet sich heute als Krimihauptstadt der Eifel (mit Archiv, Café und Hotel). Ganz in der Nähe fahren wir durch Berndorf, der Ort stand Pate für den Namen des Erfolgsautors. Noch zwei Ecken weiter ist das wohl einzige Mausefallenmuseum der Welt in Neroth eine echte Attraktion – inklusive der Geschichte, die dahinter steckt (→ S. 153). Abends dann geht's mit dem Ultraleichtflieger von Pilot Günter Hens in die Lüfte. 30 Minuten die Vulkaneifel von oben – tolles Erlebnis. Am Ende sind wir mit dem aufziehenden Wärmegewitter um die Wette geflogen und haben knapp gewonnen. Danach habe ich einen Eifel-Whisky gebraucht, ganz ehrlich: nicht schlecht, aber die Schotten können's besser. Haben ja auch mehr Übung.

14. Tag: angenehme 23 Grad am Morgen, dann wieder schwül-heiß

Zum Abschluss unserer Tour de Eifel geht's noch einmal über die Grenze – in die Luxemburger Ardennen und in die ›Schweiz‹ des kleinen Großherzogtums nach Echternach. Im kleinen Städtchen Vianden ist die Burg ein Muss. Man kann zu Fuß hoch gehen durchs Städtchen oder mit der Seilbahn fahren, muss dann oben aber noch 20 Minuten zur Burg wandern.

Eifel-Fazit

Wetter gut, Eifel gut, alles gut. Wir kommen wieder, denn wir haben lange noch nicht alles gesehen. Und unheimlich viel Neues entdeckt. Und vieles richtig gerne genossen, sogar SchniPo (wenn's gut gemacht war). Und die Kids freuen sich jetzt aufs Phantasialand.

Im Norden ist die Eifel wild, rau und sehr europäisch. Holland und Belgien liegen um die Ecke. Die Moorlandschaft des Hohen Venn ist Natur pur. Ebenso der Nationalpark Eifel und der riesiger Rursee.
(Bad) Aachen und das kleine Monschau glänzen als urbane Schönheiten.

Am Eifel-Wanderweg bei Monschau in der Nordeifel

AACHEN UND NORDEIFEL

Aachen

Für viele Besucher steht die Stadt im deutsch-belgisch-niederländischen Dreiländereck für das erste deutsche UNESCO-Weltkulturerbe (Dom), für den großen Kaiser Karl, für den nach ihm benannten (europäischen) Karlspreis, für Printen und vielleicht noch für das große Reitturnier (CHIO) in der Aachener Soers. Aachen ist aber auch der nördliche Zugang zur Eifel und die westlichste Großstadt Deutschlands, die auf eine lange Geschichte zurückblickt. Kelten und Germanen siedelten hier, wussten bereits die heißen Quellen zu schätzen und huldigten dem Heilgott Granus. Die Römer schließlich nannten den Ort *Aquae Grani* und errichteten die ersten Thermen. In den späteren Jahrhunderten entwickelte sich Aachen zum ›Bad der Könige‹. Prominentester Kurgast war Karl der Große, der in Aachen eine imposante Pfalz nach römischen, byzantinischen und germanischen Vorbildern errichten ließ und zum Mittelpunkt des großen fränkischen Reiches machte.

Zahlreiche Baudenkmäler geben noch heute Zeugnis von über 2000 Jahren Stadtgeschichte, allen voran der Aachener Dom mit dem karolingischen Oktogon und dem Erzstuhl des Reiches, auf dem 32 deutsche Könige saßen.

Doch Aachen ist noch viel mehr. Abseits von Dom und Rathaus grenzen quirlige Universitäts- an ruhige Wohnviertel, historische und moderne Architektur prägen ganze Straßenzüge, zahlreiche Grünflächen laden zum Entspannen ein. Eine Vielzahl an Denkmälern und Brunnen in der gesamten Stadt erinnert an Sagen, Legenden und berühmte Aachener. Heute ist die alte Kaiserresidenz eine junge Stadt mit viel internationalem Flair. Dazu tragen vor allem die vier Hochschulen und über 50 000 Studierende bei – was bedeutet, dass mehr als jeder fünfte Aachener um die 25 Jahre und jünger ist. Die RWTH Aachen genießt Weltruhm.

Sehenswürdigkeiten

Man kann die Aachener City ohne Probleme auf eigene Faust entdecken. In der Touristeninformation am Elisenbrunnen ist der Flyer ›Kaiser Karl führt

Karte S. 41

Blick über Aachen mit Rathaus und Dom

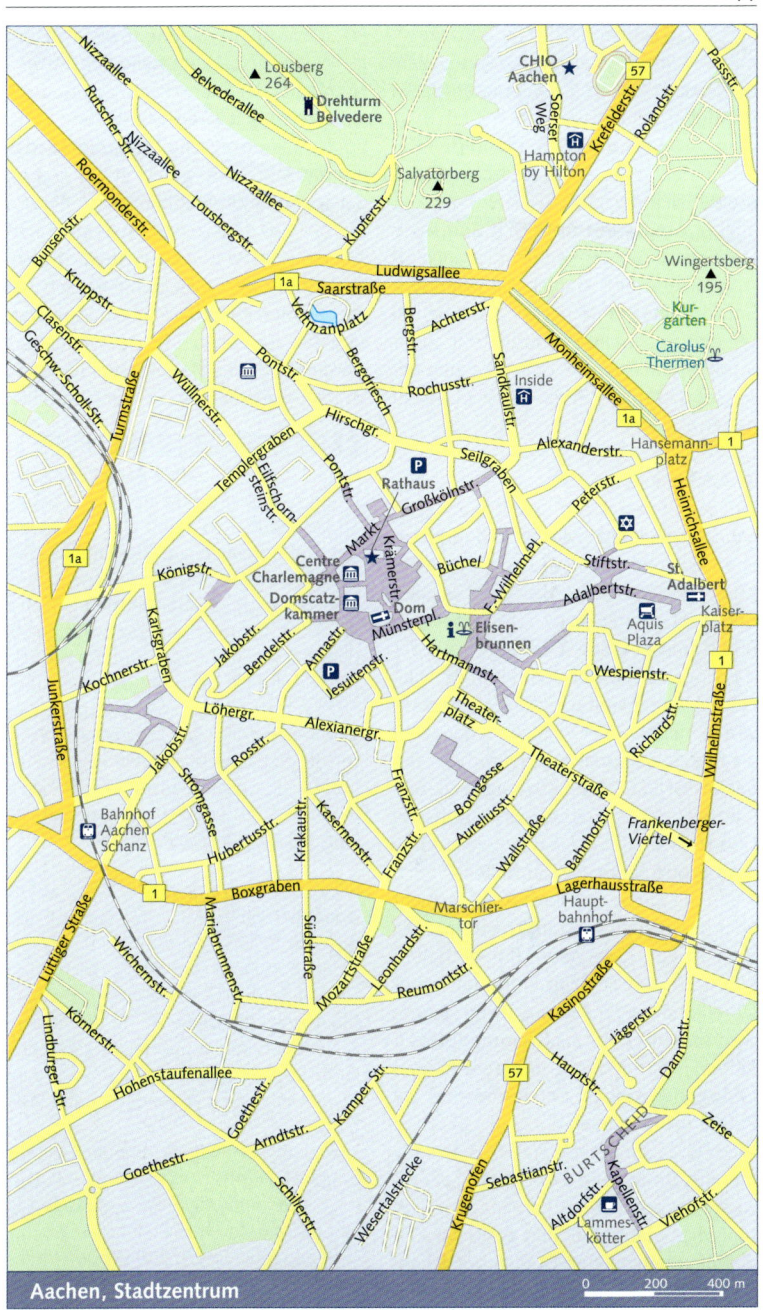

Aachen, Stadtzentrum

0   200   400 m

durch Aachen‹ erhältlich (für 3,90 Euro), mit dem man losmarschieren kann. Während des insgesamt 1,5 Kilometer langen Rundgangs durch die Innenstadt folgt man 140 Bronzenägeln, die in den Boden eingelassen sind. Zwischendurch meldet sich der große Karl und erzählt allerlei Amüsantes über sich und seine Lieblingsstadt. Der Begleiter ist auch als App für Android-, Apple- und Windows-Smartphones in deutscher Sprache unter den Suchnamen ›mobiletour‹ oder ›mobiletour Aachen‹ oder ›Aachen-hören und sehen‹ (Preis: 3,99 EUR) zu haben.

■ **Aachener Dom**
Der Aachener Dom, auch Aachener Münster genannt, war die Krönungskirche deutscher Könige. Die Grabstätte Karls des Großen ist das Wahrzeichen der Stadt. Der Dom ist 74 Meter hoch und stammt in seinen Anfängen aus der Karolingerzeit, wurde aber bis in die Neuzeit ständig erweitert und verändert. Er wurde inklusive der Schatzkammer 1978 als erstes Denkmal auf deutschem Boden als UNESCO-Welterbe ausgewiesen. Die besondere Architektur – gotische Chorhalle, spätantike Säulen, gallo-römische Bronzebärin – ist auffallend, auch wenn die Kirche von ihrer Außenansicht eher bescheiden wirkt und nicht mit den Domen von Köln oder Ulm mithalten kann. Zu den Highlights im Aachener Dom gehören der **Marmorthron** (wurde wahrscheinlich für die Krönung Ottos I. gebaut), das **Mosaik des achtteiligen Oktogongewölbes**, der **Ambo** und die **Pala d'oro** (Altartafel).
Die 600 Quadratmeter große **Schatzkammer des Doms** zeigt mehr als 100 Kunstwerke aus spätantiker, karolingischer, ottonischer, staufischer und gotischer Zeit in fünf verschiedenen Themenbereichen: Karl der Große, die Krönungen, die Litur-

gie, die Marienverehrung sowie der Dom als Wallfahrtsort und Reliquienstätte. Highlights der Schatzkammer sind u. a. eine silberne, teilweise vergoldete Karlsbüste, das ottonische Lotharkreuz, das um das Jahr 1000 gefertigt wurde und der sogenannte Aachener Altar, der um 1515/1520 datiert wird. Außerdem sind diverse Kunstwerke ausgestellt, die anlässlich der Königskrönungen nach Aachen kamen (zum Beispiel ein Weihwassergefäß aus Elfenbein). Viel bewundert werden auch der Marienschrein und die Strahlenkranzmadonna in der Chorhalle.

ℹ **Aachener Dom**
Dom, Domhof 1, 52062 Aachen; Besichtigungszeiten werktags ab 11 Uhr, Sa ab 13 Uhr und So ab 12.30 Uhr. Während der Gottesdienste sind Besichtigungen nicht erwünscht. Besucher können aber jederzeit an den Gottesdiensten teilnehmen, die mehrmals am Tag stattfinden (werktags zum Beispiel um 7 und 10 Uhr). Mehrfach am Tag finden auch Führungen statt (in der Woche von 11–17 Uhr immer zur vollen Stunde). Der Eintritt in den Dom ist frei. Ein kleines Fotobändchen kann man für 1 € kaufen. Führungen kosten 4 € pro Person, ermäßigt 3 €, angemeldete Gruppen zahlen andere Preise.
www.aachenerdom.de
Domschatzkammer, Papst-Johannes-Paul-II-Straße, 52062 Aachen, kein Zugang durch den Dom, Jan–März Mo10–14 Uhr, Di–So 10–17 Uhr; April–Dezember Mo 10–14 Uhr, Di–So 10–18 Uhr. In der Adventszeit immer bis 18 Uhr geöffnet. Eintritt 5 €, ermäßigt: 4 €, Familie: 10 € (2 Erwachsene mit Kindern unter 18 Jahren)
Ticket für 45-minütige öffentliche Führung inkl. Eintritt: 7 €, ermäßigt: 6 €, Familie 15 €, Führungen Sa so jeweils 11 Uhr in Deutsch und 12 Uhr in Englisch; Gruppen müssen sich vorher anmelden, per E-Mail an tour@aachenerdom.de.

▲ Karte S. 41

Der Aachener Dom

■ **Elisenbrunnen**

Der Brunnen am Friedrich-Wilhelm-Platz unweit der Touristeninformationrmation ist eine offene Wandelhalle (u. a. nach Schinkel-Plänen) und ist nach Kronprinzessin Elisabeth (kurz Elise) Ludovika von Bayern benannt. Eine Marmorbüste in der Rotunde erinnert an die Namenspatronin, die auch die Gattin des Preußenkönigs Friedrich Wilhelm IV. war. Der Brunnen wurde 1827/28 offiziell eröffnet, im Zweiten Weltkrieg komplett zerstört und später dann originalgetreu wiederaufgebaut.

Aus zwei Trinkbrunnen sprudelt zu jeder Zeit 52 Grad Celsius warmes Thermalwasser aus der ›Kaiserquelle‹, das sehr schwefelhaltig ist und deshalb auch ziemlich nach faulen Eiern müffelt. Schwefelwasser soll heilende Wirkung gegen alles Mögliche haben. Offiziell dürfen Besucher gar nicht von dem Wasser ›naschen‹, weil das Arzneimittelgesetz in Deutschland vorschreibt, dass Thermalwasser mit besonderer chemischer Zusammensetzung nur getrunken werden darf, wenn ein Arzt zugegen ist. Aber: Wo kein Kläger, da kein Richter... Und ganz clever: Schilder weisen darauf hin, dass das Brunnenwasser kein Trinkwasser ist.

Am Brunnen sind Marmortafeln angebracht, die an berühmte Besucher erinnern. So sind zum Beispiel die Namen von Friedrich dem Großen, Giacomo Casanova und Georg Friedrich Händel zu lesen. Der Elisenbrunnen ist rund um die Uhr frei zugänglich.

Tipp: Immer sonntags am Nachmittag kann man in der Rotunde des Elisenbrunnens (alte Wandelhalle) eine kesse Sohle auf´s Parkett legen – es darf Tango oder Salsa getanzt werden (April–Oktober). Den angrenzenden Elisengarten hat der preußische Gartenkünstler Peter Joseph Lenné angelegt, zwischen 2007 und 2009 wurde der Garten neu gestaltet.

■ **Rathaus**

Mitten im Herzen Aachens, hat das alte (historische) Rathaus am Markt auf den ersten Blick Ähnlichkeit mit einer Burg. Noch heute amtieren Teile der Stadtverwaltung in dem Gebäude, in dem zwischen 936 und 1531 die Festempfänge der Aachener Königskrönungen über die Bühne gingen. Ursprünglich stammt das gotische Haus aus dem 14. Jahrhundert,

Der Marmorthron im Aachener Dom

Aachen und Nordeifel

wurde im 17. und 18. Jahrhundert in ein barockes Stadtschloss umgebaut, um 1840 erneut – dieses Mal neugotisch – verändert zu werden.

Natürlich hat auch beim Rathaus der größte Aachener aller Zeiten seine Hände im Spiel, wenn auch nur indirekt: Auf den Fundamenten der uralten Königshalle in der Pfalz Karls des Großen wurde das Rathaus errichtet. Heute ist der Granusturm, der für Besucher nicht zugänglich ist, der älteste Teil des Hauses und stammt aus der großen Karl-Zeit. Im Zweiten Weltkrieg wurde das Gebäude schwer beschädigt und später wieder aufgebaut. Innerhalb des Hauses befinden sich Nachbildungen der Reichskleinodien (Reichskrone, Schwert und Evangeliar der Herrscher aus dem Mittelalter). Im Reichssaal hängen Historienbilder aus der Romantik, etwa Fresken des Aachener Künstlers Alfred Rethel, der das Leben Karl des Großen abbildete. Der heimische Bildhauer Ewald Mataré schuf die Fenster des Saals, das Marientor und die Bronzetür des Haupteingangs.

Direkt hinter Rathaus und Marktplatz beginnt die Pontstraße, die einst Teil des Königswegs war und heute mit vielen Kneipen, Restaurants und Cafés ein Treff für junge und junggebliebene Leute ist.

Das gotische Aachener Rathaus

Ereignisse – Karl der Große ist natürlich die zentrale Figur. Hier steht auch das Original der Bronzestatue, die am Marktbrunnen als Kopie aufgestellt wurde. In der Station ›Aachen heute‹ kommen Aachener Bürger zu Wort und erzählen, was sie von ihrer Stadt so halten.

Direkt am Museum kann man die **Route Charlemagne** starten, also einen Spaziergang zu anderen bedeutenden Sehenswürdigkeiten aus dem Leben Karl des Großen (Elisenbrunnen, Dom, Rathaus, Grashaus).

ℹ **Rathaus**

Geöffnet täglich von 10–18 Uhr; Führungen April –Ende Dez Sa, So 10.30–11.30 Uhr. Eintritt 5 €, ermäßigt 3 €, Gruppen- und Familientickets günstiger; Audioguide: 2 €, ermäßigt 1,50 €; Führung inklusive Eintritt: 10 €, ermäßigt 7 €.

■ **Centre Charlemagne**

Aachens neues Stadtmuseum zeigt in einer Dauerausstellung die Geschichte der Stadt Karls des Großen und ist in sechs Themenbereiche aufgeteilt. Natürlich dreht sich in der Ausstellung alles um die bedeutendsten Aachener Figuren und

ℹ **Centre Charlemagne**

Katschhof 1, 52062 Aachen, Tel. 0241/ 4324994, Di–So von 10–17 Uhr; Eintritt bis einschließlich 21 Jahren frei, sonst 6 €, ermäßigt 3 €, bei besonderen Sonderausstellungen kann der Eintritt auf bis zu 15 Euro angehoben werden. Führungen Sa 14 Uhr, So 12 Uhr. Diese kosten nicht extra, Treffpunkt ist 15 Minuten vor Beginn am Museumseingang. www.centre-charlemagne.eu

▲ Karte S. 41

Abseits der Touristenwege

Neben der City lohnen vor allem drei Stadtviertel abseits des Mainstream den Besuch: das Frankenbergviertel, das Lousberg-Viertel und Burtscheid.

■ Frankenberger-Viertel

Im Frankenberger-Viertel unweit der Innenstadt ist um die Oppenhoff- und Viktoriaallee die Gründerzeit noch sehr lebendig. Schöne alte Häuser, schmucke Fassaden und nur wenige Bausünden. In den 1970er-Jahren sollte hier der große Sanierungshammer geschwungen werden, was zum Glück danebenging. Wer hier sein Zuhause gefunden hat, zieht nicht mehr weg. Das mag auch an den Kneipen des Viertels liegen (etwa ›Exil‹ in der Schloßstraße 2 oder ›Insulaner‹ in der Bismarckstraße 113) und auf alle Fälle an dieser einen Eisdiele. Aachen hat generell eine auffallend eisige Dielen-Dichte, doch das ›Delzepich‹ (Bismarckstraße 197) ist die ungekrönte Königin von allen. Hier wird alles Eis handgemacht nach eigenen Rezepten und wenn am späteren Nachmittag alle Ware weg ist, hängt da ein Schild in der Tür: »Nix mehr da, alle, alle, ausverkauft!« Dann muss man halt am nächsten Tag nochmals hin, nur früher...

■ Burtscheid

Burtscheid ist das Kurviertel Aachens, es hat sich den Charme eines ruhigen Stadtteils mit eigener Geschichte erhalten und ist bei Aachenern und Gästen beliebt. Bereits im 1. Jahrhundert entdeckten die Römer im damaligen *Porcetum* heiße Quellen und nutzten sie zur aktiven Gesundheitspflege. Burtscheid ist seit 1897 ein Aachener Ortsteil, dem es die Stadt zu verdanken hat, dass sich Aachen auch ›Bad Aachen‹ nennen darf. Das sagen allerdings nur Leute, die mit dem ABC nichts am Hut haben. Denn in

jeder deutschen Städteaufzählung ist ›Aa‹ unschlagbar an erster Stelle – was schert einen da der Badezusatz? Ein Bummel ist angesagt, ebenso eine Kaffeepause im gediegenen ›Café Lammerskötter‹ (Kapellenstraße 2). Und wer ›Bad Aachen‹ richtig erleben will, der kann sich auch mit Gesundheits- und Wellnessanwendungen als Tagesgast verwöhnen lassen, etwa in der Salvea Salzgrotte (www.salvea.de)

■ Lousberg-Viertel

Auf dem Lousberg, am mit 264 Metern höchsten Punkt der Stadt, liegt einem die Stadt zu Füßen. Und am Horizont grüßen schon die ersten Eifel-Anhöhen. Besonders angenehm ist der garten- und parkähnliche Lousberg frühmorgens, wenn außer ein paar Joggern und Müttern mit Kinderwagen und Hund keine Menschenseele unterwegs ist. Von der Terrasse am Obelisken hat man den schönsten Fotoblick auf die Kaiserstadt. Zum Gipfel des Lousbergs geht es über eine Treppe. Oben steht seit den 1950er-Jahren ein Wasserturm, der heute in Privatbesitz ist. Neben Büros hat der Turm auch ein **Drehrestaurant**, das aber nur sonntags zum Brunch (11–14 Uhr) geöffnet ist (an jedem ersten Samstag im Monat kann

Im Frankenbergviertel

man ebenso brunchen oder auch hoch über Aachen zu Abend essen, Info: www.drehturm.de, Tel. 0241/ 9188043). Übrigens: Erzählt wird die Legende, dass der Teufel persönlich seine Hände im Spiel hatte, als der Lousberg entstand. Tatsächlich waren es fleißige Aachener Bürger, die den Berg aufschütteten und als Park gestalteten.

Tipp: Die Seele baumeln lassen kann man auf den **Lousberg-Terrassen** (am besten zu erreichen über die Buchenallee). Hier liegt man im Sommer in Hängematten und genießt die Aussicht auf die berühmte Soers, in der auch das international bekannte CHIO-Pferdesportturnier stattfindet. Und man blickt auf das Tivoli-Viertel, wo einst die legendäre Fußball-Kampfbahn der örtlichen Alemannia stand. Heute kicken die Aachener Fußballer unterklassig, aber in einem neuen, supermodernen Stadion. Auf das blickt man ebenso wie auf das Gelände ›Tivoli alt‹, auf dem u. a. ein neues Wohngebiet und ein Hotel entstanden sind.

ℹ Aachen

aachen tourist service, Tel. 0241/1802950. **Touristeninformation am Elisenbrunnen**, Friedrich-Wilhelm-Plazu, Mo–Fr 10–18, Sa 10–14 Uhr, April bis Dez. zusätzlich So 10–15 Uhr. Stadtpläne, Infomaterial, Hotelbuchungen, Stadtführungen. www.aachen-tourismus.de

---

🚗

In Aachen werden Autofahrer, selbst wenn sie nur minimal zu schnell sind (5–7 km/h reichen), schnell und böse abkassiert. Deshalb besser Fuß vom Gas. Tipp: In Aachen halten auch ICE der Deutschen Bahn.

🛏

Hampton by Hilton (Tivoli), Merowingerstraße 2, 52070 Aachen, Tel. 0241/ 955930-0. www.hiltonhotels.de

Besondere Veranstaltungen
■ **Aachener Weihnachtsmarkt**

Er gilt als einer der stimmungsvollsten in Deutschland und findet immer von Ende November bis zum 23. Dezember täglich von 11 bis 21 Uhr statt. Ort des Geschehens ist der Marktplatz vor dem historischen Rathaus und in den Gassen rundherum. Natürlich gibt es auch die berühmten Aachener Printen. 2015 wurde der Markt von European Best Destinations zum drittschönsten Weihnachtsmarkt in Europa gekürt.

■ **Internationales Reitturnier**

Der Concours Hippique International Officiel, kurz und einprägsam CHIO, ist einmal im Jahr eines der sehr bedeutenden Pferdesport-Turniere in Deutschland – und dies seit 1924. Spitzenkönner der Reiterwelt messen sich in folgenden Disziplinen: Springreiten, Dressurreiten, Fahren, Vielseitigkeitsreiten und Voltigieren. Das Ganze findet im Aachener Reitstadion statt: Albert-Servais-Allee 50, 52070 Aachen (www.chioaachen.de)

Innside by Melia, Sandkaulstraße 20, 52062 Aachen, Tel. 0241/510370. www.melia.com

---

Carolus Thermen, Passstraße 79, 52070 Aachen, Tel. 0241/18274-0; täglich 9–23 Uhr; Eintritt ab 12 € für 2,5 Stunden (Mo–Fr) ohne Saunawelt und 26 € mit Schwitzbad. Karl der Große soll seinen Herrschaftssitz in seine Lieblingspfalz auch nach Aachen verlegt haben, weil er vor allem die Thermen mit ihren Quellen so sehr liebte, die durch die Eifel-Vulkane auf natürliche Weise erwärmt wurden. Diese uralte Tradition setzen heute die Carolus-Thermen fort. Mit einer großen Thermal- und Saunawelt, mit Spa und Gastronomie. www.carolus-thermen.de

▲ Karte S. 41

Öcher Prenten

Wer hat's erfunden? Hergestellt werden sie in der ganzen Region, und ziemlich vehement verteidigen sie sich gegen die verwandten Leb- und Honigkuchen: die Printen. Als die süße Topspezialität der Kaiserstadt heißen sie natürlich nur ›Aachener Printen‹, aus denen im Dialekt ›Öcher Prenten‹ werden. Mehr als 4500 Tonnen Printenmasse wird jährlich vor Ort produziert – mal als Hart- und mal als Weichprinte, mal mit Zuckerguss und mal mit Schokolade überzogen, mal mit Nüssen und mal mit Mandeln verfeinert. Ursprünglich kamen sie aus dem benachbarten Belgien und ähnelten sehr dem Spekulatius. Durch Drücken (*prenten* oder *print*) soll das Gebäck schließlich seinen Namen weg haben.

Auslöser für die heutige Rezeptur und Gestalt des Aachener ›Nationalgebäcks‹ war jedoch die von Napoleon veranlasste Kontinentalsperre. Diese führte dazu, dass die Aachener Bäcker bei der Herstellung der Printe mit Rübenzucker und -sirup improvisieren mussten, wodurch ein grober, zäher und schwer formbarer Teig entstand. Dieser Notlösung, die dem Bäckermeister Henry Lambertz zugeschrieben wird, sollte die Zukunft gehören. Durch ihre flache und schlanke Form bot sie den Vorteil der problemlosen fabrikmäßigen Herstellung und eignete sich zudem wesentlich besser zum Versand und damit zum Erschließen neuer Märkte.

Aachener Printen werden indes nicht nur von Maschinen hergestellt, sondern nach wie vor auch in Handarbeit von Aachener Backstuben. An zahlreichen Ecken in der historischen Innenstadt bieten die traditionellen Printenbäckereien das ganze Jahr lang ihre Kreationen an – ein jeder Bäcker mit seiner eigenen, geheimen Rezeptur.

Tipp: Wer ein Stück früher handwerklicher Printen-Geschichte entdecken möchte, der sollte das ›Café Van den Daele‹ (Büchel 18, 52062 Aachen, Tel. 0241/357624 – www.van-den-daele.de) besuchen. Hier schuf bis vor einigen Jahren der ungekrönte ›König der Printenbäcker‹, der Belgier Leo van den Daele, kunstvolle und kostbare Leckereien. Die einzigartige Sammlung des ›Printenbarons‹ von Formen aus Holz (Modeln) kann heute noch in dem Aachener Traditionshaus bestaunt werden. Übrigens: Ein ›Nationalgericht‹ der Kaiserstadt ist der rheinische Sauerbraten nach Aachener Art – natürlich kommen Printen in die Soße des Öcher Suurbrödem!

Das Aachener Printenmädel

Erlebnisregion Nordeifel

Vielfältige Natur überall und wiederkehrende Wildnis im Nationalpark. 80 Kilometer (vier Etappen) des Eifelsteigs, dazu der Ahrsteig und viele lokale Wanderwege. Auch Radwege in allen Schwierigkeitsgraden, u. a. die Vennbahn-Trasse, einer der meist befahrenen Radwege in Europa. Blühende Landschaften mit leuchtendem Eifelgold (Besenginster), mit knorrigen Wacholderbüschen und haushohen Buchenhecken. Die Erlebnisregion Nordeifel ist ein starkes Stück Natur mit internationaler Ausrichtung in den Ardennen und im Hohen Venn. Burgen, Klöster und viel Fachwerk. Die Rur, mehrere Seen und Talsperren. Die Nordeifel ist rau, die Wetterlage von Westen vorherrschend. Die Menschen sind in sich gekehrt, gerade heraus – man muss sich hier ›warm laufen‹. Fortschrittlich ist die Nordeifel mit ihrer Gästekarte, die u. a. eine umweltfreundliche und kostenfreie Anreise zum Beispiel aus dem Großraum Köln beinhaltet. Auch Aachen, die alte Kaiserstadt, liegt vor der nördlichen Eifler Haustür. Ein Erlebnis besonderer Art ist das zumeist deutschsprachige Ostbelgien mit seinen kleinen Städtchen und viel Natur, die mal Eifel, mal Ardennen heißt.

GästeCard

Eine eifelweite GästeCard gibt bislang leider nicht. Sie scheitert vor allem an zu vielen unterschiedlichen Zuständigkeiten und regionalen Eifersüchteleien. Aber: Die Nord- inklusive Rureifel ist da schon ein Stück weiter und bietet eine GästeCard ›Erlebnisregion Nationalpark Eifel‹ an. Die kann jeder Gast kostenfrei für die Dauer seines Aufenthalts in der Region bekommen, wenn er in teilnehmenden Übernachtungsbetrieben seine Bleibe bucht. Mit der Karte, die es bei frühzeitiger Buchung auch schon vorab

per E-Mail zum Selbstausdrucken ins Haus flattert, können die Besucher in der Erlebnisregion sowie im gesamten Gebiet des Verkehrsverbundes Rhein-Sieg (VRS) und des Aachener Verkehrsverbundes (AVV) Busse & Bahnen kostenlos nutzen. Somit ist diese auch für die Anreise im VRS- und AVV-Gebiet nutzbar. Möglich sind auch Ausflugsfahrten nach Aachen, Bonn, Köln – und sogar ins Sauerland. Neben dem kostenlosen ÖPNV-Ticket sparen die ›GästeCard‹-Gäste auch bares Geld durch ermäßigten Eintritt in zahlreichen Attraktionen und den Ausflugszielen.

Informationen und alle beteiligten Unternehmen erfährt man beim Nordeifel Tourismus, Bahnhofstraße 13, 53925 Kall, Tel. 02441/99457-0, www.nord eifel-tourismus.de/service

Erlebnisroute der schönsten Altstädte

Neu zusammengestellt wurde für Auto- oder auch Fahrradfahrer eine Erlebnisroute durch die schönsten historischen Stadt- und Ortskerne der nördlichen NRW-Eifel. Die Strecke verbindet die Sehenswürdigkeiten von neun geschichtsträchtigen Städten – neben Stolberg, Nideggen und Monschau liegen Schleiden (Olef), Hellenthal (Reifferscheid), Dahlem (Kronenburg), Mechernich (Kommern), Bad Münstereifel und Blankenheim auf der 225 Kilometer langen Route. Zu der Tour wurde ein spezieller Flyer aufgelegt. Informationen gibt es auch unter www. historische-ortskerne-nrw.de sowie in den einzelnen Städten.

Dreiländerpunkte

Entlang der Eifel-/Ardennengrenze stoßen immer wieder die einzelnen Länder aufeinander. Es gibt zwei offizielle Dreiländerpunkte.

▲ Karte S. 49

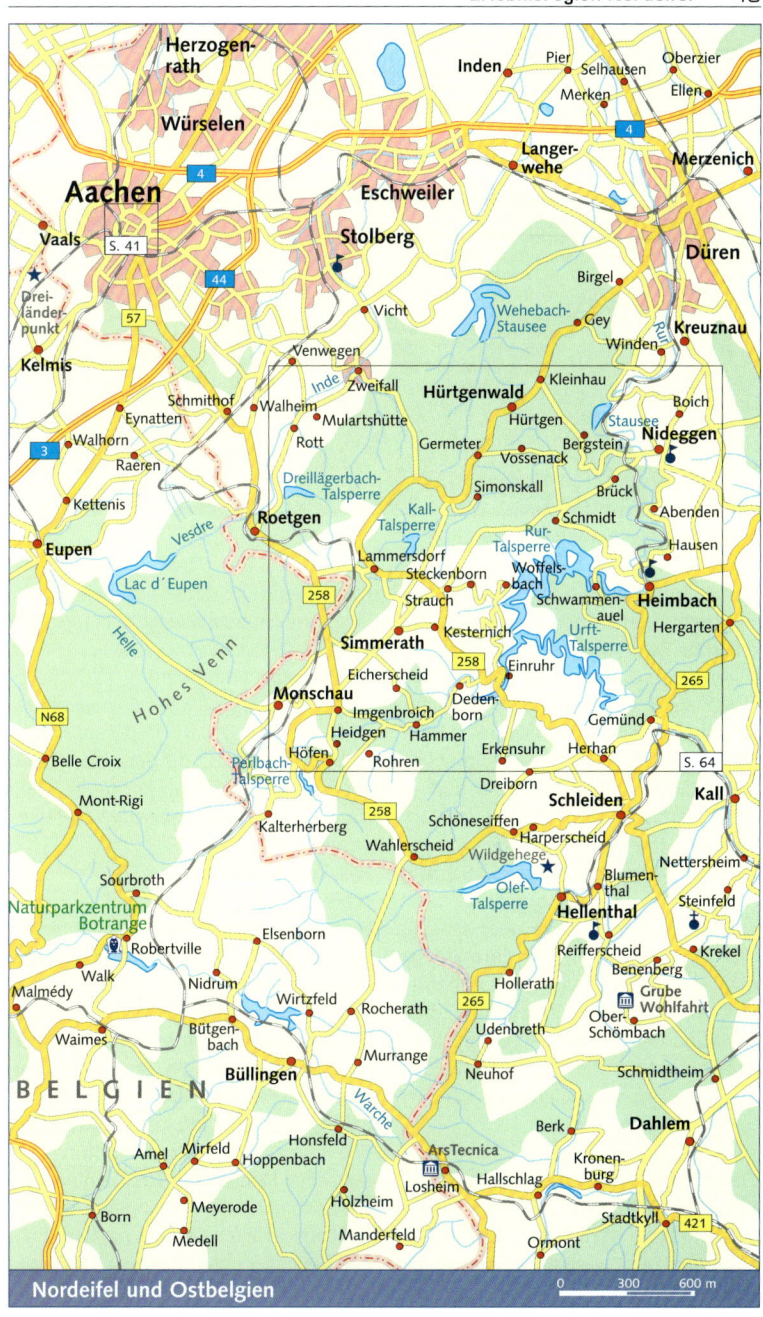

Nordeifel und Ostbelgien

Aachen und Nordeifel

Burg und Altstadt von Reifferscheid

Der **Balduin-Turm** in Gemmenich markiert den sogenannten Dreiländerpunkt zwischen Deutschland, Belgien und den Niederlanden. Ein gläserner Fahrstuhl bringt die Besucher auf eine Aussichtsterrasse in 50 Metern Höhe. Unten stehen die Grenzsteine der drei Länder. Auch ein Kinderspielplatz und ein Labyrinth sorgen für Kurzweil. Im Turm befindet sich ein Restaurant, u. a. bekannt für sein Dreiländerbier ›3 Schteng‹ (www.drielandenpunt.org).

Am Zusammenfluss von Ribbach und Our steht seit 1977 das **Europadenkmal**. Hier feiert man das Dreiländereck von Belgien, Deutschland und Luxemburg. Das Denkmal, das ganzjährig geöffnet ist, besteht aus fünf Findlingen aus fünf verschiedenen Ländern (www.reuland-ouren.be).

Grenzenloses Radvergnügen – die Vennbahn

Die Vennbahn ist mit stolzen knapp 130 Kilometern ein weiteres Erfolgsprojekt der Eifel. Da, wo früher die Bahn fuhr, rollen heute die Räder – auf einem der längsten Bahntrassenwege in Europa. Die Gesamtstrecke führt von Aachen (Rothe Erde) durchs Hohe Venn und Ostbelgien bis nach Troisvierges in Luxemburg, ist überwiegend flach und gehört zum RAVeL-Programm, mit dem die Region Wallonien in Belgien ein grünes ›Netz für den langsam fließenden Verkehr‹ geschaffen hat.

Die Trasse hat viel mit dem europäischen Zusammenspiel einst und jetzt zu tun. Geplant wurde die Vennbahn als Güterbahn, die die Kohle aus den Revieren im Norden zu den Stahlhütten im Süden transportierte. In beiden Weltkriegen war sie mittendrin in den Kämpfen, um danach allmählich überflüssig zu werden. Wenn man so will, ist die heutige Radbahn also auch ein Stück weit ein Konversionsprodukt, das auf seiner Drei-Länder-Strecke mehrfach die Seiten wechselt: eben noch Belgien, jetzt wieder Eifel. Genauso soll es sein – Grenzlandflair ohne Grenzen – im Europa von heute.

Karte S. 49

Der Radweg ist mit Radverleih (auch eBikes), Reparatur-Werkstätten, fahrradfreundlichen Gastbetrieben und sogar mit Shuttle-Services (Bus und Großraum-Taxi) für die Tretfaulen (www.vennbahnradweg.info) sehr gut erschlossen.

Eifelsteig-Wanderbus

Von Kall (→ S. 54) fährt an allen Wochenenden sowie an Feier- und Brückentagen von April bis November viermal täglich jeweils um 9, 12, 14.30 und 17.30 Uhr der Bus der Linie 770 bis ins rheinland-pfälzische Mirbach auf einer Strecke von 38 Kilometern. Angefahren werden in beide Richtungen verschiedene Etappen- und Zwischenziele des Eifelsteigs und seiner Partnerwege Rur-Olef-Route, Burgen-Route, Eifeler Quellenpfad und Eifeler Kräuterpfad. Auch die beiden Fernwanderwege Römerkanal-Wanderweg und AhrSteig sind angebunden.

Mit dem Angebot ergeben sich für Besucher neue Kombinationsmöglichkeiten zum Wandern. Ob kurz, mittel oder lang: Touren für jeden Geschmack sind möglich, und die Rückkehr nach Hause ist einfach und fußschonend. Den Startpunkt und das Ziel können Wanderer individuell bestimmen, zugleich ist die Route auf Wunsch flexibel änderbar, indem zwischendurch der Wanderbus oder das weitere ÖPNV-Angebot in der Region genutzt wird (www.nordeifel-tourismus.de)

Stolberg

Ein Stück aus Stolberg, manchmal auch mehrere, haben wir alle stets in der Geldbörse. Schließlich werden hier in der Städteregion Aachen Rohlinge für die Euromünzen produziert. Auch ein berühmtes Eau de Toilette mit den legendären vier Zahlen aus Köln und das führende Discounter-Waschmittel Deutschlands kommen aus Stolberg. Die Mittelstadt

ist seit eh und je industriell geprägt und trägt offiziell den Titel ›die Kupferstadt‹ als Namensbeiwerk. Stolberg verfügt über eine nette, kleine Altstadt, 17 Stadtteile und rund 58 000 Einwohner.

Wahrzeichen der Stadt ist unübersehbar die **Burg**, die im 12. Jahrhundert. errichtet und mehrmals ausgebaut wurde. Ein Umbau im 16. Jahrhundert sorgte für einen schlossähnlichen Aufbau. 1888 stand die Burg kurz vor dem Verfall, ein Stolberger Fabrikant ersteigerte sie und ließ sie von zwei Architekten renovieren. 1909 schenkte er die Burg den Stolberger Bürgern als unverkäufliches Erbe, was u. a. dazu führte, dass die Burg Stolberg heute zu festgelegten Öffnungszeiten frei zugänglich ist. Fototipp: Vom Vorplatz der Finkenbergkirche hat man den ›Sahne-Blick‹ auf die Burg. Hier lohnt auch ein Besuch des hinter der Kirche gelegenen Kupfermeister-Friedhofs. Stolberg verdankt seinen wirtschaftliche Aufschwung der metallverarbeitenden Industrie: So galt die Stadt lange als die ›älteste Messingstadt der Welt‹

Die Stolberger Burg

Aachen und Nordeifel

und eigentlich wäre der Beinamen ›die Messingstadt‹ auch passender als ›die Kupferstadt‹. Aber sei es drum: Messing, das ›Stolberger Gold‹, ist eine Legierung mit den Metallen Kupfer und Zink als Hauptbestandteile. Da Zink stark schwefelhaltig ist, suchte man in Stolberg und Umgebung nach schwefelarmen Alternativen – und hatte Glück. Man fand im Boden Galmei-Zinkerz und baute es ab. Heute sind die Stolberger stolz auf ihr gelb-blühendes Galmei-Veilchen, das auf den ehemaligen Erzfeldern um die Stadt wächst und gedeiht.

Stolberg ist eine Stadt der Kontraste: da die Industrie, hier eine schnucklig-kleine Altstadtidylle mit verwinkelten, engen Gassen, viel Fachwerk, viel Romantik. Typisch für die Stadt sind die **zahlreichen Kupferhöfe** (einst waren es über 40), meist herrschaftliche Ensembles, in denen früher vorne malocht und hinten gewohnt wurde. Die Chefs wurde respektvoll ›Kupfermeister‹ genannt. Die einzelnen Höfe sind sehr unterschiedlich, man kann eine entsprechende Tour durch Stolberg und das Stolberger Tal buchen oder auch auf eigene Faust unternehmen (in der Tourist-Info gibt es einen Flyer).

Unbedingt anschauen sollte man sich den **Hof Rosental** in der Rathausstraße: Das Herrenhaus mit Stuckrelief im Giebeldreieck (zeigt Aurora mit Sonnenfackel) ist durch ein Brückentor erreichbar. Die Erdgeschossräume werden für Familienfeiern u. a. vermietet. Im zugehörigen Betriebshof praktiziert heute ein Arzt.

Bekannt ist der **Kupferhof Grünenthal** an der Steinfeldstraße: Der feudale Herrensitz wurde 1699–1703 gebaut und erfuhr im Laufe der Jahrhunderte unterschiedliche Nutzungen. 1889 verlegte der Industrielle Franz Wirtz, der auch das restaurierte Herrenhaus bewohnte, in den Hof Grünenthal eine Seifenproduktion, die er ein paar Jahre später an den heutigen Standort der Dalli-Werke verlegte. Nach dem Zweiten Weltkrieg gründete hier die Wirtz-Familie das Pharmaunternehmen Grünenthal, das später durch den Contergan-Skandal weltweit für negative Schlagzeilen sorgte. Der Hof ist bis heute in Familienbesitz, rechts vom Eingang weht die Fahne Ecuadors – der Hausherr fungiert u. a. als Honorarkonsul des südamerikanischen Landes.

Das ehemalige Seifenwerk ist heute als Firma Mäurer & Wirtz ein bedeutender

▲ *In der Nordeifel bei Reifferscheid*

Hersteller von Düften (4711, Tabac Original) und Pflegeprodukten, gehört als Tochterbetrieb seit 1990 zu den Dalli-Werken (Tandil, dalli) und wird weiter als Familienunternehmen geführt. Es gibt

 Stolberg

Tourist-Info, Zweifaller Straße 5, 52222 Stolberg, Tel. 02402/99900-81, Di–Fr 10–17 Uhr; Sonn- und feiertags: 11–15 Uhr. www.stolberg.de, www.stolbergtouristik.de

Romantik-Parkhotel, Am Hammerberg, Hammerberg 11, 52222 Stolberg, Tel. 02402/1234-0. www.parkhotel-stolberg.de

Burgrestaurant, Essen wir die alten Rittersleut' kann man auf der Burg (s. u.) zu bestimmten Terminen. Man isst allerdings mit Messer und Gabel und sitzt an Tischen. Die Kellner sind entsprechend gekleidet, zur Begrüßung gibt es einen Honigmet. Für die Unterhaltung sorgen zum Beispiel Minnesänger, es gibt auch eine Feuershow. Den Aperitif gibt's meist gegen 19 Uhr, die genauen Termine findet man unter www.burg-stolberg.de. Das Restaurant hat aber auch zu anderen Zeiten geöffnet, dann kann man auch à la carte bestellen: Fr 17–22 Uhr, Sa 14.30–22 Uhr, So 15–22 Uhr.

Zinkhütter Hof, Cockerillstraße 90, Tel. 02402/90313-0; Di–Fr 14–17 Uhr, Sa 14–18 Uhr, So 10–18 Uhr. Eintritt 4, 50 € (Erwachsene), 2,50 € (Studenten),

einen Werksverkauf (Mi und Do 13–18 Uhr, Fr 12–18 Uhr und Sa 9–12.30 Uhr), der Kundenparkplatz befindet sich auf der Finkensiefstraße (Ecke Zweifallerstraße; www.dalli-group.com).

die Familienkarte kostet 8,50 €. In historischen Mauern, wird an die Industrie-, Wirtschafts- und Sozialgeschichte der Region Aachen erinnert – mit Themen wie ›Aachener Nadel‹ bis ›Stolberger Gold‹. www.zinkhuetterhof.de
Burg Stolberg, Faches-Thumesnil-Platz, 52222 Stolberg . Heute finden in der Burg vor allem Veranstaltungen statt (Stadtfest, Weihnachtsmarkt – Kupferstädter Weihnachtstage-, Kupfermeistertreffen); tgl. außer Mo 15–18 Uhr, Im Sommer 12–18 Uhr. Von der Altstadt aus kann man immer bergan zu Fuß zur Burg laufen. Direkt vor der Burg auf dem Faches-Thumesnil-Platz gibt es aber auch einen Parkplatz. www.burg-stolberg.de
Im Museum in der Torburg am Luciaweg wird an vielen Alltagsgegenständen anschaulich die Geschichte Stolbergs erzählt – von den Römern bis heute, Tel. 02402/82250, Sa, So 14–18 Uhr. Erwachsene 2 €, Schüler und Stundeten 1 €. Kinder bis 12 Jahre frei. www.museum-torburg.de

Stolberg goes…, bei der Veranstaltung steht jedes Jahr im Frühling ein anderes Gastland und seine Kultur im Mittelpunkt (China, Brasilien, Österreich etc.), rund um die Burg und in der Altstadt gibt es bei freiem Eintritt Ausstellungen, Vorträge und Musik aus dem jeweiligen Gastland. www.stolberg-goes.de

Roetgen

›Tor zur Eifel‹ nennen sich nicht wenige Städte und Gemeinden rund um das westliche Mittelgebirge. Was nicht immer so war, heute aber auch die Wertschätzung zeigt, die die Region mittler-

weile erlangt hat. Man schmückt sich mit der Eifel. So auch Roetgen (nur echt mit ›oe‹), das zur Städteregion Aachen gehört. Seine gut 8500 Einwohner lehnen sich mehrheitlich gegen das nahe (und marode) belgische Atomkraftwerk

Aachen und Nordeifel

Tihange auf. Roetgen lädt ein in eine schmucke Therme und bietet eine geographische Besonderheit: An vielen Stellen ist das offene Europa sprichwörtlich erfahrbar – die Straßenseite links ist belgisch, die rechts deutsch. Was Vorteile hat, etwa Supermärkte, die an vielen deutschen Feiertagen geöffnet haben (www.roetgen.de)

Kall

Die Nationalpark-Gemeinde Kall ist ein guter Startpunkt für Wanderungen und Radtouren in der Nordeifel. Durch die Lage an der Eifel-Bahnlinie Köln–Trier ist eine umweltgerechte und einfache Anreise mit dem Zug aus Richtung Köln, Trier bzw. Bonn möglich.

Mit dem **Pingenwanderpfad** ist ein informatives und montanhistorisches Angebot vorhanden, das tief in die Geschichte der Region einsteigt. Kall war einst ein für die Region wichtiges Eisen-, Bleibergbau und Verhüttungszentrum – der Wanderweg erinnert an diese Tradition. Auf 21 Schautafeln unterwegs wird erklärt, was Pingen sind: Schürfstellen nach Eisenerz aus längst vergangener Zeit, die heute wie Bombentrichter in der Landschaft lie-

gen. Von diesen Trichtern gibt's hier eine ganze Menge, die Eifel-Kumpel (Bergleute) holten hier das wertvolle Erz in mühevoller und gefährlicher Handarbeit aus der Erde. Die lehrreiche Rundtour – Start und Ziel ist in Kall am Rathaus – ist mit 12 Kilometern überschaubar.

Übrigens: In Kall-Urft liegt versteckt im Wald auch der **Ausweichbunker für die NRW-Landesregierung**, wenn ein (atomarer) Ernstfall einen Umzug erfordert (→ S. 123).

ℹ️ **Kall**

Tourist-Info und **Nationalpark-Infopunkt** im Bahnhof Kall, Bahnhofstraße 13, 53925 Kall, Tel. 02441/777255, Mo–Sa 8–18 Uhr, So und feiertags 9–17 Uhr. www.kall.de, www.nordeifel-tourismus.de

---

Kloster Steinfeld

Diese Ruhe, einfach himmlisch. Und eine andere Benennung würde man hier auch gar nicht erwarten. Kloster Steinfeld als ehemalige Prämonstratenserabtei ist ein Ort der Besinnung, der Begegnung und – neudeutsch – ein ›Eifel-Hideaway‹ zum Wohlfühlen. Das umfangreiche Eifelkloster findet man mit einigen anderen Häusern im Ortsteil Steinfeld der NRW-Gemeinde Kall, die mit ihrem Bahnhof an das Netz der Deutschen Bahn angeschlossen ist.

Das Kloster war einst ein kirchliches Zentrum in Deutschland und Europa und ist seit 1923 im Besitz des Ordens der Salvatorianer. Die angeschlossene Basilika wurde zwischen 1142 und 1150 als eine der frühesten deutschen Gewölbekirchen errichtet.

Ora et labora – Beten und Arbeiten steht im klösterlichen Alltagsleben nach wie vor im Vordergrund. Das gilt auch für rund 800 Gymnasiasten, die hier ausgebildet werden, für eine Schülerkapelle, für einen modernen Tagungsservice, eine

Kloster Steinfeld in der Nähe von Kall

Karte S. 49

Römische Spuren in Nettersheim

private Kunstakademie und das Personal des neuen Gästehauses mit modernen Zimmern. Das Kloster ist auch Bankett- und Festboden, es gibt ein Klostercafé und einen Klosterladen und eine prächtige Gartenanlage.

Steinfeld ist auch als Etappenort auf dem **Eifelsteig** (→ S. 51) eine willkommene Zieladresse für müde Wanderer.

ℹ **Kloster Steinfeld**
Hermann-Josef-Straße 4, 53925 Kall, Tel. 02441/889131. www.kloster-steinfeld.de

Nettersheim

Um beim Wort zu bleiben: Nettersheim an der Urft, von der Deutschen Umwelthilfe schon einmal als Bundeshauptstadt des Naturschutzes ausgezeichnet, ist nett. Ein Städtchen mit Niveau und einem Natur- und einem Holzkompetenzzentrum. Vor allem aber mit jeder Menge Fundstellen aus römischer Zeit. Die **Römische Wasserleitung** nach Köln (→ S. 19) nahm hier ihren Anfang, zur eingefassten Quelle ›Am Grünen Pütz‹ kann man eine kleine Wanderung aus der Ortsmitte unternehmen (30 Minuten hin und zurück).

Die Römer gründeten einst ganz in der Nähe des heutigen Nettersheim eine Siedlung an der wichtigen Agrippastraße zwischen Trier und Köln. Das Städtchen hieß wahrscheinlich *Marcomagus*, seine Spuren sind im **Archäologischen Landschaftspark** wieder sichtbar. Nach mehrjährigen Ausgrabungsarbeiten durch Archäologen der Universität Köln und dank Teilrekonstruktionen an ausgewählten Stellen liegen Teile der Siedlung frei, und nun können sich Besucher selbst ein Bild machen. Es gibt vor Ort allerlei Aktionen und Veranstaltungen. Eine **Römische Taverne** lädt zu Speis' und Trank ein, Übernachten kann man hier in den historischen Werkhäusern (drei Zimmer).

Tipp: Auf den **Spuren der Römer** wandelt man auf dem gut vier Kilometer langen Rundweg zwischen der römischen Siedlung und Nettersheim. Wer länger laufen möchte: Der Römerkanal-Wanderweg führt auf sieben Etappen bis nach Köln. Unterwegs sind immer wieder römische Hinterlassenschaften zu bewundern. Mit der Regionalbahn kann man von Köln wieder zurück in die Nordeifel (Bhf. Nettersheim) fahren (www.roemerkanal-wanderweg.de)

ℹ **Nettersheim**
Nettersheim liegt im deutsch-belgischen Naturpark. Die **Tourist-Information** befindet sich im Naturzentrum. Hier kann man auch Fahrräder, E-Bikes und Bollerwagen mieten, Urftstr. 2–4, Tel. 02486/1246, Mo–Fr 9–18 Uhr (1. November bis 30. April bis 16 Uhr); Sa, So, Fei: 10–18 Uhr (1. November bis 30. April bis 16 Uhr).

Gemütlich sitzt man im historischen Gemäuer der **Bäckerei/Café Zur Römerquelle**. Hier gibt es Eifeler Spezialitäten wie Hefetaat. Rosenthalstraße 1, Tel. 02486/139.
www.cafe-zur-roemerquelle.de

Ostbelgien – eine Rundreise

Mit Belgien verbindet die Eifel westwärts eine lange Grenze, die aber im europäischen Zusammenspiel heute nur deshalb noch auffällt, weil diverse Hinweisschilder plötzlich dreisprachig daherkommen – französisch, flämisch und deutsch. Hier, im äußersten Ostwinkel des belgischen Königreichs, enden oder beginnen die Ardennen, die vor Ort gerne auch ›belgische Eifel‹ genannt werden. Man spricht weitgehend deutsch (französisch im Bereich um Malmédy) in den belgischen Ostkantonen, die 1920 mit dem Versailler Vertrag zu Belgien kamen, aber als deutschsprachige Gemeinschaft bis heute Sonderrechte genießen. Wichtig für alle wassersportbegeisterten Belgier ist, dass die fünf größten Binnengewässer des Landes im Osten vor sich hin plätschern. Viele weitere Informationen gibt es unter www.ostbelgien.eu.

Wer die große Zeit der Tuchindustrie am Nordwest-Rand von Eifel und Ardennen als kulturelles Erbe erleben will, dem bietet sich dazu auf der sogenannten Wollroute im Dreiländereck D-NL-B eine gute Gelegenheit (www.wollroute.net). Spezialitäten aus Ostbelgien sind Bier, Schokolade, Waffeln und Pralinen, aber

Eupener Bier kommt heute aus Flämisch-Brabant

auch Naturprodukte wie Forellen, Ardenner Schinken und Honig. Auf der Seite www.madeinostbelgien.be geht es um regionale Produkte. Hier kann man Produzenten entdecken, die typisch lokale Produkte herstellen.

Starten wir nun zu einer kleinen Rundreise durch die belgische Eifel, die mit einer Übernachtung und guter belgischer Küche lecker-bequem an einem Wochenende zu erleben ist.

Eupen und Umgebung

Die Hauptstadt der deutschsprachigen Gemeinschaft bietet ein buntes Potpourri prächtiger Bürger- und Patrizierhäuser, Kirchen, Brunnen und historischer Plätzen. Dazu gesellen sich viele Straßencafés und Restaurants und viele hübsche, teils schräge kleine Läden, die es bei einem Stadtbummel zu entdecken gilt. Eupen, das am Rand des Naturparks Hohes Venn/Eifel liegt, teilt sich in eine Ober- und eine Unterstadt, wobei die eigentliche City und Altstadt ›oben‹ liegt. Im Osten und Süden sind Wälder die direkten Nachbarn, im Westen weite Wie-

In Eupen

Karte S. 49

senlandschaften und die für die Region typischen Buchenhecken. Die Stadt an der Weser war anderthalb Jahrhunderte bis etwa 1850 ein Zentrum der Tuchproduktion (wie zum Beispiel auch das nahe Monschau). Einige repräsentative Häuser und Bauten aus dieser Zeit sind erhalten und werden neu genutzt. So ist zum Beispiel das Werkgebäude des großen Tuchmachers Nikolaus Joseph Grand Ry 1761 heute das Regierungsgebäude der Deutschsprachigen Gemeinschaft Belgiens.

Die Hauptstadt der deutschsprachigen Gemeinschaft bietet ein buntes Potpourri prächtiger Bürger- und Patrizierhäuser, Kirchen, Brunnen und historischer Plätze. Dazu gesellen sich viele Straßencafés und Restaurants und hübsche, teils schräge kleine Läden, die es bei einem Stadtbummel zu entdecken gilt.

Auf geht's, machen wir einen Stadtbummel: Wir starten am Rathaus, das einmal ein Kapuzinerkloster war, und beneiden die Kollegen vom ›Grenz-Echo‹, die ihre Redaktion in einem prächtigen, alten Kaufmannshaus eingerichtet haben. Mächtig präsentiert sich die doppeltürmige **Sankt-Nikolaus-Kirche**, die im Stil der Renaissance von 1721 bis 1729 erbaut wurde. Die kleinen Häuschen im Schererwinkel erinnern an die große Tucher-Zeit der Stadt. Denn das Scheren der Tuche war als Teil der Appretur nötig bei der Feintuchproduktion. Wir sehen ›Et Pömpke‹ (einen Brunnen), noch einige gut in Schuss gehaltene Prachthäuser –

und haben nach einer Stunde Durst. In einem der vielen Straßencafés am Euregiobrunnen gönnen wir uns ein Eupener Bier und lernen, dass die frühere Brauerei der Stadt nicht mehr existiert und das Bier unter altem Namen aus Flämisch-Brabant stammt.

Im **IKOB-Museum für zeitgenössische Kunst** werden wechselnde Ausstellungen von modernen Künstlern gezeigt. Es gibt auch eine eigene Sammlung: ›The ikob collection – in progress‹. Dort stellen Künstler aus Belgien, den Niederlanden, Deutschland, Österreich und Luxemburg ihre Werke aus.

Das **Museum der Schokomanufaktur Jacques** (bereits 1896 gegründet) behandelt die Geschichte der Schokolade (zum Beispiel mit Filmen oder altertümlichen Herstellungsgeräten). In der Fabrik können Besucher live bei der Schokoladenherstellung zusehen. Nach der Besichtigung (oder auch zwischendurch) kann man im ›Espace Gourmand‹ Stücke aus dem Sortiment probieren.

Der Ort Raeren liegt zehn Kilometer nordwestlich von Eupen. In der **Wasserburg Raeren** lädt seit 1963 ein **Töpfereimuseum** mit mehr als 2000 Exponaten zum Besuch ein. Die Stücke wurden vor allem bei archäologischen Grabungen der 1950er- bis 2010er-Jahre gefunden. Zu sehen sind u. a. getöpferte Stücke aus der Barockzeit und der Renaissance. Die Burg Raeren wurde in der Mitte des 12. Jahrhunderts auf dem Gelände einer früheren Schmelzhütte für Eisenerz erbaut.

ℹ️ Eupen und Umgebung

Marktplatz 7, B-4700 Eupen, Tel. +32/87/553450; Mo–Fr 9–17 Uhr, Sa 9–13 Uhr, im Juli und August zusätzlich: So 9–13 Uhr, www.eupen.be

🛏️

Eupen Inn, Panorama 8, B-4700 Eupen, Tel. +32/87/560257. Das familiengeführ-

te kleine B&B bietet mit 4 Zimmern und einer Familienwohnung eine Atmosphäre zum Wohlfühlen.
www.eupeninn.be

🏛️

IKOB – Museum für zeitgenössische Kunst, Rotenberg 12b, B-4700 Eupen, Tel. +32/87/560110; Mi–So 13–18 Uhr; EW

Aachen und Nordeifel

6 €, Kinder und Jugendliche bis 18 Jahre frei, Studenten, Senioren und Menschen mit Behinderung: 4 €, an jedem ersten Mittwoch im Monat ist der Eintritt frei. www.ikob.be

Schokoladenmuseum Jacques Benelux, Industriestraat 16, B-4700 Eupen; Di–Do 11–16.30 Uhr; Fr 11–15.30 Uhr, an Feiertagen geschlossen; Eintritt: Kinder 0–5 Jahre: frei, 6–12 Jahre: 1,50 €, ab 13 Jahren: 2,50 €. www.chocojacques.be

Burg und Töpfereimuseum Raeren, Burgstraße 103, B-4730 Raeren, Tel. +32/87/850903; Di–So 10–17 Uhr. Eintritt Erwachsene: 3 €, Jugendliche (bis 18 Jahren), Studenten, Senioren, Gruppen: 2 €, Kinder bis 12 Jahren: frei. www.toepfereimuseum.org

Malmédy und Umgebung

Dies ist die wohl französischste unter den Städten und Gemeinden in Ostbelgien. Wer aus Richtung Eupen kommt, fährt malerisch durchs Venn, am Naturparkzentrum Botrange (www.botrange.be) vorbei und muss kurz vor der Stadt einige Ardennen-Serpentinen bewältigen. Die wallonische Ausrichtung Malmédys hat u. a. den Vorteil, dass man hier tatsächlich ›steak frites‹ bestellt sowie ›café au lait‹ und jede Menge feinen Wein aus Frankreich bekommt.

In Malmédy feiern die Menschen gerne, immer ist irgendwo was los. Zu Kirmeszeiten oder an Karneval herrscht Ausnahmezustand.

Ein Bummel durch die Sträßchen des Städtchens am Zusammenfluss von Warche und Warchenne macht Laune, eine Rast am **Place Albert I.** ist ratsam und ein Besuch im **Malmundarium** sollte möglich sein (www.malmundarium.be). In dem ehemaligen Kloster neben der Kathedrale sind auf zwei Etagen viele historische Schätze aus Kirche, Karneval und Industrie ausgestellt. Die Kathedrale selber ist jüngeren Datums, mit ihrem Bau wurde 1775 begonnen. In ihr ist der Reliquienschrein des Heiligen Quirinus eine Kostbarkeit. Hübsch anzusehen sind ebenfalls die Kirchenfenster, die aus der Zeit nach dem Zweiten Weltkrieg stammen. Das aus dem Jahr 1786 stammende Glocken-

Die Abtei von Stavelot bei Malmédy

Karte S. 49

spiel besteht aus insgesamt 35 Glocken. Die Stadt, gelegen in einem Talkessel, wurde um 648/650 vom heiligen Remaclus gegründet. Sie entwickelte sich um das von ihm errichtete Benediktinerkloster herum. Später bildeten über 1100 Jahre lang Malmédy und das nahe Stavelot (deutsch: Stablo) zusammen das Fürstentum Stavelot-Malmédy. Die beiden Städte waren sich jedoch nicht wirklich grün, und die Abtei in Malmédy fand sich nie wirklich mit der Vormachtstellung der **Abtei von Stavelot** ab. Ende des 18. Jahrhunderts ging man auseinander, bis auf dem Wiener Kongreß 1815 der Kanton Malmédy Preußen einverleibt wurde.

Das Bündnis hielt gut 100 Jahre, bevor die Stadt nach dem Ersten Weltkrieg belgisch wurde und bis heute geblieben ist. Im Zweiten Weltkrieg tobten hier schwere Kämpfe: Malmédy wurde von Nazi-Deutschland okkupiert und 1944 von US-Truppen befreit. Im Verlauf der Ardennenschlacht 1944 metzelte die deutsche Waffen-SS erst über 80 entwaffnete GI nieder. Die Rache ließ nicht lange auf sich warten und kam aus der Luft: Die US-Airforce griff Malmédy an, zerstörte große Teile der Stadt, in der bis zu 200 Menschen ihr Leben verloren. Heute erinnern eine Gedenkstätte und ein Museum in Malmédy-Baugnez an das Geschehen. Ein weiteres Denkmal erinnert rechts von der Kathedrale an die zivilen Opfer bei der Bombardierung der Stadt.

Das **Historical Center Baugnez 44** beschäftigt sich mit dem Kampf in den Ardennen im Herbst/Winter 1944/45 und zeigt die letzten Operationen und Kämpfe während der Offensive ›Wacht am Rhein‹ am Ende des Krieges; auf zwei Etagen beträgt die Ausstellungsfläche 850 Quadratmeter, in 120 Vitrinen ist Kriegs- und Alltagsgerät ausgestellt. 15

Szenen aus dem alltäglichen Leben der Soldaten werden gezeigt und erzählen den Besuchern vom Ardennenkrieg im Winter 1944.

Das deutschsprachige **Dorf Bütgenbach** mit seinen netten Läden und einem hübschen Marktplatz liegt zwischen zwei Hügeln im Tal der Warche. Für Besucher interessant ist vor allem der See, in dem man alle Wassersportarten ausüben kann –Motorboote sind allerdings nicht gestattet. Fürs Vergnügen am und im Wasser steht ein 150 Meter langer Sandstrand (›VENNtastic Beach‹) bereit, zudem eine Badebucht für die kleinen Gäste sowie eine Rutsche. Man kann Tretboote ausleihen und Beach-Volleyball, Handball oder Beachsoccer spielen (mit Tribüne). Hunde sind am Strand nicht erlaubt.

Die **ehemalige Abtei von Stavelot**, die man von Malmédy in rund 20 Autominuten erreicht, beherbergt heute ein **Museum** mit mindestens drei ständigen Ausstellungen: das Museum des Fürstentums von Stavelot-Malmédy, das Museum der Rennstrecke Spa-Francorchamps und das Museum des Dichters Apolli-

Ardenner Schinken aus Montenau

Aachen und Nordeifel

naire. Vor dem modernen Abteianbau, in dem die Touristeninformation sitzt und wo es Eintrittskarten gibt, werden ständig archäologische Arbeiten ausgeführt. Typisch für die Region Ardennen/Eifel sind ihre Räucherwaren. Seit 1992 ist die **Schinken- und Wursträucherei Montenauer** der Inbegriff für Original Ardenner Schinken. Der wird nach alten handwerklichen Methoden und nach überliefertem Rezept hergestellt und mit Buchenholz geräuchert. Bis zu neun Monate dauert die Reifephase eines Schinkens, von denen rund 1800 Stück pro Woche von 30 Mitarbeitern fertigstellt werden. Sie verkaufen sie vor allem nach BeNeLux und Deutschland. Die ›gläserne Produktion‹ in Montenau kann man besuchen und den Schinkenmachern über die Schultern schauen. Der **Vennbahn-Radweg** (→ S. 50) führt fast direkt an der Räucherei vorbei.

ℹ Malmédy und Umgebung

Es gibt eine sehr moderne Touristeninformation, in der man auch einige regionale Produkte erwerben kann. **Haus für Tourismus Hohes Venn** – Ostbelgien, Place Albert 1er, 29a, B-4960 Malmédy, Tel. +32/80/330250, Mo–Sa 10–18 Uhr, So 10–17 Uhr, im Juli, August und September ab 9 Uhr; www.malmedy.be/de/Tourisme/ **Touristeninformation Büttgenbach**: www.butgenbach.info

Hostellerie de la Chapelle, Route d'Eupen 35, B-4960 Malmédy , Tel. +32/80/330865. Komfortables 4-Sterne-Hotel in einem historischen Fachwerkhaus, gutes Restaurant, DZ ab 85 €. www.hostellerie-la-chapelle.be **Hotel Bütgenbacher Hof**, Marktplatz 8, B-4750 Bütgenbach. Moderne Zimmer, Vitalzentrum, sehr gute Küche, stylische Sommerterrasse; DZ ab 110 €. www.hbh.be

Baugnez 44 – Historical Center, Route de Luxembourg 10, B-4960 Malmédy, Tel. +32/80440482; Mi–So 10–18 Uhr, Eintritt 0–8 Jahre: frei (Audioführer kann man für 2 € dazu buchen), 8–12 Jahre: 6 € (inkl. Audioführer), ab 13 Jahren: 7,50 € (inkl. Audioführer). www.baugnez44.be **Abtei von Stavelo**t, Cour de l'Abbaye 1 -B-4970 Stavelot; tgl. 10–18 Uhr. Der Eintritt für alle Museen beträgt 9,50 €, Kinder unter 6 Jahren sind frei. www.abbayedestavelot.be

Strand Bütgenbach (›VENNtastic Beach‹), Worriken 1, B-4750 Bütgenbach; Juli und August täglich 10–19 Uhr; Erwachsene: 3,50 €, Kinder zwischen 6 und 12 Jahren: 2,50 €, Kinder unter 6 Jahren sind frei. **Sport-, Kultur- und Touristikzentrum Worringen**, das Zentrum befindet sich am südlichen Ufer des Sees und ist 26 Hektar groß. Hier gibt es einen **Campingplatz**, Restaurants, 48 **Ferienhäuser**, Sporthallen mit Schwimmbad und eine Tennishalle

Wursträucherei Montenauer, Am Bahnhof 19, B-4770 Amel (Montenau), Tel. +32/80/349586, Mo–Fr 10–17 Uhr, Sa 9–16 Uhr. www.montenauer.com

Burg Reinhardstein

1354 erteilte Herzog Wenzel von Luxemburg die Erlaubnis, an dieser Stelle eine Burg zu errichten. 1812 verkaufte Graf Metternich, der Vater des künftigen Präsidenten des Wiener Kongresses, die Burg. Verlassen und unbewohnt, zerfiel sie im Laufe der Zeit. 1965 entdeckte Jean Overloop die Burgruinen beinahe zufällig und seinen eigenen Worten zufolge war es wie »Liebe auf den ersten Blick«. Innerhalb von 18 Monaten gelang ihm mit der Unterstützung einiger begeisterter Mitstreiter und dem Fachwissen regionaler Handwerker der Wiederaufbau Reinhardsteins.

Heute finden viele Veranstaltungen in der und rund um die Burg statt: Mittelalterfestspiele, Nachtwanderungen, Ausstellungen, Konzerte, etc. Während einer Führung geht es durch die verschiedenen Räume der Burg (Rittersaal, Wächtersaal, Kapelle und Appartements), zu sehen sind u. a. Rüstungen, Gemälde, Wandteppiche und Truhen. Vorab kann man besondere Aktivitäten buchen (Einführung Bogenschießen, Greifvogelschau, Mountainbike-Tour, Wanderungen, mittelalterliche Mahlzeiten). Genauere Informationen dazu und die entsprechenden Buchungsformulare gibt es auf der Homepage.

ℹ Burg Reinhardstein

Chemin de Chêneux 50, B-4950 Waimes, Tel. +32/80/446868; Eintritt 0-5 Jahre: frei, 6–17 Jahre/Studenten und Senioren: 6,50 €, Erwachsene 8,50 €. Führungen dauern 75 Minuten; Sa und So starten die Führungen von 11 bis 16 Uhr immer zur vollen Stunde, mittwochs gibt es um 14.30 Uhr eine Führung, feiertags um 11.30, 13 und 14.30 Uhr.
www.reinhardstein.net

St. Vith

Das kleine St. Vith an der Nahtstelle zwischen Eifel und Ardennen ist von Wald und Wiesen umgeben und lohnt einen kurzen Stopp. Im Zweiten Weltkrieg wurde die Stadt an Weihnachten (ähnlich wie in Malmédy) in Schutt und Asche bombardiert, sodass viele Bauten die Nachkriegs-Handschrift tragen.

St. Vith hat sich in Ostbelgien zu einem **Gourmetziel** gemausert. Im ›Quadras‹ der Eifelerin Ricarda Grommes kann man auf Sterneniveau im Restaurant sowie in der Brasserie köstlich tafeln – und die

Menüs auch noch bezahlen. Nur wenige Meter weiter steht im Hotel ›Zur Post‹ mit Eric Pankert der zweite ostbelgische Sternekoch am Herd.

Im **Ortsteil Recht** von St. Vith ist ein **Schieferstollen** für eine Besichtigung geöffnet. Auf rund 800 Metern taucht der Besucher ab in die geheimnisvolle Welt des ›Rechter Blausteins‹, einer Schiefersorte, die über 480 Millionen Jahre alt ist.

🛏 St. Vith

Restaurant Quadras, Malmédyer Straße 53, B-4780 St. Vith, Tel. +32/80/228022; Küche: 12–14 und 18–1 Uhr, So, Mo, Do bleibt die Küche kalt.
www.restaurant-quadras.be
Hotel Zur Post, Hauptstraße 39, Tel. +32/80/228027.
www.hotelzurpost.be

VoG Schieferstollen Recht, B-4780 Recht/St. Vith, Tel. +32/80/570067; Di–So 10–17 Uhr (montags nur an Feiertagen). Führungen (nur nach Vereinbarung) dauern rund 90 Minuten. Eintritt 8 € für Erwachsene, 5 € für Kinder.
www.schieferstollen-recht.be

■ Losheim

Für Fans von Modelleisenbahnen ist der Ortsteil Losheim mit einer der größten europäischen Bahnausstellungen, der ›ArsTecnica‹, eine erste Anlaufadresse. Die H0-Modelleisenbahnanlage wird komplett digital gesteuert und besteht aus Geländeabschnitten, die alle per Schiene miteinander verbunden sind.

Wer Kitsch mag und sucht, der sollte ebenfalls nach Losheim fahren. Direkt auf der deutsch-belgischen Grenze erstreckt sich hier der **Ardenner Cultur Boulevard**. Es sollte einem allerdings schon zu denken geben, dass trotz des wichtig klingenden Namens die Ausschilderung an der B 265 und B 421 spärlich

Aachen und Nordeifel

bis miserabel ist. Endlich angekommen, begreift man den Grund. Die Boulevard-Macher verstehen sich gut auf Marketing und präsentieren in vier kitschigen Schauwelten Mineralien, nostalgische Figuren und Puppen, eine Modelleisenbahn und Krippenkunst. Ist schon dieser Mix bewundernswert, ist es erst recht die Präsentation. Es handelt sich um eine einzige Verkaufs- und Schaumesse für Sammler, die auch nicht auf einem Boulevard, sondern eher auf einer ›Schmuddelmeile‹ stattfindet. Fazit: Man muss ja nicht überall hinfahren – das Beste vor Ort ist noch der belgische Supermarkt Delhaize, der allerdings auch schon bessere Tage gesehen hat.

Zweisprachiges Nationalparkschild

> **ℹ Losheim**
> **Bahnausstellung ArsTecnica**, Prümer Str. 55, 53940 Losheim, Tel. 06557/920640. Di–Fr 12–18 Uhr, Sa, So, Fei 10–18 Uhr. www.a-c-b.eu

Naturpark Hohes Venn/Eifel

Natur kennt keine Grenzen. Und so endet die Eifel auch nicht bei Mützenich (über Monschau) an der mittlerweile fast unsichtbaren deutschen Grenze, sondern setzt sich in der Region Ostbelgien fort. International bekannt ist das Hohe Venn, das als größtes Hochmoor Europas gilt. 80 Prozent seiner Fläche gehören zum Königreich Belgien, das hier mit der Signal de Botrange auch mächtig stolz ist auf seinen höchsten Berg (694 m): Wintersport, vor allem Langlauf, ist hier möglich.

Das Hohe Venn (niederländisch Veen für Moor), das weitgehend unter Naturschutz steht, gehört zum Naturpark Hohes Venn/Eifel, der manchmal auch als Deutsch-Belgischer Naturpark oder als Park Ardennen/Eifel oder als Parc naturel Hautes Fagnes-Eifel ausgeschildert ist. Ein wenig verwirrend, dieser Namens-Kuddelmuddel...

Wälder, Wasser und weite Anhöhen zeichnen die einmalige Naturlandschaft aus. Man kann hier stundenlang wandern, ohne einer Menschenseele zu begegnen. »Gar schaurig ist's übers Moor zu gehen«, dichtete einst im Münsterland Annette von Droste-Hülshoff – sie könnte das Hohe Venn als Vorlage gekannt haben. Denn wer hier an grauen Herbsttagen mit dem hier typischen Nieselregen wandert, den kann es schon einmal schaudern, auch wenn die Moorwege durch Holzstege sowie und Absicherungen und Sperren viel von ihrer früheren Brisanz verloren haben. Magere Birkenwälder, viele Tümpel und immer wieder Flecken aus schneeweißem Wollgras oder weite Flächen mit blaulila Erika verleihen dem Naturschutzgebiet auf gut 4500 Hektar eine karge Schönheit. Auch die südlich angrenzenden **Ardennen**, die sich bei St. Vith waldreich mit den Eifelhöhen vereinen, sind ein feines Stück Natur: rau, aber wunderschön. Und das zu jeder Jahreszeit! Tausende Wildnarzissen tauchen die Landschaft im Frühling in ein knallgelbes Teppichmeer. Grün ist der Sommer, bunt der Herbst, wenn das Laub der Wälder den ›Belgian Summer‹ gegrüßt. Und schnee-

▲ Karte S. 49

weiß wird's natürlich in der Winterzeit. Herausragend ist die Hochmoorebene (Moore und Heiden sind hier besonders geschützt); es gibt unbewirtschaftete Torfheiden mit Pfeifengras und Palsen (das sind kreisrunde Bodenvertiefungen aus der Eiszeit, darin sind Hochmoore zu finden); im Frühling blühen hier Moosbeere und Rosmarinheide. Ein größerer Teil der Vennfläche in Ostbelgien gehört zur deutschsprachigen Gemeinschaft (Eupen, St. Vith), während in und um Malmédy mehr französisch gesprochen wird. Da die Region viel Regen abbekommt, ist der Naturpark auch ein riesiges Wasserreservoir – allein 15 Talsperren zählt die Region. Einst ma-

lochten hier bitterarme Vennbauern, die sich vor allem als Torfstecher und mit Forstwirtschaft hart und mühsam ihren Lebensunterhalt verdienten. Heute wird das Venn nur noch touristisch genutzt, vor allen an den Wochenenden kann es deshalb auch einmal an Engstellen zu einem Wanderstau kommen.

Tipp: Von Monschau-Mützenich (Achtung: am Ortsausgang wird in einer 30er-Zone scharf geblitzt) erreicht man auf der B 258 und der N 67 den Parkplatz Nahtsief. Hier starten leichte Rundwege durch das königliche Torfmoor des Brackvenn: 6,7 und 9,6 Kilometer, die auch über die typischen Holzstege führen. Eine schöne Venn-Einstiegstour!

Aachen und Nordeifel

ℹ️ **Hohes Venn/Eifel**

www.naturpark-eifel.de
Im südöstlich gelegenen **Naturparkzentrum Botrange** lohnt auch der Besuch des Museums. Route de Botrange 131, B-4950 Robertville, Tel. +32/80/440300, Mo–Fr 9–18 Uhr, Sa, So Fei 10–18 Uhr, Eintritt ab 4 €. Das Gebäude ist barrierefrei. Das Nationalparkzentrum liegt zwischen Eupen und Malmédy westlich der

N68, erreichbar über den Abzweig Mont Rigi. www.botrange.be

🛏️

Baraque Michel, B-4845 Jalhey, Tel. +32/80/444801. Wer zünftig im Venn übernachten will, kann dies hier tun. Das Haus hat rustikalen Charme, die 13 Zimmer sind einfach, aber sauber, das Essen ist belgisch-lecker. www.labaraquemichel.be

Wandern in den Mooren des Hohen Venn

Rureifel: das andere Ru(h)rgebiet

Diesem Rurgebiet fehlt einiges: Das ›h‹ zum Beispiel, die alten Industrien um Kohle und Stahl sowie natürlich die großen Städte und die Millionen Menschen im Ruhrgebiet an der Ruhr, die bei Duisburg in den Rhein mündet. Im Rurgebiet als Teil der Nordeifel geht es dafür ganz schön beschaulich zu. Geographisch und touristisch bilden die Städte und Gemeinden Heimbach, Monschau, Nideggen, Hürtgenwald, Kreuzau, Simmerath, Schleiden/Gemünd und Hellenthal die Ferienregion Rureifel. Das Rurgebiet ist stolz auf Deutschlands zweitgrößte Talsperre – der Rurtalsperre Schwam-

menauel, die aus gleich drei wässrigen Einzelabschnitten besteht. Auch der Nationalpark Eifel sowie der ältere Naturpark Nordeifel ziehen zahlreiche Besucher an. Die Rureifel will erwandert werden: Gut 750 Kilometer gut ausgeschilderte Rundwanderwege durchziehen die Wälder, Wiesen und Weiten der Region, die durchaus auch mit leichten Anhöhen wuchert, an denen der ungeübte Spaziergänger ins Pusten kommt. Im Zweiten Weltkrieg war die Rureifel bei der Westoffensive der Alliierten nach ihrer Landung in der Normandie heftig umkämpft – viele 10 000 Tore waren die

Rureifel und Eifeler Seenplatte

sinnlosen Opfer dieses gnadenlosen Krieges. In Hürtgenwald und Schmidt halten sieben Wanderrundwege und ein privat geführtes Museum die Erinnerung an das dunkelste Kapitel deutscher Geschichte wach.

Burgen und Burgruinen wollen entdeckt werden, zum Beispiel in Nideggen oder Heimbach. Monschau überrascht mit einer der wohl schönsten Altstädte in Nordrhein-Westfalen.

Sportlich ist neben dem Wanderland auch das Radwegenetz gut ausgebaut. Wer Streckenradeln mag, kann sich auf dem Rurufer-Radweg zwischen Monschau und dem holländischen Roermond auspowern und unter Umständen im Outlet-Center der niederländischen Kleinstadt auch noch das ein oder andere Schnäppchen abstauben. Immer stärker werden auch Elektro-Bikes und Pedelecs angeboten, u. a. am Nationalpark-Tor in Heimbach. Auch für Mountainbiker ist das Tourennetz der Rureifel ordentlich, in Hürtgenwald gibt's einen anspruchsvollen MTB-Park (www.mtb-park-huertgenwald.de)

Alle möglichen Wassersportarten sind vor allem auf dem Rursee im Angebot: vom Stand-Up-Paddeling bis zum Kanu- oder Tretbootfahren.

Im Rurgebiet wird wie im Ruhrgebiet ERLEBNIS großgeschrieben. Viel Spaß.

Rurtalbahn

»Willkommen zuhause!« Mit diesem freundlichen Slogan begrüßt die private Rurtalbahn mit Sitz in Düren ihre Fahrgäste. Für Besucher der Rureifel ist die Bahn eine bequeme Alternative für die Anreise zum Beispiel via Köln und Aachen. Mehr als 30 Haltepunkte und Bahnhöfe erschließen die Strecken Heimbach–Düren–Linnich sowie Heinsberg–Lindern. Interessant ist die Rurtalbahn auch für Hobbyradler, die den Ruru-

fer-Radweg von Düren nach Heimbach (oder umgekehrt) unter die Pedale nehmen. Geht nach rund 30 Kilometer vor der Rücktour die Kondition aus, nimmt man die Bahn zurück, inklusive Fahrrad.

Rurtalbahn
Kölner Landstraße 271, 52351 Düren, Tel. 02421/2769 300.
www.rurtalbahn.de

Hürtgenwald

Hürtgenwald hieß bis zum Ende des Zweiten Weltkriegs Hürtgen. Und heute ist Hürtgen ein Ort in der Gemeinde Hürtgenwald. Kompliziert? Vielleicht. Die Erklärung ist indes simpel, aber grausam. Sie führt zurück in den Spätherbst 1944, wenige Monate vor der Kapitulation von Hitler-Deutschland. Die Amerikaner stehen nach ihrer Landung am D-Day in der Normandie bei Hürtgen und Roetgen an der deutschen Grenze. Es entwickelt sich bis Februar 1945 eine brutale Schlacht

Das Hürtgenwald-Museum

Aachen und Nordeifel

Die Reste der Burg Nideggen

mit Tausenden Toten auf beiden Seiten: »The battle in the Huertgen Forest« gilt als eine der schwersten Kämpfe im Westen Europas. Am Ende brechen die amerikanischen Befreier durch bis zum Rhein, den sie bei Remagen auf einer noch intakten Brücke überqueren. Einer, der da (weil verwundet) schon nicht mehr dabei war, hieß Ernest Hemingway. Der berühmte US-Schriftsteller wollte im Gebiet Eifel/Ardennen auch Material sammeln für seinen großen Roman über den Weltkrieg – er hat ihn nie geschrieben. Noch heute findet man Spuren der Kämpfe: begrünte Panzersperren (als sogenannte Höcker auch Teil des Westwalls), ungesprengte Bunker, Soldatengräber. Und in der Tiefe des Bodens liegt immer noch die Last des Krieges, Minen, Munition und Bomben zum Beispiel. Den Wald jedoch gibt es nicht mehr – in der Feuerhölle von Hürtgenwald brannte er durch sich selbst entzündende Phosphormunition komplett ab. Heute sind Hürtgenwald (so genannt nach der US-Vorgabe ›Huertgen Forest‹)

und das nahe Kreuzau touristisch Teil der Rureifel.

Während **Kreuzau** mit dem **Stausee Obermaubach** punktet, tut dies in Hürtgenwald ein kleines, privat geführtes Museum des örtlichen Geschichtsvereins. **Hürtgenwald 1944 und im Frieden** heißt es etwas sperrig, ist aber jede Minute des Besuchs wert. Eindrucksvoll wird in einem Film die Schlachtgeschichte erzählt, dazu gibt es jede Menge Originalfunde der Kämpfe. Ein bedrückendes Stück Zeitgeschichte, aber wertvoll, weil es die Erinnerung wach hält.

 Hürtgenwald
www.huertgenwald.de

Museum Hürtgenwald 1944 und im Frieden, Ortsteil Vossenack, Pfarrer-Dickmann-Straße 21–23, Tel. 02429/902613 (nur an So). Es ist jeden Sonntag, manchmal auch an Feiertagen von 11–17 Uhr geöffnet. Eintritt 5 €.
www.museum-huertgenwald.de

Burgstadt Nideggen

In Nideggen gilt oft die Redewendung »Es war einmal...«: Das frühere Herzogstädtchen am Nordrand der Eifel war einst Bad und Luftkurort (bis 1945) und – noch länger zurück – Residenz der Jülicher Grafen (bis ins 15. Jahrhundert). Im Verlies der noch heute imposanten Burg(-ruine) saßen damals auch mächtig prominente Leute ein, wie etwa der Herzog Ludwig von Bayern sowie die Kölner Erzbischöfe Konrad von Hochstaden und Engelbert II. von Falkenburg.
Nideggen atmet den Hauch der Geschichte. Beim Gang durch die Gassen hinauf zur **Burg**, die auf einem mächtigen Buntsandsteinfelsen thront, fühlt man sich zurückversetzt ins Mittelalter. Natürlich stiefelt man nicht mehr durch Matsch und Kloake, heute geht es in

 Karte S. 64

den Sträßchen sauber und gepflegt zu. Schön ist der Weg vom Nationalparktor mit seiner Touristeninformation (neben der Jugendherberge) durch den Wald und den modernen Skulpturenpark und weiter durch das **Zülpicher Tor** (auch das **Dürener Tor** ist prächtig restauriert): ab in die Altstadt. Von hier läuft man quasi automatisch über den Marktplatz mit kleinen Läden und viel Gastronomie hinauf zur Burg. An klaren Tagen hat man vom Burgberg einen weiten Blick hinein ins Rurtal.

Die wuchtigen Mauerreste der einstmals bedeutenden Anlage sind heute als **Burgenmuseum** zugänglich und lohnen einen Besuch. Leider ist von dem doppelstöckigen gotischen Rittersaal, mit einer Größe von 61 x 16 Metern einer der größten seiner Art, nicht mehr viel übrig geblieben. Wer im offenen Burghof steht, hält sich inmitten des sogenannten Palas auf. Zeugen der Vergangenheit sind die nach Süden ausgerichtete Außenmauer am Steilhang und einige der großen Kreuzfenster.

Der Palas (lat. Palatium) war im Mittelalter das repräsentative Hauptwohngebäude, in dem es immer einen Speisesaal,

Das Dürener Tor

einen Versammlungsraum und auch einen Arbeitsraum für den Burgherrn oder seine Beauftragten gab. Der Rittersaal erlebte manch (feucht-)fröhliches Fest, dazu prächtige Ritterturniere.

Hoch über der Rurtalsperre genießt man im Ortsteil Schmidt frische Eifler Höhenluft und die prächtige Aussicht, zum Beispiel vom Hotel Haus Seeblick (s. u.)

 Nideggen

Touristeninformationrmation, Im Effels 10, 52385 Nideggen, April–Okt. tgl. 10–13 und 13.30–18 Uhr, Nov.–März 10–13 Uhr und 13.30–17 Uhr.
Im Haus am Zülpicher Tor (Zülpicher Straße 15, Tel. 02427/5193278) gibt es eine Nebenstelle der zentralen Info. Fr 15–18, Sa/So von 11–16 Uhr. www.nideggen.de

Romantik- und Landhotel Zur ewigen Lampe, Bahnhofstraße 9, Tel. 02427/9409-0. Gefragtes Haus in der historischen Altstadt, das lange der Familie Adenauer gehörte. Komplett renovierte Zimmer; mit eigenem Restaurant. www.ewigeLampe.com

Burgrestaurant (direkt in der Burganlage), Tel. 02427/90911066; Küche Mi–So 12–14 und 18–21 Uhr. Deutsche Küche und Spezialitäten, mit Michelin-Empfehlung. www.burgrestaurant-nideggen.de
Café Herbertz, am Rathaus, Zülpicher Str. 3, Tel. 02427/1284. Kaffee, Kuchen, ›Schnipo‹ (Schnitzel und Pommes Frites). Bei schönen Wetter mit Straßenterrasse.

Burgenmuseum, Tel. 02427/6340, tgl. außer Mo 10–17 Uhr geöffnet. Der normale Eintritt kostet 3,50 €, es gibt diverse Vergünstigungen.
www.kreis-dueren.de/burgenmuseum

Aachen und Nordeifel

Eifeler Seenplatte

Die Rurtalsperre Schwammenauel ist mit ihren drei wässrigen Teilbereichen einer der größten Wasserspeicher in Deutschland. Rur-, Ober- und Urftsee sind vereint als Eifeler Seenplatte und ein ›Muss‹ für jeden Besuch in der Nordeifel. Inmitten des Nationalparks gelegen, fassen die drei tiefblauen Becken zusammen eine Wassermenge von über 250 Millionen Kubikmeter. Als Trinkwasserreservoir löscht vor allem der Obersee den Durst von über einer Million Menschen von der Nordeifel bis Aachen. Zwei Kraftwerke erzeugen zudem aus der Wasserpower Strom, der viele Haushalte in der Umgebung versorgt.

Die Seenplatte kann sich jeder Besucher auf drei Arten erschließen. Per pedes auf gut ausgeschilderten Wanderwegen am und um die Wasserlandschaft. Oder auf dem Wasser mit den Elektrobooten der Weißen Flotte. Oder aus der Luft. Was nicht gebraucht wird, ist das Auto – es gibt schlichtweg keine Straßen um die Seen.

■ **Ein Ausflug mit der Weißen Flotte**
Nimm' mich mit Kapitän auf die Reise... Los geht es mit der Weißen Flotte zum Beispiel am **Staudamm in Schwammen-**

Die Urftsee-Staumauer

auel, dem Heimathafen der See-Schiffe ›Stella Maris‹ und ›Aachen‹. Auf einem großen Parkplatz (gebührenpflichtig) steht das Auto sicher.

Zunächst geht die Fahrt nach Schmidt-Eschauel mit dem Badestrand und den Liegewiesen, anschließend ans Kermeterufer. Hier steigen viele Wanderer ein oder aus. Nächster Halt ist das hübsche **Woffelsbach,** bevor in **Rurberg-Rursee** (schöner Ortskern, reichlich touristische Gastronomie) Teil 1 der Fahrt endet. Wer weiter über den schmalen und ruhigeren **Obersee** tuckern möchte, muss umsteigen – auf die Elektro-Schiffe ›Seensucht‹ und ›Eifel‹. Der See windet sich wie eine Schlange durch die grüne und felsige Landschaft, was ihm auch den stolzen Beinamen ›Amazonas der Eifel‹ eingebracht hat. Im netten Städtchen **Einruhr** endet dann Teil 2 der Seenpartie, die gelegentlich auch zu einer feucht-fröhlichen See-Party mutiert (→ S. 69).

Wer immer noch nicht genug hat, kann noch einen Schlenker zur **Urftseestaumauer** buchen (und auch wieder zurück nach Einruhr fahren). Über 12 Kilometer erstreckt sich das gigantische Staubecken der Urft, das von einer mächtigen Mauer vom Obersee getrennt ist, diesen aber

Karte S. 64

▲ *Am schönsten ist man per Schiff unterwegs*

bei Bedarf mit Wasser versorgt. Die Staumauer aus dem frühen 20. Jahrhundert galt lange als Wunderwerk der Technik und höchstes Gemäuer Europas. Die Mauer ist begehbar, die Gastronomie ›Urfttalsperre‹ (mit Biergarten) stärkt und erfrischt mit kleinen Leckereien.

Einmal im Jahr, meist am letzten Juliwochenende, steht der **Rursee in Flammen**. Das Spektakel mit großem Höhenfeuerwerk am Samstag und Open-Air-Konzert ist einen Besuch wert.

Wer die Seenplatte **zu Fuß umrunden** will, braucht Kondition – 28 Kilometer sind es mindestens. Dafür stehen aber auch keine ›Berge‹ im Weg. Zurück fährt man mit dem Schiff.

■ **Simmerath**

Der Ort liegt am Nationalpark Eifel, zwischen Rurtal und dem Hohen Venn – nach Belgien und in die Niederlande ist es jeweils nur ein Katzensprung. Die zur Städteregion Aachen gehörende Gemeinde ist für Besucher vor allem durch die Rursee-Anbindung und durch die

umliegenden Höhen interessant – viele schöne Eifelblicke sind garantiert. Simmerath ist für die Region auch das Einkaufs- und Versorgungszentrum.

■ **Einruhr**

Ein kleiner Ort zum Verweilen ist Einruhr am Obersee, das offiziell ein Ortsteil von Simmerath ist. Warum sich dieses Ruhr wieder mit ›h‹ schreibt, bleibt ein Eifel-Geheimnis – wir wollen es hier auch gar nicht lüften!

Der Ort am See-Einlauf der Rur wird von der Weißen Flotte der Rursee-Schifffahrt lautlos angesteuert und eignet sich gut als Start- oder Zielpunkt einer Wanderung, zum Beispiel zur Urftsee-Staumauer. Aus der Geschichte ist die Pleushütte bekannt, wo fleißige Menschen ab dem 15. Jahrhundert hier gewonnenes Eisen schmolzen. Als dann einige Jahrhunderte später der See aufgestaut wurde, wurde die Hütte ein Teil des Wassers. Industrie gibt es hier heute keine mehr, wohl aber bummelt man nett auf der Seepromenade.

Aachen und Nordeifel

Plan der Seenplatte

Rursee und Simmerath

Rursee-Touristik, Seeufer 3, 52152 Simmerath. Tel. 02473/93770, Filiale im OT Einruhr, Franz-Becker-Straße 2, Tel. 02485/317. Nov.–März tgl. 10–13 und 13.30–16 Uhr, April–Okt. tgl. 10–13 Uhr und 13.30–18 Uhr
www.rursee.de

Hotel Kragemann, Am Markt 2, 52152 Simmerath, Tel. 02473/9277571. Das Haus hat eine angeschlossene Vinothek und bietet kleine Snacks.
www.kragemann.de

Restaurant Eifelhaus, Am Obersee 1, Einruhr, Tel. 02485/721. Schöne Seeterrasse und riesige Portionen. Für den kleinen Hunger nur ein halbes Schnitzel bestellen!
www.eifelhaus-einruhr.de

Schiff-Saison ist von Ende April bis Anfang September. Die Schiffe fahren täglich, in der Regel zwischen 10 und 19 Uhr. Top Tipp: Man kann auch Tickets für Einzelstrecken kaufen, muss also keine Rundfahrt machen.
www.rursee-schifffahrt.de

Fahrpreise *(Kinder bis 14 Jahre zahlen die Hälfte)*	Erwachsene	Familien
Rursee 1 3/4 Std.	9,70 €	25,80 €
Obersee 1 Std.	7,00 €	18,80 €
Obersee 2 Std.	10,50 €	27,80 €
2-Seen Rundfahrt 3 Std.	15,50 €	41,40 €
2-Seen Rundfahrt 4 Std.	18,80 €	54,30 €
2-Seen Rundfahrt 3 Std. auf Kur- oder Ferienkarte	12,50 €	
Hunde (nur angeleint)	2,50 €	
Fahrräder	2,50 €	

Heimbach

Sie ist von allen Städten in Nordrhein-Westfalen die kleinste, sieht man die Bevölkerungszahl zum Vergleich heran. Im staatlich anerkannten Luftkurort Heimbach, immerhin fast 230 Meter hoch, leben in der Kernzone gerade mal rund 1200 Menschen (gut 4400 Einwohner mit allen Ortsteilen). Die kleine Stadt am Nationalpark schmiegt sich eng an die Rur und ist umgeben von grünen Hügeln und dichten Wäldern.
Heimbach lebt gut und gerne von seinen Gästen, was auch dazu führt, dass es im Sommer im engen Tal schon einmal noch enger werden kann. Dies gilt auch für die meist gut-bürgerliche Gastronomie: Ohne Reservierung geht da

in der Saison meist kaum etwas. Heimbach wird gerne genutzt als Startpunkt für Wanderungen im Nationalpark und am Rursee.

■ **Burg Hengebach**
Aus Ruinen auferstanden und ganz der Kunst zugewandt ist die das Heimbacher-Stadtbild dominierende Burg Hengebach, in der eine internationale Kunstakademie der Kreativität kaum Grenzen setzt. Auch Gäste können mitwirken, in Workshops zum Beispiel. Burghof, Wehrgang und Turm der ursprünglich mittelalterlichen Anlage sind frei zugänglich. Vom Burgturm liegt jeder Kamera das Städtchen zu Füßen oder besser: vor der Linse (www.kunstakademie-heimbach-eifel.de)

Karte S. 64

■ Kraftwerk Heimbach

Eine architektonische Perle ist das Jugendstilkraftwerk, das bereits 1905 seinen Betrieb aufnahm. Über einen 2,7 Kilometer langen Druckstollen am Hang und über zwei Rohrleitungen aus Stahl werden die Turbinen und Generatoren mit Wasser aus der oberen Urfttalsperre versorgt. Jährlich erzeugt das Kraftwerk rund 25 Millionen Kilowattstunden Strom, der ins Netz eingespeist wird und ausreicht, um fast 8000 Haushalte in der Region mit Energie zu versorgen. Das Kraftwerk und das in ihm beheimatete, kleine Industriemuseum können nur nach Vereinbarung besichtigt werden (Kontakt beim Betreiber RWE über Tel. 0800/8833830 oder via E-Mail: besucher.rwepower@rwe.com). Einmal im Jahr kommt es im Kraftwerk zu besonderen ›Spannungen‹ – so heißt das einwöchige Kammermusikfestival in Deutschlands wohl schönstem Jugendstilkraftwerk (Informationen und Termine: www.spannungen.de)

■ Wasser-Info-Zentrum

Was Sie schon immer über Wasser wissen wollten und bisher nicht erfahren haben – hier, im WIZE, erfahren Sie es. Wasser in Natur und Umwelt, Wassertechnik, 2000 Jahre Geschichte der Wassernut-

Das Wasserkraftwerk Heimbach

zung, Wasserkunstwerke zum Anfassen und Experimente zum Spielen und Lernen: Das Angebot ist umfassend und für die ganze Familie ein Erlebnis. Auf Knopfdruck zum Beispiel fließt hier aus Wasser Strom!

■ Abtei Mariawald

Deutschlands einziges Trappistenkloster, 417 Meter hoch am Rande des Nationalparks und oberhalb von Rheinbach gelegen, war lange ein Ort der Frömmigkeit, aber auch der Fröhlichkeit. Leider wird die Abtei irgendwann 2018 geschlossen, u.a. weil der Nachwuchs fehlt. Die zuletzt verbliebenen Mönche – der jüngste von ihnen war mit einem Alter jenseits der 70 auch kein Jungspund mehr – schafften, so hieß es, ihren Klosteralltag kaum noch. Sie lebten zurückgezogen und nach strengen Regeln (u.a. mit einem Schweigegebot) in der Abgeschlossenheit ihrer Räume.

Im Laufe der Geschichte hat das Kloster, das 1909 zur Abtei erhoben wurde, viele Zerstörungen erlebt – und immer wieder wurde es neu aufgebaut. Eine in Köln geschnitzte Pietà war in der Klosterkirche ab dem 15. Jahrhundert das Ziel vieler Wallfahrer, die zu ›Unserer Lieben Frau

Heimbach und die Burg Hengebach

im Walde‹ pilgerten. Die Gottesmutter mit ihrem toten Sohn auf dem Schoß befindet sich heute in einem kostbaren Schnitzalter in der Heimbacher Kirche St. Salvator und ist jedes Jahr im Juli ein beliebtes Pilgerziel.

Ein beliebtes touristisches Ziel in der Abtei war (und ist) die klostereigene Gaststätte, wo die Erbsensuppe ebenso legendär wie lecker ist. Auch der Klosterladen konnte über Kundschaft und

Umsätze nicht klagen – vor allem der Klosterlikör, aber auch diverse Brote, ein Trappistenbier sowie vielerlei Köstliches, Nützliches und auch einiges Überflüssige wurden (werden) angeboten.

Unklar war bis zum Redaktionsschluss dieses Reiseführers, ob es und wie es mit Mariawald weitergeht. Wer hinfahren oder dort wandern will, sollte sich vorher bei der Touristeninformation in Heimbach erkundigen.

ℹ **Heimbach:**

Kurtaxe: 1,50 Euro pro Person und Tag Die **Touristeninformation Heimbach** ist gleichzeitig Nationalpark-Tor: An der Laag 4 (Bahnhof), 52396 Heimbach, Tel. 02446/8057914.
heimbach@rureifel-tourismus.de
Info Nationalpark Eifel → S. 73.

🛏

Landal Resort Eifeler Tor, Schwammenauel 6, Tel. 02446/8094959, in der Nähe der Staumauer; FeWo und Ferienhäuser, stilvoll und modern eingerichtet; einige Häuser bieten Blick auf Heimbach; Anlage verfügt u.a. über Schwimmbad, Sauna, Restaurant, Brauhaus (das Bier kommt aber aus Essen), Supermarkt mit täglich frischen Brötchen, Eifelshop, Tourist-Info. Die holländische Landal-Gruppe ist besonders auch bei BeNeLux-Gästen beliebt. Sie unterhält in der Region mit dem Park ›Wirfttal‹ eine zweite Adresse in der Vulkaneifel, auch an der nahen Mosel ist die Gruppe vertreten. www.landal.de
Hotel und Restaurant Der Seehof, Schwammenauel, Tel. 02446/544; modernes Haus, viele Zimmer/Suiten mit Blick

auf den Rursee; kostenloser Parkplatz, SPA und Wellness. www.derseehof.com
Nationalpark Gästehaus, Schulstraße 6, Tel. 02446/809770; das barrierefreie, integrative Haus im Stadtteil Hergarten bietet 59 Schlafplätze. Die Zimmer mit Du/WC sind einfach, aber sauber und gemütlich. www.nationalpark-gaestehaus.de

🍴

Klostergaststätte und Laden Abtei Mariawald, Winter Mo–Fr 11–17 Uhr, Sa, So, Fei 9–17 Uhr; Sommer Mo–Fr 11–18 Uhr, Sa, So, Fei 9–18 Uhr. Soll in 2018 geschlossen werden, Informationen bekommt man bei der Touristeninformation Heimbach. www.kloster-mariawald.de

🏛

Wasser-Info-Zentrum, Karl-H.-Krischer-Platz 1, Tel. 02446/9119906; Di–So 14–17 Uhr. Eintritt für Erwachsene 3 €. Kinder bis 6 frei, Jugendliche bis 17 Jahre 2 €. Die Familienkarte kostet 6 €. Immer sonntags wird um 14.30 Uhr eine Führung angeboten (1.50 € pro Person zusätzlich zum Eintritt).
www.wasser-info-zentrum-eifel.de.

Vogelsang IP – Nationalparkzentrum

Das Gelände Vogelsang IP (IP = Internationaler Platz) beherbergte ab 1936 eine von insgesamt drei monumentalen Nazi-›Ordensburgen‹, die alle die Aufgabe hatten, parteitreuen Führungsnachwuchs für

die Nationalsozialistische Deutsche Arbeiterpartei NSDAP auszubilden. Ideologisch geprägt wurden zahlreiche der hier geschulten Männer zu Tätern und Mittätern des Holocaust und anderer Verbrechen. Die Amerikaner nahmen 1945 Vogelsang oberhalb der Urfttalsperre ein,

Karte S. 64

Ungewisse Zukunft: die Abtei Mariawald

die Briten und dann die Belgier nutzten die Kolossal-Gebäude und das weitläufige Gelände anschließend und noch bis 2005 als Truppenübungsplatz.

Seit 2006 ist das Gelände für die Öffentlichkeit zugänglich, wobei die lange, schnurgerade Zufahrtsstraße aus Beton durchaus noch bedrückend an eine Nazi-Trasse erinnert. Heute beherbergt Vogelsang IP in einer markanten Glas- und Stahlkonstruktion im ehemaligen Zentrum der Anlage die beiden **Ausstellungen ›Wildnis(t)räume‹ und ›Bestimmung: Herrenmensch‹** sowie das **Besucherzentrum**.

Ein beeindruckender Panoramablick über den historischen Ort Vogelsang und den Nationalpark Eifel bietet sich von der Aussichtsplattform des 48 Meter hohen **Vogelsang-Turms**. Achtung: 172 steile Stufen, körperliche Fitness erforderlich! Kindern unter sechs Jahren ist der Turm leider nicht zugänglich. Bei widrigen Wetterbedingungen ist kein Turmaufstieg möglich.

Bei einem Besuch in Vogelsang lohnt sich in jedem Fall die tägliche **Geländeführung**. Zertifizierte Referenten erläutern den historischen Ort sowie den heutigen Internationalen Platz und geben Einblick

in einige sonst geschlossene Gebäude. Der 90-minütige Rundgang ist etwa 1,5 km lang und für mobilitätseingeschränkte Menschen und Personen mit Kinderwagen eingeschränkt begehbar.

Die barrierefreie und viersprachige Dauerausstellung ›Bestimmung Herrenmensch‹ will keine einfachen Antworten geben, sondern zu Fragen animieren: Was machte die Attraktion Vogelsang während der NS-Zeit aus? Welche Versprechungen wurden hier jungen Männern gemacht? Sahen sie sich selbst als Herrenmenschen und handelten auch so? Und schließlich: Wie hätte ich damals gehandelt? Was hat das heute noch mit mir zu tun?

Fotos, Tagebucheinträge, Geschirr, Videos, Zeitzeugenaussagen und vieles mehr werden multimedial und barrierefrei präsentiert.

■ Das Nationalpark-Zentrum Eifel

Der Nationalpark Eifel, der einzige im bevölkerungsreichsten Bundesland Nordrhein-Westfalen, existiert seit 2004. Mitte September 2016 wurde im Forum Vogelsang IP das Nationalpark-Zentrum Eifel mit seiner Erlebnisausstellung ›Wildnis(t) räume neu eröffnet. Die Ausstellung befindet sich im Ostflügel des Gebäudeensembles und nimmt dort mit einer Fläche von etwa 2000 Quadratmetern zwei Etagen ein. Der Zugang erfolgt über das zentrale Besucherzentrum.

Die barrierefreie und mehrsprachige Dauerausstellung lädt zum Entdecken und Staunen, Mitmachen und Träumen ein. Hier werden die Besonderheiten des Nationalparks Eifel und die Faszination natürlicher Vorgänge erlebbar.

In sieben unterschiedlichen Ausstellungsmodulen gibt es viel zu erleben und zu erfahren: über die Besonderheiten des Nationalparks Eifel, den Wert und den Schutz der biologischen Vielfalt und der Wildnis vor Ort und weltweit. Unter dem Motto des Nationalparks Eifel ›Wald Wasser Wildnis‹ wird die Artenvielfalt des heimischen Buchenwaldes und Eifeltypischer Gewässer erlebbar. Es werden Themen wie Nahrungsgefüge, Kreisläufe und Überlebensstrategien in der Natur vorgestellt. Die ungestörte Entwicklung von Grasland zu einem ›wilden‹ Wald ist im Zeitraffer zu sehen und zu hören. Die aufwendige und neuartige Inszenierung ›Zauber der Wildnis‹ lädt zum Staunen und Verweilen ein – wer hier inne hält, wird mit besonderen Eindrücken belohnt.

Das Nationalpark-Tor in Heimbach

Im Panoramaraum gibt es Ein- und Ausblicke in den Nationalpark Eifel, die mit bloßem Auge oder einem Spektiv zu sehen, mit Hilfe einer taktilen Karte zu tasten oder mittels Hörstücken akustisch wahrnehmbar sind. Man kann den Blick auch von der Eifel bis zu fernen Kontinenten schweifen lassen. Globen zeigen die Verteilung der biologischen Vielfalt und der Schutzgebiete weltweit.

Die ansprechenden Präsentationen und der ›Sound of Nature‹ der Ausstellung ›Wildnis(t)räume‹ sollen Freude an der Naturbeobachtung wecken und Lust machen, die Vielfalt des Nationalparks Eifel mit seinen gut 107 Quadratkilometern selbst zu entdecken. So ist die Nationalpark-Philosophie ›Natur Natur sein lassen‹ eine wichtige Botschaft der Ausstellung.

■ Nationalpark-Tore

Die Bezeichnung ›Tore‹ führt leicht in die Irre, denn ein Eingangstor, durch das man hindurch schreitet, ist dieses Tor eigentlich nicht. Vielmehr handelt sich dabei um Infozentren an den Eingängen zum Nationalpark. Und dennoch trifft ›Tor‹ irgendwie doch wieder ins Schwarze, denn an allen Nationalpark-Toren er-

Blick vom Aussichtsturm über das Vogelsang-Gelände

Karte S. 64

fährt der Besucher Spannendes über die Tier- und Pflanzenwelt vor Ort. Jedes Tor beschäftigt sich dabei jeweils mit einem Schwerpunktthema des Parks.

■ **Nachtschwärmen im Sternenpark**
Aufgrund der dünnen Besiedlung ist in weiten Teilen der Eifel künstliches Licht nicht vorhanden. Die Lichtverschmutzung

ist gering. Das kann man bei klarem Wetter am Himmel sehen – ein Sternenmeer, wie man es in Deutschland selten erlebt. Zu verschiedenen Terminen vor allem an Herbst- und Winterabenden werden von der Astronomie-Werkstatt im Nationalpark Sternenwanderungen angeboten (Termine und alle Informationen unter www.sternenpark-nationalpark-eifel.de)

ℹ️ **Nationalpark-Zentrum Eifel**
Forum Vogelsang IP, Vogelsang 70, D-53937 Schleiden, Verwaltung Tel. 02444/91574-0, Buchungen Tel. 02444/91574-11; tgl. 10–17 Uhr. Eintritt Erw. 8, ermäßigt 4 €. Führungen zuzüglich 2 € tgl. 14 Uhr, Sa, So, Fei zusätzlich 11 Uhr. Ältere Navigationssysteme finden Vogelsang IP eventuell nicht. Es ist aber sehr gut ausgeschildert. Der Parkplatz kostet pauschal 4 €. www.nationalparkzentrum-eifel.de

🏛️
›**Bestimmung**: **Herrenmensch**‹: Der Ausstellungseintritt kostet 8 €, ermäßigt 4 €. Familien bis zu drei Kindern zahlen insgesamt 18 €. Ausstellungsführung, tgl. 14 Uhr, Sa, So, Fei 11 und 14 Uhr; Dauer 90 Minuten. Tickets 12 €, ermäßigt 6 €, (inklusive Ausstellungseintritt und Headset). Der Besuch der Ausstellung wird für Personen ab 12 Jahren empfohlen. Die Zahl der Teilnehmenden ist auf 15 begrenzt.
Geländeführung, tgl. um 14 Uhr, sowie am Wochenende und an Feiertagen, zusätzlich um 11 Uhr, ohne Voranmeldung; Dauer 90 Minuten, Länge etwa 1,5 km Tickets 8 €; ermäßigt 6 €; Kinder unter 13 Jahre frei, Treffpunkt Besucherzentrum
Turmaufstieg, April–Oktober, Mo–Fr 13 Uhr, Sa, So, Fei 12–16 Uhr zu jeder vollen Stunde; Dauer 45 Minuten; 6 €. Maximal 15 Personen je Turmaufstieg.
Für den Besuch von beiden Ausstellungen empfiehlt sich das Kombiticket: Für nur 12 € können Sie innerhalb eines Jahres beide Ausstellungen besuchen.
Mehr Informationen unter +49 (0)2444 91579-0 und unter www.vogelsang-ip.de.

🚪
Nationalpark-Tore, zentral geregelt sind bei freiem Eintritt die täglichen Öffnungszeiten: Apr.–Okt. 10–13 und 13.30–18 Uhr, Nov.–März 10–13 und 13.30–16 Uhr.
NP-Tor Schleiden-Gemünd, Kurhausstraße 6, 53937 Schleiden-Gemünd, Tel. 02444/2011. Im Mittelpunkt der Ausstellung stehen die Eichenwälder und ihre ganz besondere Tier- und Pflanzenwelt. www.nordeifel-tourismus.de
NP-Tor Heimbach, An der Laag 4, 52396 Heimbach, Tel. 02446/8057914. Im Fokus der Ausstellung ›Waldgeheimnisse‹ im Bahnhof Heimbach stehen ein begehbares Hörspiel und ein Buchen-Labyrinth. www.rureifel-tourismus.de
NP-Tor Höfen, Hauptstraße 72-74, 52156 Monschau-Höfen, Tel. 02472/8025079. ›Narzissenrausch und Waldwandel‹ heißt die Ausstellung, in deren Mittelpunkt u.a. das größte deutsche Vorkommen der gelben Wildnarzisse erläutert wird. www.monschau.de
NP-Tor Nideggen, Im Effels 10, 52385 Nideggen, Tel. 02427/3301150. Was kann der Mensch von Tieren und Pflanzen lernen? Antwort auf diese Frage gibt es vor Ort. www.rureifel-tourismus.de
NP-Tor Rurberg, Seeufer 3, 52152 Simmerath-Rurberg, Tel. 02473/93770. Wasser ist das Leitthema der Ausstellung ›Lebensadern der Natur‹. www.rursee.de
► Zusätzlich zu den Toren gibt es zehn **Nationalpark-Infopunkte:** Einruhr, Hellenthal, Kall, Marmagen, Mechernich, Monschau, Nettersheim, Schmidt, Waldhaus (im Freilichtmuseum Kommern) sowie Zerkall.

Wanderungen im Nationalpark Eifel

Die Ranger im Nationalpark Eifel bieten an fast jedem Tag des Jahres eine geführte Wanderung an. Sie sind Mitarbeiter der Nationalparkverwaltung und als geprüfte Natur- und Landschaftspfleger oder Großschutzgebietsbetreuer ausgebildet. Sie sind sehr gute Ansprechpartner für alle Fragen vor Ort und erzählen bei ihren Touren Wissenswertes rund um das Schutzgebiet und allerlei Anekdoten, die sie während ihrer Arbeit erleben. Ranger sorgen aber auch dafür, dass sich alle Gäste des Nationalparks an die dort geltenden Regeln halten – und wenn es sein muss, leisten sie auch Erste Hilfe. Außerdem halten die Ranger Wege und Schilder in Stand und pflegen ausgewählte Lebensräume. Von den Besuchern werden sie liebevoll als ›wandelnde Informationenäule‹ bezeichnet – bezogen auf den Nationalpark Eifel gibt kaum etwas, das die Ranger nicht wissen. Bei ihren Führungen machen sie die Natur an ertastbaren, akustischen und duftenden Beispielen über unterschiedliche Sinne erlebbar, sodass alle Rangertouren beispielsweise auch für blinde und sehbehinderte Gäste attraktiv sind. Im Folgenden ein Überblick über die angebotenen Touren

■ Rangertour Wahlerscheid (Di)
Im Süden des Nationalparks erleben die Teilnehmer während dieser Wanderung mit einem Ranger das, was die Ausstellung im Höfener Nationalpark-Tor einführend darstellt: einen sich stetig wandelnden Wald und saftige Wiesen, die sich im Frühjahr in ein Meer wilder Narzissen verwandeln.
Wann? Immer dienstags, 14 Uhr
Wo? Parkplatz Wahlerscheid
Wie? Leichte, circa dreistündige Wanderung durch überwiegend flaches Gelände

Wer? Auch für SeniorInnen, sehbehinderte und blinde Gäste (mit Begleitperson), Kinder und Kinderwagen geeignet. Schwerhörige Menschen können im Vorfeld einen mobilen Hörverstärker buchen.

■ Rangertour Abtei Mariawald (Mi)
Vom einzigen Trappistenkloster für Mönche in Deutschland, der Abtei Mariawald (s. ›Rureifel‹), geht es hinein in die Buchennaturwälder des Kermeters und den Lebensraum der Bunt- und Schwarzspechte.
Wann? Immer mittwochs, 14 Uhr
Wo? Parkplatz Abtei Mariawald
Wie? Circa dreistündige Wanderung mittlerer Schwierigkeit
Wer? Auch für SeniorInnen, sehbehinderte und blinde Gäste (mit Begleitperson), Kinder und geländegängige Kinderwagen geeignet. Schwerhörige Menschen können im Vorfeld einen mobilen Hörverstärker buchen.

■ Rangertour Erkensruhr (Fr)
Die Möglichkeiten dieser Wanderung sind vielfältig. Entweder wandert man auf schmalen Pfaden durch den Dedenborner Buchenwald oder erlebt die weiten Ebenen der Dreiborner Hochfläche.

Infotafel im Nationalpark

Rangerhut-Skulptur im Nationalpark

Wann? Immer freitags, 11 Uhr
Wo? Parkplatz Spielplatz Erkensruhr
Wie? Vier- bis fünfstündige Wanderung
mit Steigungen, die als mittelschwer bis
schwer einzustufen ist
Wer? Auch für sehbehinderte und blin-
de Gäste (mit Begleitperson), nicht für
Kinderwagen geeignet. Schwerhörige
Menschen sollten sich im Vorfeld bei der
Nationalparkverwaltung Eifel anmelden,
damit ihnen der Ranger einen mobilen
Hörverstärker mitbringen kann.

■ **Rangertour Kloster-Route (Fr)**
Zuerst führt der Ranger seine Gäste entlang des Staubeckens Schwammenauel,
dann hinein in die Buchenwälder des Kermeters. An der Abtei Mariawald gibt es
die Möglichkeit einzukehren (Tipp: Erbsensuppe!), bevor es gemeinsam auf den
Rückweg geht.
Wann? Immer freitags, 11.15 Uhr
Wo? Nationalpark-Tor Heimbach
Wie? Circa fünfstündige Tour (12 km)
auch auf steilen, teils unbefestigten Pfaden für geübte Wanderer
Wer? Auch für sehbehinderte und blinde Gäste (mit Begleitperson) geeignet.
Schwerhörige Menschen sollten sich im
Vorfeld bei der Nationalparkverwaltung

Eifel anmelden, damit ihnen der Ranger einen mobilen Hörverstärker mitbringen kann.
Nicht für Kinder unter zehn Jahren oder
Kinderwagen geeignet.

■ **Rangertour Gemünd (Sa)**
Auf verschlungenen Pfaden erklimmen
die Nationalpark-Freude inmitten von Ei-
chenwäldern die Höhen des Kermeters.
Wer im Anschluss die 94 Stufen des
Feuerwachturms in Wolfgarten schafft,
wird durch einen herrlichen Blick über
den Nationalpark Eifel belohnt.
Wann? Immer samstags, 11 Uhr
Wo? Nationalpark-Tor Gemünd
Wie? Aufgrund der Steigungen ist die
circa dreistündige Tour mittelschwer bis
schwer einzustufen.
Wer? Auch für sehbehinderte und blin-
de Gäste (mit Begleitperson) geeignet.
Schwerhörige Menschen sollten sich im
Vorfeld bei der Nationalparkverwaltung
Eifel anmelden, damit ihnen der Ran-
ger einen mobilen Hörverstärker mit-
bringen kann.
Nicht für Kleinkinder und Kinderwagen
geeignet.

■ **Rangertour Rurberg (Sa)**
Man wandert dort, wo sich Mauerei-
dechse und Schlingnatter wohlfühlen.
In felsigem Terrain besteigt die Gruppe den Honigberg und wird durch eine
tolle Aussicht auf die Eifeler Seenland-
schaft belohnt.
Wann? Immer samstags, 11 Uhr
Wo? Nationalpark-Tor Rurberg
Wie? 14 Kilometer durch teils schmale
und steile Pfade, als mittelschwer bis
schwer einzustufen; von April–Okt. können Teilnehmende abkürzen und mit der
(kostenpflichtigen) Rursee-Schifffahrt zu-
rückfahren.
Wer? Auch für sehbehinderte und blinde Gäste (mit Begleitperson) und Kinder

geeignet. Schwerhörige Menschen sollten sich im Vorfeld bei der Nationalparkverwaltung Eifel anmelden, damit ihnen der Ranger einen mobilen Hörverstärker mitbringen kann.
Nicht für Kinderwagen geeignet.

■ **Rangertour Wilder Kermeter (Hirschley-Route) (So)**
→ S. 85
Wann? Immer sonntags, 13 Uhr
Wo? Park- und Rastplatz Kermeter (am Rangerhut)
Wie? Leichte Strecke mit einem kleinen Anstieg über feste und ebene Wege; alle 250 Meter entlang der etwa fünf Kilometer langen Wanderstrecke laden Bänke oder Sinnesliegen zu einer Rast ein

■ **Rangertour Vogelsang-Wollseifen-Route (So)**
Die Teilnehmer dieser Tour gewinnen einen spektakulären Eindruck von der Dreiborner Hochfläche. Naturnahe Wälder und ökologisch wertvolles Offenland begleiten die Gruppe auf dem Weg von Vogelsang zur Wüstung Wollseifen (ein ehemaliges Dorf) und zurück.
Wann? Immer sonntags, 13 Uhr
Wo? Nationalpark-Zentrum Vogelsang IP
Wie? Trotz eines steilen Anstiegs ist die

Werbung für die Oleftalbahn

Strecke nur als mittelschwer einzustufen, da auf der Hälfte der etwa dreistündigen Wanderung Bänke zu einer Rast einladen Wer? Auch für Senioren, sehbehinderte und blinde Gäste (mit Begleitperson), Kinder und geländegängige Kinderwagen geeignet. Schwerhörige Menschen sollten sich im Vorfeld bei der Nationalparkverwaltung Eifel anmelden, damit ihnen der Ranger einen mobilen Hörverstärker mitbringen kann.

Schleiden und Gemünd

Schleiden im Tal der Olef bietet sich ebenso wie Gemünd als Ausgangspunkt für Touren im Nationalpark an. In Schleiden, das sich selbst ein wenig übertrieben als ›Nationalpark-Hauptstadt‹ feiert, kann man gut einkaufen. Das klotzige **Schloss**, das als Burg im späten 12. Jahrhundert errichtet wurde, dient heute vornehmlich als Seniorenresidenz. Das **Schloss-Restaurant** (Tel. 02445/850085) wird allgemein gelobt. Schleidens Stadtteil Gemünd hat als **Kneippkurort** eine bescheidene, aber gesunde Karriere hingelegt. Im kleinen Kurpark ist auch die Touristeninformation als Nationalparktor Gemünd untergebracht. Zum Einkaufen ist die verkehrs-

Karte S. 64

▲ *Ranger führen durch den Nationalpark*

beruhigte Dreibornerstraße eine gute Adresse – mit Eifellädchen und dem gut besuchten Gemünder Brauhaus.

Das kleine **Dörfchen Olef** lohnt unbedingt einen Fotostopp. Der Dorfplatz in Dreiecksform versprüht viel Fachwerkcharme und Nostalgie. Diese wird noch gesteigert an jedem Sonntag (Mitte Mai bis Ende Oktober), wenn die eingleisige **Oleftalbahn** im historischen Schienenbus auf dem Platz zur Fahrt durchs Schleidener Tal startet oder ankommt (www.oleftalbahn.de)

> **ℹ Schleiden und Gemünd**
> **Ferien-Loft GiGi,** Schleiden (in alter Schule), modern und geschmackvoll renoviert. Tel. 0172/2999737.
> **Gemünder Ferienpark Salzberg, Haselnußweg 4, 53937 Schleiden** OT Gemünd, Tel. 02444/830. Studios und Apartments von 1–2 bis zu 6 Personen. www.ferienpark-gemuend.de

Hellenthal/Reifferscheid

Hellenthal hält einen absoluten Eifel-Rekord: Keine Gemeinde weist mehr eingemeindete Ortschaften und Weiler auf – es sind an die 60! Touristisch interessant sind vor allem drei Punkte: die Oleftalsperre, das Wildfreigehege mit einer integrierten Greifvogelstation sowie die Grube Wohlfahrt.

■ Wildgehege

Im weitläufigen Wildgehege, in dem man locker einen ganzen Tag verbringen kann, sind vor allem Rot-, Dam-, Schwarz- und Muffelwild zuhause. Zu ihnen gesellen sich zum Beispiel Wildkatzen, Waschbären und auch Wildpferde. Die ›Abteilung Greifvögel‹ ist durch ihre gelungenen Nachzuchterfolge in der internationalen Fachwelt bekannt. Adler, Bussarde, Falken erlebt man hier im freien Flug und mit perfekter Landung auf dem geschützten Arm des Falkners. Auch diverse Exoten

der Lüfte wie der Weißkopfseeadler (US-Wappentier) oder ein Kondor geben in Hellenthal hoch über der Oleftalsperre ihre Flugkünste zum Besten.

Das tierische Ausflugsziel hat 365 Tage im Jahr geöffnet, täglich stehen zwei bis drei Flugshows auf dem Programm.

■ Grube Wohlfahrt

Im gleichnamigen Ortsteil erlaubt die Grube Wohlfahrt einen tiefen Einblick auf die Eifel von unten. Die Bleierzgewinnung wurde 1940 endgültig eingestellt, seit 1993 dient die Grube als Besucherbergwerk. Rund 800 Meter des Tiefen Stollens werden zu Fuß ›befahren‹. Es gilt, sich warm anzuziehen (unter Tage wird's maximal 8 Grad warm). Drei tägliche Führungen dauern jeweils rund 90 Minuten. Die Grube ist ganzjährig (außer an Heiligabend und dem 1. Weihnachtsfeiertag) geöffnet.

■ Reifferscheid

Wer nach so viel Besichtigung und Action immer noch weitere Kondition hat, auf den wartet im Ortsteil Reifferscheid noch ein echtes Highlight. Die **Burgruine** ist das weithin sichtbare Wahrzeichen des kleinen wildromantischen Fleckens. Nach kurzem Aufstieg über Kopfsteinpflaster

Ein Weißkopfseeadler in Hellenthal

marschiert man durch das Matthiastor in den Burghof der Ruine, in dem der mächtige Bergfried einen Anlaufpunkt für einen schönen Eifelblick bietet. Über die Macht der einstigen Herren von Reifferscheid kann man heute angesichts der Burgtrümmer nur noch spekulieren. Immer am letzten Wochenende im September ist der erhabene Platz Ort des Reifferscheider Burgfestes – ein Spektakel der besonderen Art mit Gauklern, Händlern, Musikern und Handwerkern. Kulinarisch werden allerlei Eifler Landspezialitäten geboten. Alle Jahre wieder ist auch der Weihnachtsmarkt im Burgareal ein Erlebnis.

Auf der Reifferscheider Burg

 Hellenthal
www.hellenthal.de

Café Eulenspiegel, Burg Reifferscheid, Am Burgeingang, Zehntweg 12; Mi–So 10.30–18 Uhr, Tel. 02482/606040. Ein nettes Café in der ehemaligen Burgremise. www.burgcafe-eulenspiegel.de

Grube Wohlfahrt, Aufbereitung II 1, 53940 Hellenthal; Tel. 02448-/911140; Eintritt Erw. 5,50 €, Kinder 3 €, Familien 13 €. www.grubewohlfahrt.de

Wildgehege Hellenthal, Wildfreigehege 1, 53940 Hellenthal, April bis Okt. tgl. 9–18 Uhr, sonst tgl. 9–17 Uhr. Eintritt Erw. 10 €, für 2 Erw. und 2 Kinder (bis 14) 30 €; es gibt weitere Sonderpreise. www.greifvogelstation-hellenthal.de

Monschau

Wer hierhin zu früh kommt, den bestraft das Leben – und stellt damit ›Gorbi‹ quasi auf den Kopf. Denn frühmorgens um 9 Uhr schläft Monschau im Stadtbild noch, nur die emsigen Asiaten mit ihren textilen Kramläden sind schon wach. Im

engen Tal der Rur läuft die Stadt erst am späteren Vormittag zu Form auf, wenn auch die Sonne ihr Licht in die verwinkelten dunklen Gassen der alten und dunklen Stadt wirft – als *mons loci* wurde Monschau erstmals 1198 erwähnt. Dann lassen sich auch die vielen schieferverkleideten Hausfassaden, die Patriziervillen und die zahlreichen Fachwerkbauten mit ihren Grauwacke-Terrassen im gut erhaltenen historischen Stadtkern gemütlich genießen.

Montjoie, wie Monschau bis 1918 hieß, darf sich Luftkurort nennen und ist ein wichtiger Touristenmagnet für die Rur- und Nordeifel. Immer wieder als Drehkulisse für Spiel- und TV-Filme begehrt, verkauft es sich als Burg-, Bier- und Senfstadt und zählt über 300 denkmalgeschützte Bauwerke. Das bekannteste von ihnen ist das **Rote Haus**. Das hochherrschaftliche Gebäude wurde um 1760 mit dem Geld des Tuchmachers und Fabrikanten Johann Heinrich Scheibler errichtet – als repräsentatives Wohn- und Geschäftshaus direkt am Zufluss des Laufenbachs in der Rur. Der aus dem Bergischen Land stammende Scheibler hatte sein Geld mit

Karte S. 64, 82

feinen Tuchstoffen gemacht, die er als Rohwolle u. a. aus Spanien importierte, vor Ort verarbeitete und mit satten Gewinnen europaweit verkaufen konnte. Im Roten Haus, heute Museum und Wahrzeichen Monschaus, wurde die Wolle gelagert, gewaschen und gefärbt. Das Spinnen und Weben passierte außerhalb, zumeist im Auftrag der Firma Scheibler in Heimarbeit. Zwei alte Stoffmusterbücher mit gut 6000 Entwürfen belegen noch heute die bunte Vielfalt und Brillanz des Monschauer Tuchs, das auch vom europäischen Hochadel schwer geschätzt wurde: Selbst der russische Zar war Kunde und ließ hier einkaufen. Mit der ganzen Tuchmacher-Glorie war es dann nach rund 200 Jahren im 19. Jahrhundert weitgehend vorbei. Einer der Gründe war, dass die Verkehrs-Infrastruktur nicht mehr ›passte‹ – Monschau wurde erst spät an das Bahnnetz angeschlossen und ist zum Beispiel heute nicht mehr per Bahn erreichbar. Die letzte Textilfabrik der Stadt war die Streichgarnspinnerei ›Rheinische Wollwerke Monschau‹, die 1982 den Betrieb einstellte. In ihren Gebäuden am Eingang zur Altstadt sind heute ein Mix aus Kitsch und Handwerkermarkt, eine ›römische‹ Glashütte und das Monschauer Stadttheater untergebracht (Burgau 15, Tel. 02472/990115, 8025785)

Man kann sich Monschau sehr gut auf eigene Faust erlaufen, in der Touristeninformation gibt's dafür den Wanderflyer Nr. 15. Auf seinem Bummel trifft der Stadtgast mit Sicherheit immer wieder Wanderer – der Eifelsteig führt genau durch die Ortsmitte. Den erlebte der US-Verpackungskünstler Christo und seine Muse Jean-Claude noch nicht. Als sie 1971 in der Stadt waren, verhüllten sie Teile der Burg und der Rur mit Polypropylenplanen – eine der ersten großen Verhüllungsaktionen der Künstler, die später ja u. a. auch den Berliner Reichstag in Tücher hüllten.

Aachen und Nordeifel

An der Rur in Monschau

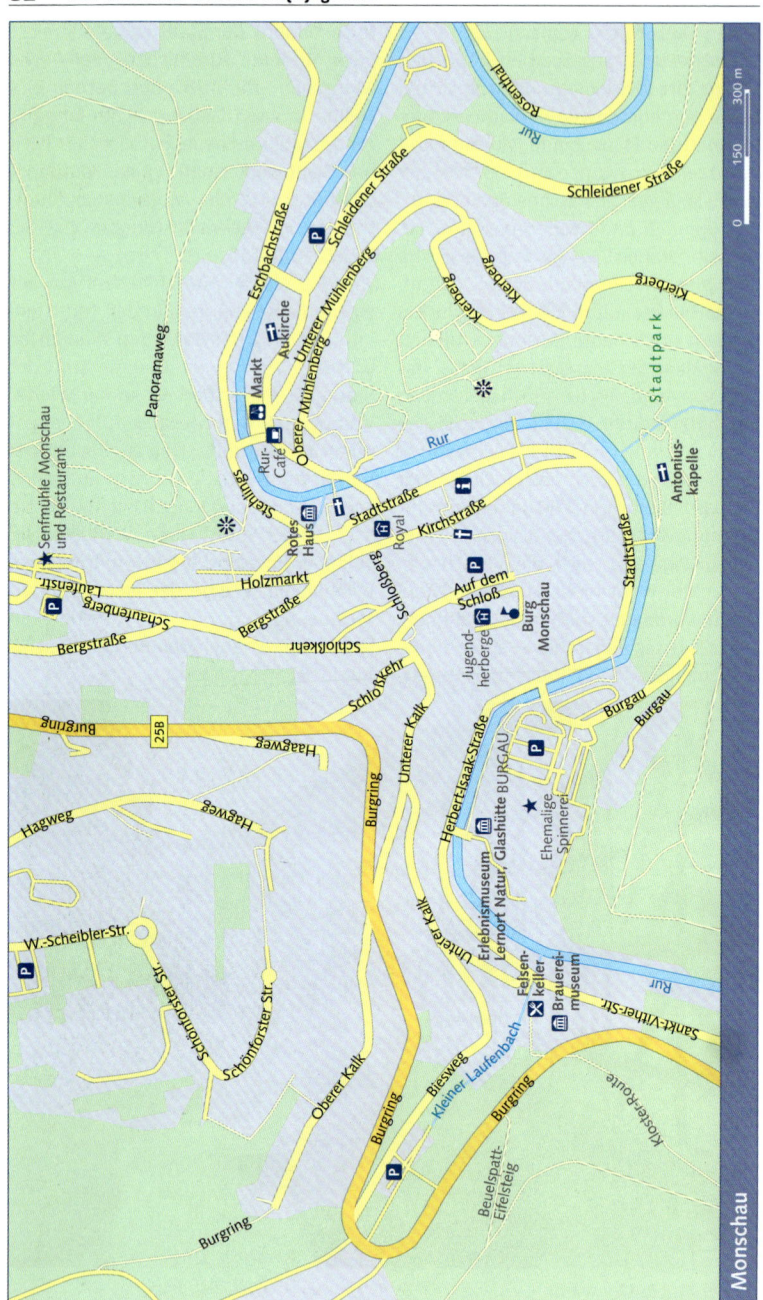

Monschau

■ **Eschbachstraße**

Nur knapp jenseits der Rurbrücke, ganz in der Nähe des Marktes und doch etwas abseits vom lärmenden Touristentrubel, versucht die in die Jahre gekommene Eschbachstraße sich neu aufzustellen. Hier wohnten einst in kleinen Wohnungen und Häuschen die Familien, die in den Tuchfabriken beschäftigt waren und in Heimarbeit ihre Jobs erledigten. Heute findet man in der Straße nette kleine Läden mit allerlei Kunstwerk und urige Kneipen mit gepflegter Gastlichkeit.

■ **Felsenkellerbrauerei**

Als die Monschauer Felsenkellerbrauerei 1994 alle Brauanlagen schloss, war der Bier-Jammer in Rurtal groß. Heute braut an gleicher Stätte wieder eine Hausbrauerei das traditionelle Felsquell-Pils und auch ein trübes hefetrübes, dunkles Zwickelbier, das zu meist allerdings außerhalb (in Korschenbroich) gebraut wird. Zudem ist ein Bier-Museum und Gastronomie angeschlossen.

■ **Senfmühle**

22 Senfsorten – von Chili bis Wildkräuter – kann man in der Senfmühle probieren (und mit nach Hause nehmen). Es gibt auch Senfpralinen und -früchtchen. Angeschlossen ist eine Weinhandlung und das Restaurant ›Schnabuleum‹, das – man ahnt es – auf Senf- und Eifler Gerichte spezialisiert ist.

■ **Das Heckenland**

Bekannt ist die Nordeifel auch für ihre vielen baumhohen Flur- und Hashecken, meist aus Rotbuche, die ganzjährig Blätter trägt. Die Hecken sind für Haus und Hof ein natürlicher Schutzwall gegen die regennassen Westwinde, die hier am und im deutsch-belgischen Naturpark nicht selten heftig wehen. Besonders schöne Exemplare findet man im Monschauer

Heckenland, wo es auch einen rund fünf Kilometer langen Rundwanderweg vorbei an vielen schönen Hecken gibt. Start ist am Hinweisschild auf dem Parkplatz vor dem Nationalparktor im Monschauer Stadtteil Höfen. Man kann einen Besuch der Heckengebilde sehr gut ins Frühjahr legen (April/Anfang Mai), weil dann zusätzlich auch noch die Narzissenwiesen in voller Blüte stehen. Auch zu den schönen Gelbblütlern gibt es Wanderrundwege.

■ **Kriegsspuren**

Monschau hatte im Zweiten Weltkrieg viel Glück und wurde nicht sonderlich zerstört, obwohl direkt im Umland die Schlachten in den Ardennen tobten. Man sieht heute noch außerhalb des Stadtkerns zahlreiche Bunkerruinen und die berühmten Panzersperren des Westwalls (s. auch bei Hürtgenwald →S. 65).

Die Senfmühle lohnt einen Besuch

Das Rote Haus in Monschau

 Monschau

Touristeninformation, Stadtstraße 16, 52156 Monschau, Tel. 02472/80480; April–Okt. tgl. 10–13 und 13.30–18 Uhr, Nov.–März tgl. 10–13 und 13.30–16 Uhr. Angeboten werden u.a. regelmäßig verschiedene Themenführungen, zum Beispiel ›Monschau zum Anbeißen‹. www.monschau.de

Hotel garni Royal, Stadtstraße 4-6, Tel. 02472/98770. Sauber, aber sehr einfach sind die Zimmer im sehr zentral gelegenen Hotel. www.hotelroyal.de.
Wohnen wie die Tuchmacher kann man u.a. im **Tuchmacherhaus** an der Rur oder auch im **Brückenhaus**. Informationen zu beiden FeWo unter www.bleibe.de
Monschau hat gleich **zwei Jugendherbergen** – die eine in rustikalem Ambiente auf der Burg (Auf dem Schloß 4, Tel. 02472/970390), die andere im OT Hargard (Hargardsgasse 5, Tel. 02472/970470).

Rur-Café, Am Markt, Tel. 02472/2274; dieses Café, das eigentlich ein Restaurant ist, empfängt Gäste mit guter Regional-Küche und rau-herzlichem Eifler Charme. www.rur-cafe.de
Restaurant Schnabuleum, in der Senfmühle, Laufenstraße 118, Tel. 02472/2245; Mi–So 12–14.30 und 18–21.30 Uhr. Auf der Karte dreht sich vieles um Senf. www.senfmuehle.de
Felsenkeller, Herbert-Isaac-Straße 2–8, Tel. 02472/3018; Di, Mi, Do, So 11–20 Uhr, Fr, Sa 11–22 Uhr, Mo geschlossen. Herzhafte Eifelküche und selbstgebrautes Bier. www.brauerei-museum.de

Monschau-Festival, einmal im Jahr kommen internationale Musikstars auf die Burg. Die Bandbreite der Open Air-Konzerte, deren Karten sehr begehrt sind, reicht von Klassik über Mundart bis Pop und Rock. Das Festival findet immer in den Schulsommerferien in NRW statt. www.monschau-klassik.de

Karte S. 64, 82

Im Wilden Kermeter

Wanderung mit dem Ranger im Nationalpark

Immer wieder sonntags haben die Ranger im Nationalpark ihren großen Auftritt, zumindest einige von ihnen wie etwa Arno Koch. Auf den gelernten Waldarbeiter sowie Natur- und Landschaftspfleger warten am Parkplatz Kermeter an der überdimensionalen Rangerhut-Skulptur gut 20 Gäste. Sie wollen mit dem Mann mit Hut, der heute wegen der Hitze nur ein Käppi trägt, im Naturerlebnisraum ›Wilder Kermeter‹ erleben, was die Natur alles so macht, wenn der Mensch nicht in sie eingreift und Natur Natur sein lässt. Eine spannende Drei-Stunden-Wanderung, die absolut barrierefrei ist, beginnt.

Ranger Koch, der im sympathischen Singsang des Rheinländers erzählt, nimmt einen wuchtigen Mistkäfer in die Hand. »Wisst Ihr, was der kann?«, fragt er in die Runde und erntet nur Achselzucken. »Seht her, der Kollege hier ist der Akrobat unter den Käfern. Er kann sich von selbst aus der Rückenlage wieder auf die Beine drehen. Und er kann kneifen und knurren – deshalb schluckt ihn der Fuchs, der Hunger hat, gar nicht erst runter.« Ein Kniff der Natur, von denen wir auf unserer Tour noch einige lernen werden. So zum Beispiel, dass der Borkenkäfer gerne Fichten auffrisst und gegen seinen Heißhunger kein Kraut gewachsen ist. Ziel im Nationalpark ist es deshalb, einen gesunden Mischwald entstehen zu lassen, was bedeutet: mehr Buchen, weniger Fichten, gar keine Douglasien mehr, die sich rasant ausbreiten und gestoppt werden müssen. Motto: Rotbuchen müssen wir suchen…

Greift der Mensch hier also am Anfang noch ein, wird die Natur anschließend alleine gelassen. »Willkommen auf der Baustelle Wildnis – hier baut die Natur« heißt es deshalb auch auf einem Hinweisschild, wie wir es von den Autobahn-Baustellen kennen. Baubeginn sei 2004 gewesen, mit der Fertigstellung werde in vielleicht 250 Jahren gerechnet – da wird wohl selbst der BER-Airport schneller fertig…

Wir lernen im ›Erlebnisraum Natur‹, dass Totholz gutes Holz ist, weil es zum Beispiel neue Lebensräume für Käfer und Insekten schafft. Wir lernen, dass rund 50 Wildkatzen im Park leben und dass die alle Baldrian lieben. Wir lernen, dass der Wolf noch nicht da ist, aber in den nächsten Jahren auch in der Eifel wieder erwartet wird. Und wir lernen, dass der Nationalpark so groß ist wie 15 000 Fußballplätze.

Eine spannende Wanderung, die Ranger Arno launig begleitet. Vom Aussichtspunkt Hirschley ist der Blick über den Rursee einer der schönsten in der Eifel.

Der Nationalpark-Ranger Arno Koch

Vordereifel

Sie ist Teil der ausgedehnten Nordeifel, sozusagen ihr Beginn aus Richtung Rheinland – die Vordereifel, auch Voreifel oder Tor zur Eifel genannt. Eine Grenzlinie gibt es nicht, die Übergänge sind fließend. Die Römer haben hier wie an so vielen Stellen der Eifel ihre Spuren hinterlassen. Im alten *Tolbiacum* (dem heutigen Zülpich) können wir uns davon überzeugen, wie reinlich der gemeine Römer an sich war.

Flaches Land weitgehend, nur ganz allmählich wird die Landschaft welliger. Hier geht es ländlich zu, hier sind wie eh und je Ackerbau und Viehzucht angesagt. Das wird nirgends besser dokumentiert als im ausladenden Freilichtmuseum in Kommern, das uns zurück in die nahe Vergangenheit bringt. Und Euskirchen, die Kreisstadt, mausert sich mit einem der größten Badetempel der Neuzeit zu einer kommunalen Freizeitoase, in die sogar die Feier- und Spaßgesellschaft der nahen Großstädte in Deutschland, Holland, Belgien kommt.

Nicht zu vergessen Bad Münstereifel: Das Städtchen im Tal der Erft ist landauf, landab bekannt. Heino, der Barde, hat seinen Alterssitz im ehemaligen Kurhaus – mit Blick hinunter in die City. Dort wird vorexerziert, wie man eine in die Jahre gekommene Innenstadt mit ihren

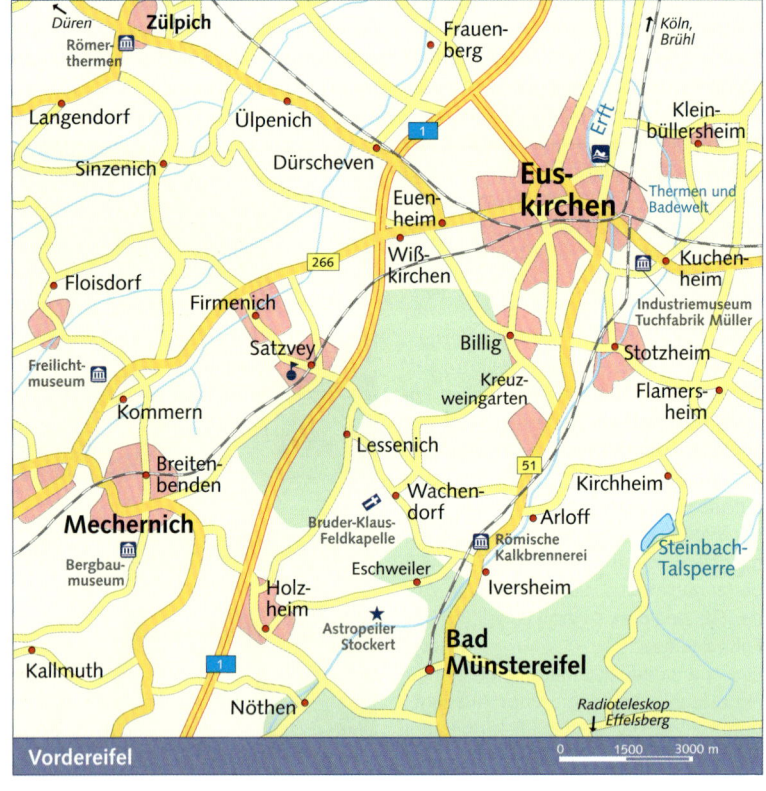

vom nagenden Zahn der Zeit angefressenen Fachwerkhäusern auch sanieren kann – die kleine Stadt ist heute als City-Outlet ziemlich bekannt. Schnäppchen gibt's hier mittendrin statt auf der grünen Wiese...

Wer vom Shoppen genug hat, fährt wenige Kilometer weiter nach Effelsberg und staunt über eine mächtiges Stück Technik inmitten der Natur – eines der größten Radioteleskope der Welt hat alle Antennen auf Empfang gestellt: Wenn es da draußen im All Leben gibt – hier bei Bad Münstereifel hört man die Signale zuerst.

Die Vordereifel macht Appetit auf mehr Eifel.

Im Heino-Café

Bad Münstereifel

Kennen Sie Heinz Georg Kramm? Bestimmt. In Bad Münstereifel jedenfalls kennt jeder Mann, jede Frau, jedes Kind den beliebten blonden Barden aus Düsseldorf, der stets mit teurer Lederjacke und schwarzer Sonnenbrille auftritt: Heino, der Inbegriff des deutschen Schlagers – von Schnulze bis Pop. Bis 2012 war er sogar in der Stadtmitte dauerpräsent: in seinem Café am Rathaus, wo nicht nur die Haselnusstorte legendär war.

Heute, im Alter, lebt Heino mit seiner Frau und medizinischem Personal auf der gesamten zweiten Etage des Historischen (Kneipp-)Kurhauses oberhalb des Städtchens und schaut manchmal vielleicht auch mit Wehmut hinab auf schöne Zeiten unten am Markt. Das neue **Heino-Café** im Kurhaus versucht die süße Naschlücke zu schließen – eine Wand mit Goldenen Schallplatten des Sängers und viele Fotos bilden den Rahmen, Autogrammkarten gibt's auch. Bad Münstereifel, beliebter Erholungsort für gestresste Rheinländer und seit 1974 staatlich anerkanntes Kneipp-Heilbad, ist ein mittelalterliches Kleinod mit

intakter (restaurierter) Stadtmauer der gräflichen Jülicher Bauherren aus dem 13./14. Jahrhundert, vier Stadttoren und 18 Wehrtürmen. Man kann auf der Mauer die Stadt umrunden und genießt einen schönen (Foto-)Blick. Einen solchen hat man auch vom Heisterbacher Tor – mit Fernsicht in die Eifel oder auf die prächtig restaurierten Fachwerkhäuser der Innenstadt.

Die Anfänge des Städtchens gehen bis in die Frühzeit zurück. Um 830 gründete der dritte Abt von Prüm hier ein Kloster, das an Bedeutung gewann und um das sich mit den Jahren eine Siedlung bildete, die dann im 12. Jahrhundert als Monasterium in Eiflia Einzug in die Geschichtsschreibung hielt. Die lange bedeutenden Grafen von Jülich befestigten die Stadt und förderten Handel und Gewerbe (u. a. Wollwebereien, Gerbereien und Brauereien).

Unter' s Fachwerk der Altstadt sind heute zu einem großen Teil Shops großer Fashion- und Lifestyle-Modemarken eingezogen. Laut Eigenwerbung sind die Klamotten immer 30 bis 70 Prozent

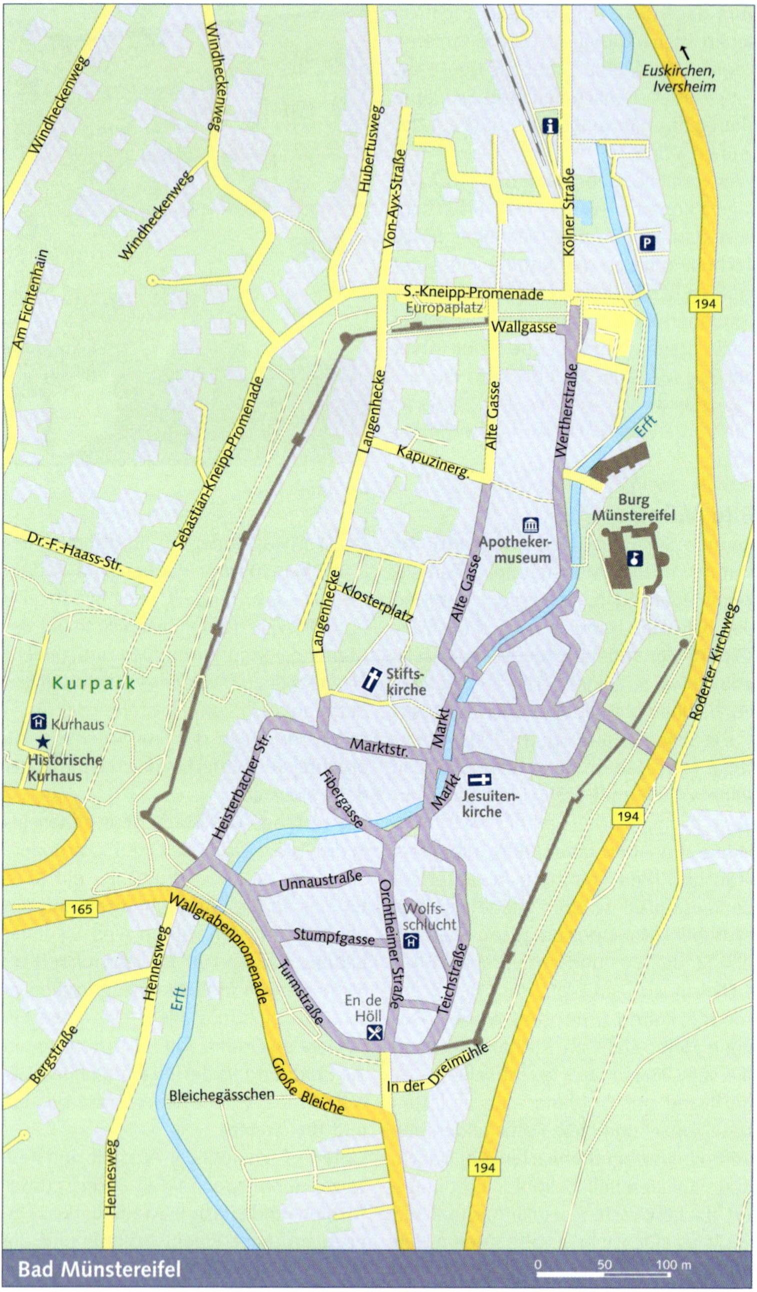

Euskirchen,
Iversheim

Windheckenweg

Windheckenweg

Windheckenweg

Am Fichtenhain

Hubertusweg

Von-Ayx-Straße

Kölner Straße

194

P

S.-Kneipp-Promenade
Europaplatz
Wallgasse

Wertherstraße

Erft

Sebastian-Kneipp-Promenade

Langenhecke

Alte Gasse

Kapuzinerg.

Burg
Münstereifel

Dr.-F.-Haass-Str.

Apotheker-
museum

Alte Gasse

Langenhecke

Klosterplatz

Roderter Kirchweg

Kurpark

Stifts-
kirche

Kurhaus

★
Historische
Kurhaus

Marktstr.

Markt

Heisterbacher Str.

Fibergasse

Markt

Jesuiten-
kirche

194

165

Wallgrabenpromenade

Unnaustraße

Orchheimer Straße

Wolfs-
schlucht

Hennesweg

Erft

Stumpfgasse

Turmstraße

Teichstraße

En de
Höll

Bergstraße

Bleichegässchen

Große Bleiche

In der Dreimühle

Hennesweg

194

Bad Münstereifel

0   50   100 m

Fashion Outlet in historischen Häusern

günstiger als beim Normalkauf. Selbst aus den BeNeLux-Ländern kommen die potentiellen Kunden – das **City Outlet Bad Münstereifel** jedenfalls beweist mit seinen über 40 Läden, dass ›billiger‹ nicht immer nur in gesichtslosen Centern am Stadtrand gelingt.

Das Wirtschaftswachstum freut auch die rund 19 000 Münstereifler, von denen eine deutliche Mehrzahl in den umliegenden 51 (!) Stadtteilen und Dörfern leben. Das Städtchen, das von der Erft in ihrem Oberlauf durchflossen wird und schon auf dem Ortseingangsschild stolz auf seinen Hochschulstandort (FH) hinweist, macht Spaß und ist zum Bummeln genau richtig: jede Menge Gastronomie, mehr oder minder ansprechend. Ein kleines, gemütliches Brauhaus produziert mitten in der City am Markt ein eigenes Craftbier (www.brauhaus-bam.de), nach dessen Genuss man schräg gegenüber noch das urige Apothekenmuseum besuchen kann.

Auch die kleinwuchtige **Stiftskirche**, eine romanische Pfeilerbasilika ohne Quer-schiff aus dem 12./13. Jahrhundert, darf bei der Stadtbesichtigung nicht fehlen. In ihrer Krypta wird der Schrein mit den Gebeinen der Schutzpatronen dieser Kirche, der hl. Römischen Märtyrer Chrysantus und Daria verehrt.

Die **Höhenburg** hoch über der Stadt auf einem steil zur Erft abfallenden Hang, von den Jülicher Herren einst erbaut, ist heute Privatbesitz und außer einem Restaurant nicht zugänglich.

Allerlei Interessantes erfährt man bei einem Blick hinter die Kulissen. So war das Rote Rathaus einst Bierlager und Mälzerei. Und nebenan, im ehemaligen Karmelitessenkloster an der Marktstraße, büffeln heute Grundschüler und Teile der Stadtverwaltung.

Natürlich haben auch die Römer ihre Spuren in der Region hinterlassen: Eine nett und stilvoll restaurierte **Kalkbrennerei im Ortsteil Iversheim** erinnert an eine fast 2000 Jahre alte römische Fabrikationsstelle, in der Dolomitengestein zu Kalk verarbeitet wurde, der wiederum für die Herstellung von Mörtel notwendig war.

Bad Münstereifel

Touristeninformation im alten Bahnhof, Tel. 02253/542244; Mo–Fr 10–14.30 Uhr. Tourist-Info im Schwanen-Apothekenmuseum (s.u.) Mo-Fr 14.30–17 Uhr. Sa, So, Fei 11–16 Uhr.
www.bad-muenstereifel.de

Hotel und Restaurant Wolfsschlucht, Orchheimer Straße 19, Tel. 02253/9203-0. Ordentliche Zimmer mitten im Altstadt-Geschehen. www.wolfsschlucht.de
Kurhaus, Nöthener Straße 10, Tel. 02253/5440770. Die Zimmer liegen auf der 1. und 3. Etage (dazwischen wohnen ›Herr und Frau‹ Heino).
www.kurhaus-badmuenstereifel.de
Restaurant En de Höll, Orchheimer Straße 50–52 (am südlichen Stadttor), Tel.

02253/6872. Regionale Frischeküche. www.en-de-hoell.eu
Oertels Restaurant, im Kurhaus. Hier isst man bürgerlich und ordentlich; tgl. außer Mo. www.oertels-restaurant.de

Römische Kalkbrennerei, Kalkarer Weg in Iversheim, Tel. 02253/542244; Führungen 11–15 Uhr stündlich; Museum: 11–16 Uhr; Eintritt 2 €, Kinder frei.
Apothekenmuseum, in der früheren Schwanenapotheke, Werther Straße 13–15, Tel. 02253/7631; Di–Fr 14.30–17 Uhr; Sa, So, Fei 11–16 Uhr.

City Outlet, Informationstelle Trierer Straße 1, Tel. 02253/3170000.
www.cityoutletbadmuestereifel.com

Ausflug ins All

Gibt es Leben draußen in den unendlichen Weiten des Alls? Fragen wie dieser gehen Wissenschaftler des Max-Planck-Instituts für Radioastronomie in Münstereifel-Effelsberg seit 2007 nach (etwa 10 km von der Stadtmitte entfernt,

Schilder weisen den Weg). Eine Tour, die sich absolut lohnt. Denn das größte vollbewegliche Radioteleskop der Welt mit einem schneeweißen Parabolreflektor von 100 Metern im Durchmesser ist ein echtes Technik-Highlight und von der Aussichtsplattform am Besucherpavillon ein gutes Fotomotiv, das man nur hier in der Nordeifel erlebt. Vor Ort kann man auch auf drei Themenwanderwegen zu Planeten, zur Milchstraße und zu Galaxien spannende Dinge lernen. Zudem bieten die All-Experten immer wieder Vorträge (für Gruppen) in Wort und Bildern an. Das Innere des ›Himmelohrs‹ ist nicht zugänglich. Einmal jährlich, meist im September, steht am Radioteleskop auch ein Tag der Offenen Tür im Terminkalender.

■ **Der Astropeiler**
Liegt das Riesenohr von Effelsberg geschützt in einer Talmulde, steht sein kleinerer Vorläufer seit 1956 oben am Berg in 434 Meter Höhe und war wegen seiner Anfälligkeit bei Sturm und Regen nicht lange in Betrieb. Die Messungen

Der Astropeiler

Karte S. 86

mit der Parabolantenne (25 Meter Durchmesser) dienten militärischen und wissenschaftlichen Zwecken. Der Astropeiler Stockert bei Münstereifel-Eschweiler ist technisches Denkmal, peilt aber auch weiterhin die Sterne an.

ℹ Astropeiler

Vorträge im Institut April–Okt. Di–Sa jeweils um 10, 11, 13, 14, 15 und 16 Uhr (Erw. 2 €, ermäßigt 1 €). Kleinere Gruppen und einzelne Besucher können sich den angemeldeten Gruppen anschließen. Voranmeldung ist ratsam: Tel. 02257/301-101 (Mo–Fr vormittags). www.mpifr-bonn.mpg.de
Der **Astropeiler** ist jeweils sonntags ist von 14–18 Uhr geöffnet (Mai–Okt.). Eintritt: 5 €, ermäßigt 2,50 €. www.astropeiler.de

Bergbaumuseum Mechernich

Es ist immer konstant 8 bis 10 Grad kühl hier unten, und eine wärmende Jacke ist ebenso ratsam wie festes Schuhwerk. Denn es geht über drei steile Treppen abwärts bis auf 40 Meter unter Tage. Das Besucherbergwerk ›Grube Günnersdorf‹ in Mechernich ist ein Erlebnis für Jung und Alt. Die Geschichte Mechernichs ist – wie an vielen anderen Plätzen in der Eifel auch – untrennbar mit der Geschichte des Bergbaus verbunden. Immer schon wurde hier nach Bleierzen geschürft, teilweise waren bis zu 4000 Kumpel im Mechernicher Bleibergbau beschäftigt. Heute ist die Grube in Teilen ein Museum, in dem man spannende Dinge aus der Geschichte der harten Arbeit vor Ort erfahren kann. Die Grube kann nur mit einer Führung besucht werden. Specials: Für Kinder gibt es das Erlebnisprogramm ›Schatzsuche‹. Und: Die Grube fungiert auch als Außenstelle des Standesamts Mechernich – es kann also auch unter Tage geheiratet werden.

🏛 Bergbaumuseum Mechernich

Bleibergstraße 6, 53894 Mechernich, Tel. 02443/48697; Di–Sa 14–16 Uhr, So 11–16 Uhr; Erw. 5,50 €, Jugendliche bis 16 Jahre 4 €. Familienkarte: 13 €. Schutzhelme werden gestellt. www.bergbaumuseum-mechernich.de

Burg Satzvey in Satzvey

Wasserburgen gibt es in der Vordereifel ebenso reichlich wie etwa im Münsterland. Die vielleicht schönste schmückt die kleine Ortschaft Satzvey, die (wie auch Kommern) einst in die Stadt Mechernich eingemeindet wurde.

Die gut 1000 Satzveyer sind ganz schön stolz auf ihr uriges Dorf mit viel Fachwerk und engen Gassen. Vor allem aber sind sie stolz auf ihr wehrhaftes Schmuckstück, die Wasserburg, die seit über 300 Jahren der Wohn- und Stammsitz der Familie der Grafen Beissel von Gymnich ist. Teile des Parkgeländes und der Burg, die ihren heutigen, spätromantischen Look um 1880 erhielt, sind deshalb auch für Besucher nicht zugänglich. Übers Jahr verteilt, von Ostern bis Weih-

Wie aus dem Märchenbuch: Burg Satzvey

nachten, lockt allerlei Spektakel in die Burg und den Burghof – von Hexennacht und Ritterspielen bis hin zu einem Herbst- und Reitermarkt oder einem Gruseldinner. Auch Konzerte, Hochzeiten und private Feste stehen hier auf dem Terminkalender.

Vor allem an Wochenenden hat die Burg für Tagesbesucher einiges zu bieten. Mittelalterliche Lädchen öffnen dann ihre Türen, die Taverne ist grundsätzlich nachmittags geöffnet (außer Montag), und von Mitte Mai bis Ende August wird im mittelalterlichen Hofbiergarten der begehrte Gerstensaft ausgeschenkt. Ebenfalls am Wochenende steht außer bei großen Veranstaltungen stündlich (12–17 Uhr, mind. fünf Interessenten) ein geführter Burgrundgang auf dem Programm.

In der angeblich ersten Blausalzgrotte der Welt können Burgbesucher etwas für die Gesundheit tun. Ein Aufenthalt ›im Salz‹ soll, so die Hauswerbung, u. a. positive Einflüsse auf den Genesungsprozess haben bei Asthma, Allergien, Depressionen, Stress und Migräne. (www.vitalhaus-satzvey.de)

Das Ahrtal ist unter der Erde ziemlich ›verbunkert‹ (→ S. 121). Auch in Satzvey ist ein solcher ›Tiefbau‹ vorhanden und sollte einst der Landeszentralbank von Nordrhein-Westfalen für den Fall der bösen Fälle als Ausweichquartier dienen. Heute ist an diesem geheimnisvollen Ort 20 Meter unter der Oberfläche eine **Kunstgalerie** eingerichtet.

■ **Bruder-Klaus-Kapelle in Mechernich-Wachendorf**

Einen Abstecher wert und nicht allzu weit von Burg Satzvey entfernt ist die Bruder-Klaus-Feldkapelle im kleinen Voreifel-Flecken Wachendorf, der zur Gemeinde Mechernich gehört. Die dem heiligen Nikolaus von Flüe – genannt Bruder Klaus – gewidmete Feldkapelle ist ein privat ge-

stifteter und erbauter Ort der Stille, der Meditation und des Gebetes. Das futuristische Bauwerk aus Beton, das vor dem Hintergrund der umliegenden Felder wie vom Himmel gefallen scheint, kommt ohne Fenster aus, ist nach oben hin offen und nur durch eine massive Stahltür zugänglich. Gebaut hat diese meistfotografierte Kapelle der Eifel der renommierte Schweizer Architekt Peter Zumthor. Im Sommer ist sie von 10 bis 17 Uhr geöffnet, während der Winterzeit von 10 bis 16 Uhr. Montags bleibt sie geschlossen – außer an Ostern, Pfingsten und Weihnachten. Der Eintritt ist frei. Die Kapelle ist nur zu Fuß erreichbar – gut 1000 Meter, leicht ansteigend. Die Autos bleiben auf einen Parkplatz am Ortsrand. Für gehbehinderte Menschen gibt es eine eigene Zufahrt über den Rixdorfer Weg.

ℹ️ **Satzvey**
Burg Satzvey, An der Burg 3, 53894 Mechernich-Satzvey, Tel. 02256/95830; Burgrundgang (geführt): Erw. 5 €, Kinder (4–12) 2 €.
Übernachtungen in Satzvey: Auf der Burg sowie in deren Gutshof stehen Gästen insgesamt drei 3 Suiten und 6 Doppelzimmer zur Verfügung. Buchungen unter Tel. 0172/4697969. www.burgsatzvey.de

🏛️ **Kunstbunker**, So 10–13 Uhr und nach Vereinbarung mit dem Initiator Uwe Rhiem, Tel. 02251/929203. www.buntbunkerwelt.de

Freilichtmuseum in Kommern

Wie haben unsere Vorfahren gelebt? Um eine Antwort zu finden, macht sich der Eifelgast auf zu einer spannenden Reise in die Vergangenheit – im Freilichtmuseum Kommern des Landschaftsverbandes Rheinlands (LVR). Die letzten 500 Jahre rheinischer Alltagsgeschichte werden auf dem Gelände, das so groß ist wie

Karte S. 86

Die ungewöhnliche Bruder-Klaus-Kapelle

gut 130 Fußballfelder, wieder lebendig. Zu sehen sind über 70 ländliche Originalbauten – Bauernhäuser, Stallungen, Windmühlen, eine wasserbetriebene Sägemühle, eine Dorfschule, ein Gemeindebackhaus u. v. m. Alle Bauten stammen aus dem Gebiet der ehemaligen Preußischen Rheinprovinz und wurden in der Vordereifel im Urzustand wieder aufgebaut und detailgetreu eingerichtet. Auch das natürliche Umfeld (Bauerngärten, Obstwiesen, Weideflächen) passt zu den Wohn- und Arbeitsverhältnissen der Landbevölkerung in früherer Zeit.

Das Freilichtmuseum hält ein breites und zum Teil interaktives Angebot für Jung und Alt bereit. So laufen jede Menge Tiere durchs Gelände, darunter das Deutsche Weideschwein und das Glan-Donnersberger Rind. Die beiden uralten Rassen galten als ausgestorben, konnten aber in Kommern rückgezüchtet werden. An unterschiedlichen Wochentagen ist zudem vor Ort ›Gespielte Geschichte‹ angesagt, wenn etwa die Ordensschwester sich um die Schulerziehung armer Kinder kümmert, der Schmied den Amboss

schlägt und die Mausefallen-Hausiererin auf gute Geschäfte hofft.

Beliebt ist die Dauerausstellung ›Wir Rheinländer‹ sowie der ›Marktplatz Rheinland‹: Hier werden bei den meisten Besuchern Erinnerungen wach an die ›gute alte Zeit‹ – an den VW-Käfer, das Quelle-Fertighaus, die Hollywoodschaukel auf der Terrasse, an die alte Kneipe in unserer Straße, die einst Peter Alexander so treffend besungen hat. Einziges Zugeständnis an die Jetzt-Zeit ist, dass heute im Gasthaus, das ›in echt‹ einst in Eschweiler über Feld stand, nicht (mehr) geraucht werden darf...

 Freilichtmuseum Kommern

Eickser Straße, 53894 Mechernich, Tel. 02443/99800; April–Okt. tgl. 9–19 Uhr, Nov.–März 10–17 Uhr. Eintritt 7.50 €, es gibt diverse Ermäßigungen, für Kinder und Jugendliche unter 18 Jahren ist der Eintritt frei. Parkgebühr 2.50 €. Das ganze Jahr über laufen saisonale Sonderveranstaltungen. www.kommern.lvr.de

Hotel Eifeltor, Zur Sommerrodelbahn, 53894 Mechernich-Kommern, Tel. 02443/ 981351; das 3-Sterne-Haus bietet durch ein Törchen einen direkten Zugang zum Museum; es gibt auch eine Kombikarte für Museum und Rodelbahn. www.erlebniswelt-eifeltor.de

Komm' In Hotel (garni), Kölner Straße 108, 53894 Mechernich-Kommern, Tel. 02443/9032999. www.kommin-hotel.de

Euskirchen

Euskirchen (56 000 Einwohner) im Süden von NRW ist das Einkaufs- und Versorgungszentrum der nördlichen Eifel. Die flache Region ist ideal geeignet für Radtouren aller Art. Euskirchen liegt an der Wasserburgenroute sowie am Erftradweg. Alle Ziele in der Nordeifel sind von hier aus gut erreichbar. Über die A 1 ist man zudem schnell in Köln. Auch das bekannte Phantasialand in Brühl liegt vor der Haustür (s. dort). Für Touristen sind zwei Ziele in Euskirchen besonders interessant. Zum einen die **Thermen- und Badewelt:** Unter einem gigantischen Cabriodach, das sich öffnen lässt, ist zwischen über 500 echten Palmen Wasserspaß aller Art angesagt. Mehrere Dampfbäder und Saunen vervollständigen das Angebot. Regelmäßig stehen Veranstaltungen auf dem Programm, zum Beispiel brasi-

lianische Nächte. Die Eifeltherme ist die größte ihrer Art im Westen Deutschlands. Ein weiteres Kleinod im Stadtteil Kuchenheim ist die noch bis Anfang der 1960er-Jahre arbeitende **Tuchfabrik Müller.** Das Industrieschätzchen ist heute Teil des dezentralen LVR-Industriemuseums. Die Fabrik ist vollständig und funktionsfähig erhalten und zeigt u. a. an Maschinen aus dem frühen 20. Jahrhundert, wie Tuch früher verarbeitet wurde.

 Euskirchen

www.euskirchen.de

Ameron Parkhotel, Alleestraße 1, 53879 Euskirchen, Tel. 02251/7750. Modernes und schickes 4-Sterne-Hotel; DZ ab 90 € www.ameronhotels.com/de/parkhotel-euskirchen

🏛

Museum Tuchfabrik Müller, Carl-Koenen-Straße, 53881 Euskirchen, Di–Fr 10–17

Uhr; Sa und So 11–18 Uhr. Der Eintritt ist nur mit einer Führung möglich. Eintritt 7 €, Kinder und Jugendliche bis 18 Jahre frei. www.industriemuseum.lvr.de

Thermen und Badewelt Euskirchen, Thermenallee 1, 53879 Euskirchen; tgl. meist 10–22 Uhr, länger am Wochenende. ab 15 € (1,5 Std.) bzw. 29 € (Tageskarte); Saunawelt 6 € zusätzlich; zahlreiche Sonder- Familien- und Kombitarife. www.badewelt-euskirchen.de

Römerstadt Zülpich

Die römische Kleinstadt *Tolbiacum*, das heutige Zülpich, zeichnete sich zur damaligen Zeit durch ihre besondere Lage am Schnitt- und Kreuzungspunkt bedeutender Reichsstraßen aus. Wenig überraschend ließen sich hier römische Siedler nieder und bauten Landhäuser. Und da die Römer sehr saubere Zeitgenossen waren, wurde hier ab dem 2. Jahrhundert eine große Thermenanlage gebaut und mehrfach erweitert. Auch wurde die Ansiedlung infolge mehrerer germanischer Überfälle mit einem Mauerring und Stadttoren befestigt, die heute noch zum Teil erhalten bzw. restauriert sind. Mit den Jahrhunderten geriet der ›große römische Waschsalon‹ von *Tolbiacum* in Vergessenheit, wurde verschüttet und von der Natur überwuchert. Mehr oder weniger zufällig wurde dann um 1920

herum die besterhaltene (größte) Thermenanlage ihrer Art nördlich der Alpen unter einem Friedhof wiederentdeckt, ausgegraben und für die Nachwelt dokumentiert.

Zülpich aktuell präsentiert sich als beschauliches Provinzstädtchen und besteht aus stolzen 25 Ortschaften und Stadtteilen, von denen die meisten auf ›ich‹ enden – von B wie Bessenich bis W wie Wichterich.

Touristisches Highlight mit Alleinstellung ist die **Römertherme** mit dem (seit 2008) angeschlossenen **Museum für Badekultur.** Erzählt wird in Texten und Exponaten die Geschichte der Badekultur – vom Mittelalter bis in die frühe Neuzeit. Dieses Museum ist ziemlich einzigartig in Deutschland und eine ›saubere Sache‹. Einzig die Bademode kommt ein wenig zu kurz.

Karte S. 86

Zülpich war zudem 2014 Gastgeber der ziemlich erfolgreichen Landesgartenschau NRW, die der Stadt einen Park am See hinterlassen hat – eine Pause im Grünen lohnt sich.

ℹ Zülpich

Im Rathaus (Markt 21) gibt es eine **touristische Informationsstelle**, die an nicht allzu gastfreundlichen Zeiten geöffnet hat: Mo–Fr 8.30–12.30 Uhr; Do 14–17.30 Uhr; Tel. 02252/52212. www.zuelpich.de

🏛

Römerthermen, **Museum für Badekultur**, Andreas-Broicher-Platz 1, Tel. 02252/83806-0; Di–Fr 10–17 Uhr, Sa, So, Fei 11–18 Uhr. Eintritt Erw. 4 € – Kinder und Jugendliche bis 18 Jahre frei. Regelmäßig werden verschiedenste Veranstaltungen durchgeführt, zudem gibt es an jedem ersten Sonntag im Monat um 15 Uhr eine kostenlose Führung. www.roemerthermen-zuelpich.de

Vor den Eifeltoren – das Phantasialand

Als Spaß- und Freizeitpark ist er in Deutschland nach dem Europa-Park im Süden die eindeutige Nr. 2 – das Phantasialand in der Schlösserstadt Brühl bei Bonn und direkt vor den ersten Hügeln der Eifel. Rund zwei Millionen Besucher vergnügen sich pro Jahr in den sechs Themenbereichen des Parks, der in einer ehemaligen Braunkohle-Tagebaugrube seit 1967 für ein rasantes Feuerwerk aus Spaß und Action sorgt. Achterbahnen, Fahrgeschäfte, Shows und sonstige Attraktionen dominieren das Phantasialand, das flächenmäßig eher klein und knuffig ist und relativ häufig alte Attraktionen durch neue ersetzt bzw. ersetzen muss. Pläne, das Gelände zu vergrößern, liegen fertig in der Schublade, scheitern aber seit Jahren an der Politik. Ein Parkbesuch lässt sich ideal mit einer Eifelreise

Reste der Römertherme im Museum für Badekultur

verbinden, zumal auch zwei (allerdings teure) Themenhotels – ›Matamba‹ für eine afrikanische (Kunst-)Welt und ›Ling Bao‹ für China und Fernost – geöffnet haben und auch losgelöst vom Spaßpark gebucht werden können. Geöffnet hat der Park in der Regel von Ende März bis Anfang November. Für kurze Zeit öffnet er auch in der kalten und dunklen Jahreszeit – mit einem speziellen Winterprogramm. Die Eintrittspreise beginnen ab 35 Euro für die Tageskarte (Berggeiststraße 31–41, 50321 Brühl, Tel. 02232/36600, www.phantasialand.de)

Im Phantasialand Brühl

Im Osten der Eifel ist er angesagt – der Tanz auf dem Vulkan. Besonders heiß getanzt wird er in Mendig. Auch die Hochfläche von Münstermaifeld und Burg Eltz sind lohnende Ziele. Das gilt auch für die Ahr mit ihren Weinorten und –bergen. Ebenso ist der alte Regierungsbunker einen Besuch wert.

Weites Land im Osteifeler Maifeld

OSTEIFEL UND AHREIFEL

Die Osteifel

Die nach Osten gerichtete (unsichtbare) Grenze der Eifel ist schwierig zu ziehen. Allgemein gilt die Autobahn A 61 (E 31) als vom Menschen künstlich gezogene Asphaltbegrenzung des Eifeler Landes. Alles, was westlich der Trasse liegt, gehört zum östlichen Ausläufer des Mittelgebirges; die östliche Fortsetzung liegt dann schon im Rheinland (Andernach zum Beispiel). Es gibt aber auch Meinungen, die den wenige Kilometer entfernten Rhein als Grenze sehen. Wir haben uns mit der Ausnahme von Maria Laach und dem Laacher See für die Autobahngrenze entschieden.

Die Osteifel ist eine der vulkanischen Höhepunkte der Eifel, über ihre geologische Vergangenheit wird in in entsprechenden Museen auf vielfältige und spannende Weise informiert. Etwa in Mendig oder in Mayen, wo man auch unter Tage die Eifel-Welt erkunden kann. Dagegen präsentiert sich Münstermaifeld auf seiner Hochebene immer im frühen Frühling als gelber Rapsteppich. Eine der imposantesten Burgen Deutschlands hat hier ihren Standort – Burg Eltz. Maria Laach hat als Kloster und Rückzugsort eine große Bedeutung und der nahe Laacher See ist ein Überbleibsel einer der letzten großen Eruptionen in der Region: verdammt lang her zwar, aber an einigen Stellen im See ›brubbelt‹ es noch immer.

Rund um Maria Laach

Von den vielen Toren (oder Anfängen) der Eifel ist das von Maria Laach das wohl bekannteste. Denn die romanische Benediktinerabtei mit ihren auffallenden sechs Türmen ist eines der berühmtesten Bauwerke der gesamten Eifel. Und der Laacher See, den viele fälschlich für ein Maar halten, ist der größte See in Rheinland-Pfalz. Zudem bieten sich den Besuchern rund um die Abtei viele Gelegenheiten, ihre Euros auszugeben. Der Reihe nach: Das Kloster, eine hochmittelalterliche Anlage von 1093 (gestiftet von Pfalzgraf Heinrich II von Laach), ist Heimstätte für rund 40 Mönche, die hier nach den Grundsatz *ora et labora* (bete und arbeite) leben. Die Basilika ist für Besucher offen (außer zu Gottesdiensten und Gebetszeiten), im Klosterforum

Karte S. 99

▲ *Kloster Maria Laach*

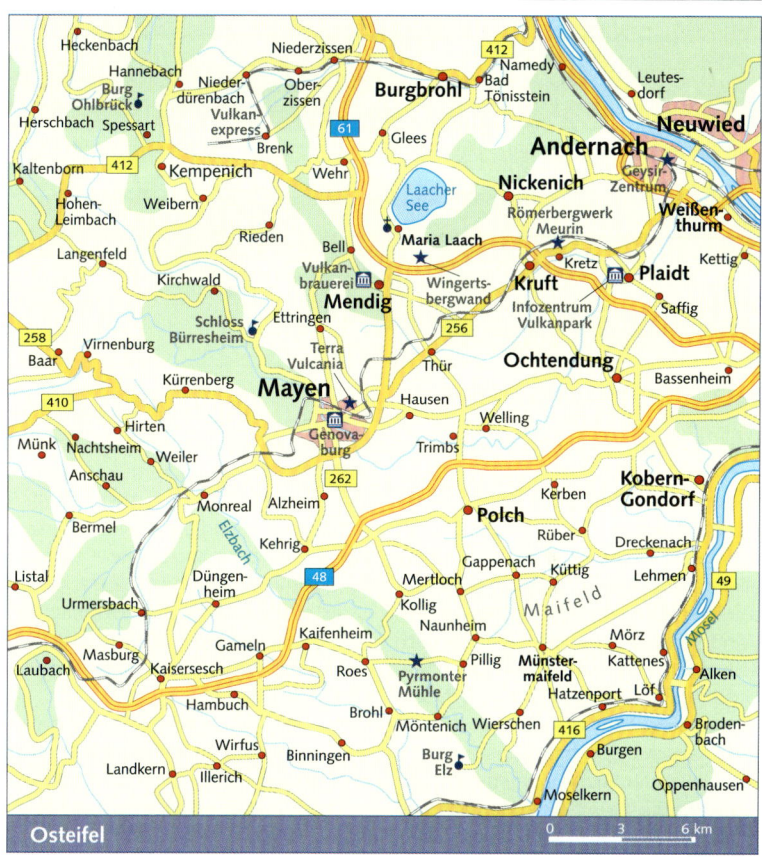

Osteifel

stehen Mönche auch für Informationen zur Verfügung (Eintritt frei). Sie erzählen gerne die Geschichte von Konrad Adenauer, der sich 1933 in Laach erfolgreich vor den Nazis versteckte.

Geld verdient die Abtei u. a. durch eine große Klostergärtnerei, durch Fischerei, eine Buch- und Kunsthandlung, eine Bildhauerei, eine Klostergaststätte und durch das Klostergut und den Hofladen. Man kann im Gastflügel des Klosters übernachten (Auskunft an der Klosterpforte und unter Tel. 02652/590) oder im benachbarten Seehotel Maria Laach absteigen.

■ **Der Laacher See und das Seetal**
Zum Besitztum der Abtei gehört der Laacher See, zusammen mit der Umgebung bildet er das größte Naturschutzgebiet in Rheinland-Pfalz. Er ist mit 3,3 Quadratkilometern ausgewiesen und bringt es auf eine Wassertiefe von rund 50 Metern. In einem 10-Kilometer-Radius um den See erstreckt sich das junge Vulkangebiet der Osteifel. Der See ist die ›nasse Hinterlassenschaft‹ des letzten großen Ausbruchs des Laacher Vulkans vor etwa 13 000 Jahren. Die Eruptionen damals müssen so heftig gewesen sein, dass sie die großen Ausbrüche des Pina-

Der Vulkan-Express unter Dampf

tubo auf den Philippinen (1991) oder des Mount St. Helens (1980) im US-Bundesstaat Washington um ein Mehrfaches übertrafen. Es regnete, so ist es überliefert, tagelang Bims und Asche – allein die Säule aus Magma und Asche soll über 30 Meter hoch gewesen sein. Winde trieben die Vulkanasche bis nach Schweden und Norditalien. Über 500 Grad heiße Glutlawinen zerstörten in den umliegenden Tälern alles Leben. Viele tausend Quadratkilometer waren mit hellgrauer Asche überstreut – der Rhein wurde zwischen Andernach und Koblenz durch eine sich bildende Mauer aus Vulkangestein unnatürlich aufgestaut und brach sich später in riesigen Flutwellen, die bis zum Niederrhein reichten, seinen Weg.

Und heute? Wissenschaftler sind sich sicher, dass es tief unter der Laacher Wasserfläche weiterhin feurig zur Sache geht und ein neuer Ausbruch zumindest nicht völlig unwahrscheinlich ist. Wer den See auf dem Ufer- (8,6 km) oder dem Höhenrundweg umwandert (14 km), kann vor allem am Ostufer live miterleben, wie es an einigen Stellen immer wieder wie in einem riesigen Whirlpool brodelt und blubbert, was auf vulkanische Ausgasungen (Kohlendioxid) zurückzuführen ist.

Der Laacher See, der gerne als das größte Eifelmaar gefeiert wird (s. Vulkaneifel), ist streng wissenschaftlich gesehen gar kein Maar und auch kein Kratersee, sondern eine wassergefüllte Caldera – ein Einbruchkrater also. In dieser Größe ist er einzigartig in Mitteleuropa. Gespeist wird der See fast ausschließlich von Grundwasser, er hat keinen wirklichen Zu- oder Abfluss.

Einmal im Jahr, meist Ende Juli, startet am Laacher See die sogenannte ›Nacht der Vulkane‹ – eine Kultur- und Erlebniswoche mit allerlei feurigem Spektakel. (www.nacht-der-vulkane.de)

■ **Brohltalbahn (Vulkanexpress)**
Mit Tempo 20 zuckelt der Vulkan-Express auf schmalen Schienen 18 km lang vom Rhein in die Eifel. Die Brohltalbahn startet in Brohl-Lützing, windet sich durch das enge Tal, überquert mit Pfiff und Rauchfahne Steinbrücken, durchschnauft bei Burgbrohl einen fast 100 Meter langen Tunnel, um schließlich auf die Hochfläche der Osteifel bei Kempenich zu gelangen.

Die Züge (Diesel- und Dampfloks) überwinden dabei nicht nur einen Höhenunterschied von rund 400 Metern, sondern bedienen auch neun Bahnhöfe und

◀ Karte S. 99

Stationen im romantischen Brohltal. Als Ausgangspunkt für Wanderungen durch den Vulkanpark Brohltal/Laacher See und zur Entdeckung der teils ursprünglichen Dörfer inmitten einer intakten Mittelgebirgslandschaft bieten alle Bahnhöfe einen spannenden Einstieg. In der Saison (Mai–Oktober) fahren die Züge täglich (teilweise sogar mehrfach), in den übrigen Monaten gibt es Sonderfahrten. Es gibt auch einen luftigen ›Oben-ohne-Wagen‹ für Fotofreunde und beste Aussichten.

Die Kernfahrzeit liegt von Ende April/Mai bis Oktober, vereinzelt finden auch Fahrten an Winterwochenenden statt.

■ Burgbrohl

Auch in Brohltal, das touristisch zur Ferienregion Laacher See gehört, hält der Vulkan-Express. Im Städtchen sollte man die **Kaiserhalle** besuchen, eine der ersten freitragenden Kuppelhallen aus Trassbeton in Deutschland. Sehenswert ist auch die imposante **Bildsäule Josefskreuz**, die wie das gegenüberliegende Gasthaus ›Zur Krone‹ aus dem 18. Jahrhundert stammt.

Das Schloss, das eher wie eine Burg aussieht, wurde 1093 das erste Mal erwähnt, und zwar durch den Pfalzgrafen Heinrich II., Heute beherbergt es ein Hotel (s. u.).

■ Burg Olbrück

Ein besonderes Erlebnis ist der Besuch der Burg Olbrück, auf der man an zehn Erzählstationen in einem Hörspiel die Geschichte der Burg und der umliegenden Vulkanlandschaft erlebt. Mittelalter zum Anfassen, wenn man so will. 142 Stufen geht's zudem hinauf auf den Bergfried – ein weiter Blick, bei gutem Wetter bis nach Köln, tut sich auf. Man kann die Burg von der Endstation der Brohltalbahn bequem zu Fuß erreichen.

■ Wandertipp: Eifelleiter

Auf dem Premiumwanderweg ›Eifelleiter‹ erläuft man sich sozusagen von Sprosse zu Sprosse die Region vom Rheinland bis zur Hocheifel. Der Weg ist insgesamt rund 53 Kilometer lang und kann gut in drei Tagesetappen abgewandert werden. Start ist in Bad Breisig am Rhein und führt durch das Brohltal. Zielort ist Adenau an der Hohen Acht. Es gibt für diesen Wanderweg auch Pauschalangebote ›Wandern ohne Gepäck‹. (www.eifelleiter.de)

■ Wandertipp: Vulkan-Wandern bei Burgbrohl

Noch ziemlich neu ist der Vulkan- und Panoramaweg bei Burgbrohl. Der Weg ist so konzipiert, dass sich die An- und Abreise für Wanderer mit dem historischen Vulkan-Express anbietet. Der Panoramaweg selbst ist als 15 Kilometer langer Rundkurs angelegt und führt auf den Teufelsknochen oberhalb der Bahnlinie und über die Eifelhöhen bei Oberlützingen

Wanderwege rund um Maria Laach

Osteifel und Ahreifel

Das Seehotel Maria Laach

zum Vulkan Herchenberg. Zurück geht es entlang des Schlosses Burgbrohl. Auf der Tour erwarten Wanderer Fernsichten bis über den Rhein zum Siebengebirge.

■ **Wandertipp: Tuffsteinweg**
Was Sie schon immer über Tuff wissen wollten – auf dieser Wanderung können Sie sich viel Wissen erlaufen: Der als Rundkurs angelegte Geopfad Tuffsteinweg dauert etwa fünf Stunden (17,7 km), führt u. a. durch Steinbrüche und bietet immer wieder schöne Ausblicke in die Osteifel.

▐ **Rund um Maria Laach**
Benediktinerabtei Maria Laach, 56653 Maria Laach, Tel. 02652/59-0. Von der Autobahn A 61 geht's an der Abfahrt Mendig/Maria Laach raus – nach 2 Kilometern ist man Ziel. Die Parkgebühr beträgt 2 € (Nähe Hofladen). Fototipp: Den besten ›Schuss‹ auf die Basilika hat man Lydia-Turm auf dem Veitskopf bei Wassenach (ist ausgeschildert). www.maria-laach.de
Touristeninformationrmation Brohltal, im Rathaus, Kapellenstraße 12, 56651 Niederzissen, Tel. 02636/19433; Mo–Fr 8.30–17 Uhr, im Winter 9–15.30, Sa, So geschl. Es gibt ein Außen-Infoterminal, an dem man sich 24 Stunden über das touristische An-

■ **Weibern**
Weibern, umgeben von viel Wald und mächtigen Tuffsteinbrüchen, liegt zwischen der Hocheifel und dem Laacher See – und ist touristisch eine Stippvisite wert. Im Ortskern fallen die vielen gut gepflegten Tuffsteinbauten auf, was im Tuffsteinzentrum mit dem Weiberner Schaufenster erklärt wird. Am Steinsägehaus verdeutlichen eine Steinsäge und ein Kran die Arbeitsprozesse um den (vulkanischen) Werkstoff Tuff. (www.weibern.de)

■ **Niederzissen**
Niederzissen ist einer der ältesten Orte der Region, wobei der Namensteil ›Zissen‹ aus dem Keltischen stammt und so viel bedeutet wie »rückwärtig«. Was hier konkret heißt: ein abseits des Rheins gelegener Ort. In Niederzissen beginnt die zweite Etappe des Fernwanderweges ›Eifelleiter‹. Auch die Deutsche Vulkanstraße führt vorbei. Schön zum Wandern ist der örtliche Bausenberg (340 m), ein von Wald bedeckter Schlackenkegel (Lavastrom,) der wegen seiner Form auch ›Hufeisenkrater‹ genannt wird. Er steht seit 1981 unter Naturschutz, da hier viele seltene Pflanzen und Tiere leben. Der Rundkurs ist knapp acht Kilometer lang.

gebot informieren kann. Eine **Außenstelle der Touristeninformation** Brohltal liegt neben dem Hofladen des Klosters. Mo–So 10–17, im Winter bis 16 Uhr, Jan./Febr. geschlossen. Es werden diverse Pauschalen, geführte Wanderungen und jede Menge Kulturveranstaltungen angeboten. www.vulkanregion-laacher-see.de

▐
Brohltal-Bahn, Tel. 02636/80303 (Mo–Fr 8–13 Uhr). Die Preise für die Fahrten starten bei 2 € und können bis zu 13 € für eine einfache Fahrt steigen (zzgl. Dampflokzuschlag). Die Preise hängen von der Länge der Fahrt ab. Familienkarten und Tickets

▲ Karte S. 99

für Hin- und Rückfahrt gibt es umgerechnet günstiger. www.brohltalbahn.de

Seehotel Maria Laach, Am Laacher See, 56653 Maria Laach, Tel. 02652/5840. Das Hotel legt Wert auf die Feststellung, kein Klosterhotel zu sein, sondern mit Blick auf das Kloster 4-Sterne-Annehmlichkeiten zu bieten.
www.seehotel-maria-laach.de

Schloss Burgbrohl , Auf der Burg 1, 56659 Burgbrohl, Tel. 02636/800140. Wellness- und Tagungshotel mit vier Sternen. Chic: Auf der Burgterrasse einen ›Apero‹ genießen! www.schloss-burgbrohl.de

Bootsverleih am Laacher See, Tret- und Ruderboote; die Station befindet sich am Uferrundweg, circa 5 Minuten Fuß-

weg vom Besucherparkplatz; 1. April–30. Sept. in der Regel 9–18 Uhr (witterungsabhängig), Kontakt: Tel. 02652/59353; 1/2 Stunde für 1–2 Personen: 6 €, jede weitere Person: 1 €.

Burg Olbrück, Tel. 02636/19433 April–Okt., Di–So 11–18 Uhr, der normale Eintritt liegt bei 3,50 €. www.burg-olbrueck.de

Freizeitbad Brohltal, Hommersbergstraße 95, 56745 Weibern. Beheiztes Freibad mit Rutsche und Durchströmungskanal und mehreren Becken. Außerhalb der Sommerferien (Mai–September) Mo–Fr 13–19 Uhr, Sa, So, Fei 9–19 Uhr, während der Sommerferien in Rheinland-Pfalz und NRW: Mo–Fr 10–20 Uhr, Sa, So, Fei von 9–19 Uhr. Erw. 4 €, Jugendliche 2,50 €.

Mendig

Würde Mendig (rund 8500 Einwohner) nicht in Rheinland-Pfalz und im Laacher Vulkanland der östlichen Eifel liegen, könnte man die Stadt irgendwo in der Schweiz vermuten. Zumindest von ihrem Untergrund her. Denn da ist sie zerlöchert wie der berühmte Emmentaler. Grund für die ›Untertunnelung‹ ist der Basalt- und Lavaabbau, der in der Region auch heute noch Arbeitsplätze sichert. Insgesamt weist die Stadt im insgesamt größten Basaltwerk der Welt unter Tage Keller von der Größe von 360 Fußballplätzen auf. Entsprechend ist die Stadt, die nur schnelle fünf Kilometer vom Laacher See entfernt liegt, ganz groß in Sachen Vulkanismus (→ S. 15). Die Mendiger Innenstadt mit ihrer typischen Basaltarchitektur lohnt eine Stippvisite. Zudem können viele Lavakeller besichtigt werden, zum Beispiel bei der **Vulkanbrauerei**, die sich rühmt, den tiefsten Bierkeller der Welt (153 Stufen, 30 m tief) zu nutzen.

Sehenswert ist auch die katholische **Pfarrkirche St. Cyriakus** im Stadtteil Niedermendig als dreischiffige Pfeilerbasilika aus dem 12. Jahrhundert mit großer, neogotischer Hallenkirche. Geweiht ist die Kirche dem heiligen Cyriakus und der heiligen Barbara – beide haben einen direkten Bezug zum Leben und zur Arbeit der Kumpel vor Ort. Cyriakus ist als ei-

Führung durch den Lavakeller der Vulkanbrauerei

Osteifel und Ahreifel

ner der 14 Nothelfer Patron gegen Versuchung und Besessenheit sowie Patron der Schwerstarbeiter. Barbara ist Patronin der Bergleute. Die Steinhauer in Mendig verehren beide besonders hingebungsvoll. In jüngster Zeit war die kleine Osteifel-Gemeinde auch für kurze Zeit ein Mekka der Musik- und Rockfans gewesen. Das legendäre Musikfestival **Rock am Ring**, das bis 2014 mit internationaler Starbesetzung an der Rennstrecke an der Nürburg über die Bühnen ging, zog nach diversen Vertragsquerelen um ins gut 30 Kilometer entfernte Mendig – auf einen ehemaligen Bundeswehrflugplatz. 2015 und 2016 ging hier die musikalische Post ab. Seit 2017 ist Deutschlands Rockfestival Nr. 1 wieder zu Gast am Ring.

■ **Wingertsbergwand**

Die eindrucksvolle, bis zu 40 Meter hohe und mehrere hundert Meter lange Bims- und Tuff-Wand aus Tephra-Ablagerungen ist das Überbleibsel einer Eruption des Laacher-See-Vulkans. Am besten folgt man den braunen Hinweisschildern ab der Straße Laachgraben in Mendig, um zu der Wand zu gelangen. Der Besuch lässt sich auch gut mit einer Tour durch den Lava-Dome im ›Vulkan-Park‹ (→ S. 15) kombinieren.

▲ *Das Lava-Dome-Museum in Mendig*

Karte S. 99

■ **Museumslay**

Das Freilichtmuseum informiert über die Arbeit der Grubenarbeiter, die hier einst Basaltlava abgebaut haben. Ausstellungsstücke sind etwa eine nachgebaute Schmiede und ein Grubenkran. Die Ausstellung befindet sich neben dem Lava-Dome-Museum. Wer dort an einer Führung durch den Lavakeller teilnimmt, wird auch durch das Freilichtmuseum geführt. Man kann die Museumslay aber auch solo besichtigen.

🛏 **Mending**

Hotel/Restaurant Felsenkeller (3 Sterne), Bahnstraße 35, 56743 Mendig, Tel. 02652/97060. DZ ab 85 €. Restaurant www.hotel-felsenkeller.de

🏛

Alle Informationen zum **Deutschen Vulkanmuseum Mendig** auf → S. 15. www.lava-dome.de

Mayen

Das Stadtbild von Mayen wird beherrscht durch die Genovaburg, die um 1280 erbaut wurde und auf einer Felskuppe oberhalb des Marktplatzes steht. Sie beherbergt das Eifelmuseum und das Deutsche Schieferbergwerk.

Logisch – im **Eifelmuseum** geht es um die Geschichte der Eifel, das **Deutsche Schieferbergwerk** befindet sich dagegen unter der Burg. Vom Turm geht's 15 Meter hinab in den Felsen des Burgberges. Auf diesem Schieferfelsen breitet sich letztendlich die gesamte Eifel aus. Mit Helm und Jacke ausgerüstet können die Besucher dort die Welt des Schiefers und seines Abbaus entdecken.

Das dritte große Museum der Stadt ist das **Vulkanpark-Erlebniszentrum Terra Vulcania**, nähere Informationen dazu stehen unter ›Vulkanpark‹ auf → S. 15. Die **Burgfestspiele Mayen** sind mittlerweile längst über die Grenzen der Eifel

Kunst am Fels: die Ettringer Lay

hinaus bekannt. Sie stehen immer von Mai bis August auf dem Spielplan und bieten ein vielfältiges Programm. Pate der Spiele ist Mario Adorf, der in Mayen seine Kindheit und Jugend verbrachte und Ehrenbürger der Stadt ist.

Neben der Burg hat Mayen ein zweites Wahrzeichen, den schiefen **Kirchturm von St. Clemens**. Warum der nicht gerade ist? Die verdrehte Spitze mit dem goldenen Kreuz sei Teufels Werk gewesen, heißt es in der Legende.

Ein Spaß-Tipp für die ganze Familie ist der Tolli Erlebnispark. Der Freizeitpark für Familien mit Kindern ist 30 000 Quadratmeter groß, es gibt einen Indoor- und einen Outdoor-Bereich, einen Streichelzoo und ein Showprogramm.

■ Rollstuhlwanderweg

Im Mayener Stadtwald gibt es einen speziellen Rundwanderweg durch das Geheu bei Kürrenberg – er ist durch seinen Ausbau besonders für Menschen geeignet, die sich mit Rollstuhl oder Rollator fortbewegen. Auch Mütter oder Väter mit Kinderwagen finden hier ein passendes Geläuf. Der Rundkurs hat knapp drei Kilometer mit leichten Steigungen, ist aber für Eifelverhältnisse ziemlich eben.

■ Ettringer Lay und die Ahl

Früher wurde hier Basaltlava abgebaut, woran noch mehrere altmodische Grubenkräne am Rand des Abgrunds erinnern. Heute ist das alte Steinbruchrevier in der Ettringer Lay zwischen Mayen und Mendig, das sich die Natur ›zurückerwuchert‹ hat, ein beliebtes Ziel für Freizeit- und Profikletterer.

Die Ettringer Lay gehört zum Vulkanpark Eifel (→ S.15) und ist eine Station des nationalen Geoparks Laacher See. Ein 6,6 km kurzer Rundwanderweg ›Vulkanpfad‹ bietet eine lohnenswerte Zeitreise in die Geschichte der Region. (www.traumpfade.info)

Auf diversen Straßenschildern der Region wird eine zweite ›Wand‹ angepriesen, die auf den hübschen Namen ›Die Ahl‹ getauft ist. Sie vist außerhalb von St. Johann (Mayen) etwas schwierig zu finden und lohnt den Besuch nicht. Das Gelände ist zudem abgesperrt.

■ Schloss Bürresheim

Nett an einer Flussschleife der Nette und von Wäldern umschlossen, erhebt sich ein wahrer Prachtbau, der im Mittelalter Rittersitz und Wehrbau zugleich war: Schloss Bürresheim. Mit seinem bunten Fachwerk und vielen Türmchen und

Mayen und die Genovaburg

Erkern hat das Haus etwas von einem Märchenschloss. Es war noch bis in die 1920er-Jahre bewohnt, wurde nie zerstört und bietet heute ein prachtvolles Sammelsurium an Mobiliar, Bildern und sonstigen Adelsutensilien aus mehreren Jahrhunderten.

Ursprünglich war Bürresheim eine mittelalterliche Burg mit Bergfried, Geheimgängen, Palas und Amtshaus. Es wurde immer wieder um-, aus- und angebaut, war barocke Wohnburg des rheinischen Adels und diente mehrfach als Kulisse in Film- und TV-Produktionen (u. a. für die Filme ›Rumpelstilzchen‹ in der ARD-Version sowie ›Indiana Jones und der

letzte Kreuzzug‹). Schloss Bürresheim kann nur innerhalb einer (kostenfreien) Führung besichtigt werden, die etwa 90 Minuten dauert und durch 14 Räume führt. Begehrt ist das Schloss als Hochzeitslocation – hier kann standesamtlich geheiratet werden.

Im Schloss finden regelmäßig Kultur- und Theaterveranstaltungen statt. Auf der Homepage stehen die Termine.

Rund um das Schloss kann prima gewandert werden. Dort liegt der Wanderweg ›Förstersteig‹ mit einer Länge von 15,5 km, der zu den Traumpfaden zählt (www.traumpfade.info). Start und Ziel ist in Mayen-Kürrenberg.

ℹ️ Mayen

Touristeninformation, Altes Rathaus am Markt, 56727 Mayen, Tel. 02561/ 03004-07. www.mayenzeit.de www.mayen.de (Sport und Freizeit)

🏛️

Eifelmuseum und Deutsches Schieferbergwerk, Mario-Adorf-Burgweg 1, 56727 Mayen, Tel. 02651/498508
Eintritt in das Eifelmuseum oder ins Deutsche Schieferbergwerk: Erw. 6 €, Kinder und Jugendliche 3,50 €, Ermäßigungen u.a. für Studenten und Senioren, Kombi-Ticket: Erwachsene 9 €, Kinder 5 €, Gruppen günstiger. www.eifelmuseum-mayen.de
Genovaburg, Sa–Do sowie an Feiertagen 10–17 Uhr; in den Ferien von Rhld.-Pfalz und NRW auch Fr geöffnet; geschlossen immer für 4 Wochen von Mitte Januar.
Festspiele: www.burgfestspiele-mayen.de

Schloss Bürresheim, 56727 Mayen (St. Johann), Tel. 02651/76440; 15. März–31. Okt. tgl. 10–18 Uhr; sonst Sa, So, Fei 10–17 Uhr; Dezember und Januar geschlossen. Erw. 5 €, Kinder 3 €, Familienkarte 10 €. www.burgen-rlp.de

✳️

Tolli Erlebnispark, Nikolaus Otto Straße 11, 56727 Mayen, Tel. 02651/494202; in der Regle Di–Fr 14–19 Uhr, Sa, So, Fei 10.30–19 Uhr, in den Ferien abweichend. Eintritt Erw. € 6,90, Kinder ab 2 Jahren € 9,90, Kinder ab 1,10m € 10,90. www.tolli-park.de

🔍

Kletterpark Ettringer Lay, das Klettergebiet liegt an der L 82 und ist ausgeschildert (56729 Ettringen). www.klettern-ettringen.de

Monreal

Unter den vielen schönen Fachwerkdörfern und -städtchen der Eifel gebührt diesem Flecken die Königskrone – Monreal (Königsberg). Idyllisch gelegen im Tal der Elz, bekam das ›Königsberg der Eifel‹ schon 1306 die Markt- und Stadtrechte, nachdem die Grafen von Virneburg zuvor mit dem Bau der Löwenburg begonnen

hatten. In der wechselvollen Geschichte wurde Monreal einige Male fast komplett zerstört – so durch schwedische Söldner während des Dreißigjährigen Krieges und durch französische Truppen des Sonnenkönigs (Ludwig IV.) im Pfälzischen Erbfolgekrieg. Danach blühte der Ort auf, wurde wohlhabend durch das Tuchhandwerk, bevor die Billigprodukte

Karte S. 99

aus Fernost den Markt pulverisierten. Die prächtigen Fachwerkbauten im Ortskern zeugen noch heute von dieser Glanzzeit, die freilich – in anderer Form – wiedergekommen ist. Heute wird Monreal mit seinen Burgruinen gerne als Filmkulisse genommen – die ARD-Krimireihe »Der Bulle und das Landei« (u. a. mit Uwe Ochsenknecht) wurde hier zu einem großen Teil abgedreht. Im Film war das Standesamt die Polizeiwache, und viele Monrealer kamen zu TV-Ehren, erzählt Bäckermeister Wolfgang Brixius, dessen schmuckes Eckhaus ebenfalls mal Drehort war.

■ **Wandertipp**

Der Traumpfad ›Monrealer Ritterschlag‹ führt u. a. an den Ruinen der Löwen- und der Philippsburg entlang und ist vom Bahnhof Monreal über einen Zugangsweg zum Startpunkt am Alten Pfarrhaus bequem erreichbar. Der Weg führt über 13,7 Kilometer meist über Waldpfade und durch tiefe Schluchten. (www.traumpfade.info).

Im hübschen Städtchen Monreal

 Monreal

Es gibt verschiedene Führungen (u.a. Monreal im Mondschein), Tel. 02651/ 492300. www.am-olle.de www.monrealeifel.de

Pension Zum Obertor, Familie Jung, Bahnhofstr. 30, 56729 Monreal, Tel. 02651/6729. Appartments und Ferienwohnungen, auch als DZ buchbar. www.zumobertor-monreal.de.

Brixius-Eck, Grabenstraße 1, Tel. 02651/ 2498. Familiengeführte Bäckerei und Café, die von der Tochter des Hauses, Saskia, meisterlich geleitet wird. Nett sitzt man auch schräg gegenüber im **Café Plüsch**, Obertorstraße 154, Tel. 02651/7050160. www.cafe-pluesch.de **Arenz am Malerwinkel**, Marktplatz 4, Tel. 0175/8035146; Antiquitäten-Scheune Mi, Fr, Sa 14–19 Uhr, So 11–19 Uhr. Ins Glas kommen regionale Weine, gegessen wird Flammkuchen. www.arenz-am-malerwinkel.de **Stellwerk im alten Bahnhof**, Bahnhofstraße 58, Tel. 02651/77767; Mi–Sa ab 18 Uhr, So von 12–14 Uhr und ab 18 Uhr. Auch hier gibt es gute Weine sowie (fleischlastige) regionale Küche. www.stellwerk-monreal.de

Im Mai übers Maifeld

Weite, fruchtbare Felder mit schwerer Erde. Überall hier leuchtet im Frühling kräftig und unübersehbar das ›Eifelgold‹, wie die gelben Rapsfelder auch liebevoll genannt werden, die wie Teppichflecken der Landschaft Farbkleckse geben. Sanft gewellte Hügel. Baumreigen, Hecken, kleine verträumte Dörfer. Und im Hintergrund wachen die Vulkanberge der Osteifel. Das Maifeld ist ein Stück Eifel ganz am Rande, dort, wo das Mittelgebirge in das Tal der Mosel übergeht und auch der mächtige Rheinstrom ganz nah ist.

Osteifel und Ahreifel

Das Maifeld lässt sich bestens an einem Maitag erleben, wenn der Raps in voller Blüte erstrahlt. (www.maifeldurlaub.de) Wir starten unsere kleine Reise über die Hochfläche in Kollig, lassen das Auto in der Stadtmitte stehen und laufen zum Sammetzkopf, einer Anhöhe mit Gipfelkreuz, die für Wanderer auf dem Traumpfad ›Pyrmonter Felsensteig‹ (s. Wandertipp) die Bergwertung darstellt. Von hier oben liegt einem das Maifeld zu Füßen. Der Blick reicht weit bis nach Münstermaifeld und zu den Vulkankegeln.

■ **Pyrmonter Mühle**

Weiter geht's über Mertloch, Naunheim und Pillig zur Pyrmonter Mühle. In Pillig ist ein Wandertag trotz Regenwetters terminiert – die Landfrauen haben extra leckere Erbsensuppe gekocht und warten mit ihrem Stand an der steinernen Brücke über den reißenden Elzbach auf hungrige Kundschaft. Wir gehen ein paar Treppenstufen bergab und stehen vor der fachwerkverkleideten Pyrmonter Mühle. Die wurde um 1350 gebaut und bis 1926 betrieben. Später wurde das denkmalgeschützte Haus zur Sommergastronomie umgewandelt, bis der heutige Besitzer, Freddie Rausch aus Dortmund, die Mühle zu einem Landgasthof umgestaltete, mit großer Terrasse (80 Plätze) und gemütlichem Ambiente (viel Holz!) innen. Als Pächter und Koch stellt sich Hans Jürgen Palenga vor, der eine ehrliche Frischeküche mit vorwiegend regionalen Produkten anbietet. Abends hat er oftmals gar keine Karte, sondern erklärt den Gästen, was er frisch auf Vorrat hat und was der lokale Markt hergab. Wir bleiben über Nacht und schlafen im Zimmer ›Maifeld‹ (mit Wasserfall-Rauschen) bei ansonsten kompletter Ruhe. Das Handy hat Pause – kein Empfang! An der Pyrmonter Mühle beginnt oder endet der Pyrmonter Felsensteig. Man

Blick nach Münstermaifeld

kann von hier auch zur nahen Burg Eltz wandern und dabei über einen der vielen Jakobswege (hier der des Eifelvereins) wandeln. Wer nicht zurück laufen will, kann den Burgen-Bus (Linie 330 der Rhein-Mosel-Verkehrsgesellschaft) nehmen, der auch den Bahnhof in Treis-Karden anfährt (für Bahnreisende ideal). Der Bus nimmt auch Fahrräder mit (zum Beispiel für Radler auf dem Maifeld-Radweg). Verkehrszeiten sind vom 1. Mai bis 31. Oktober an Wochenenden und Feiertagen vier Mal täglich.

Kein unbedingtes Muss ist die Weiterfahrt hoch zur Burg Pyrmont. Touristen und Besuchern gegenüber ist man hier eher reserviert – die privat geführte Burg macht ihr Geld mit Hochzeiten und anderen Events. Wenn man Glück hat, darf man sonn- und feiertags Eintritt bezahlen und kann auf eigene Faust das Gemäuer erkunden. (www.burg-pyrmont.de)

■ **Münstermaifeld**

Weiter geht unsere muntere Maifeld-Tour in die regionale Metropole, hinauf nach Münstermaifeld. Das idyllische Städtchen kündigt sich schon von weitem an – die Türme der Stiftskirche bestimmen leucht-

▲ Karte S. 99

turmartig die Skyline des weiten Landes zwischen Eifel und Mosel. Die Altstadt mit Höfen und Stadthäusern, engen Gassen (Tipp: Herren-Straße) und Resten der mittelalterlichen Stadtmauer hat mehrere schöne Anlaufpunkte.

Da ist das ›Ladenmuseum‹, offiziell **Heimat- und Erlebnismuseum** genannt. 15 verschiedenen Lädchen mit originalgetreuer Einrichtung unter einem Dach – das gibt es nirgends in Deutschland. Wir starten mit Museumsmann Wilhelm Kirchesch eine Zeitreise in die Welt der Ur- und Großeltern. Über 20 000 Alltagsexponate (und fast täglich werden es mehr...) lassen uns auf drei Etagen detailgetreu teilhaben an der guten, alten Zeit auf dem Maifeld im 19. und frühen 20. Jahrhundert. Wir sehen einen Damenhutladen, gehen einkaufen im Kolonialwarengeschäft, nehmen Platz

Das originelle Ladenmuseum in Münstermaifeld

beim Friseur und Schneider – eigentlich fehlt in allen Läden nur das Schild »Bin gleich zurück«, so lebhaft und lebendig wirkt das Ganze. In der Stadt führt uns Herr Kirchesch, ein Sammler vor dem Herrn, noch zu einigen Außenstellen, u. a. in eine frühere jüdische Metzgerei in reinster Jugendstilarchitektur, die unter den Nazis schließen musste, sich heute aber wieder in ihrer ursprünglichen Einrichtung zeigt. Der Museumsmann plant übrigens noch weitere Ladenöffnungen. Nach dem Motto »Eine Ausstellung geht noch« steigen wir in der Alten Propstei in den Gewölbekeller ins **Archäologische Museum**. Die spannend inszenierte Ausstellung über ein hier gefundenes fränkisches Gräberfeld gibt einen tiefen Einblick in die Geschichte des Maifelds. Das Museum befindet sich unter der Touristeninformationrmation – dort geht man zu den Öffnungszeiten der Info hinein (s.u.).

Beim historischen Stadtrundgang entscheiden wir uns für die ›Do-It-Yourself-Methode‹: das kostenlose Faltblatt ›Historischer Stadtrundgang‹ gibt's in der Touristeninformation. Die Alterna-

Die ehemalige Stiftskirche St. Martin und St. Severus

Osteifel und Ahreifel

tive ist eine offene Führung sonn- und feiertags um 15 Uhr von April bis Oktober (Preis: 4 Euro pro Person, Kinder und Jugend 2, 50 Euro). Treffpunkt ist an der Touristeninformation, man muss rund 90 Minuten einplanen.

Wir beenden unser ›Solo in Münstermaifeld‹ an der ehemaligen **Stiftskirche**, die die Einheimischen gerne auch als ›Maifeld-Dom‹ verehren. Die imposanten Türme an der Westseite gehören als Dreiturmgruppe in die vom Aachener Münster begründete Optik. Sie wurden 1225 als ältester Teil der Kirche übernommen und später auf 34 Meter in die Höhe gezogen. An der wuchtig wirkenden Kirche wurde mit immer wieder neuen Unterbrechungen gebaut, was man deutlich erkennt, aber nicht wirklich stört.

Bereits im 6. Jahrhundert war hier ein Missionszentrum mit einer kleinen Kirche, in die im 10. Jahrhundert die Reliquien des Heiligen Severus aus Italien überführt wurden. In der Folge, vor allem mit der Fertigstellung der neuen Kirche war das Münster in Maifeld Ziel vieler Wallfahrten. Heute ist die ehemalige Stifts- die örtliche Pfarrkirche, die gleich

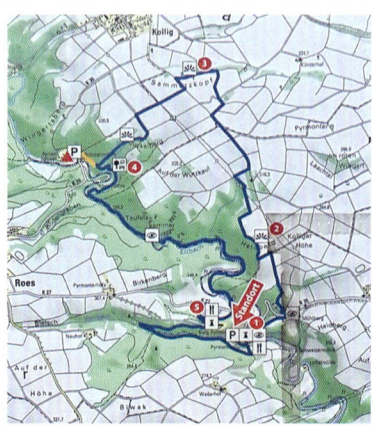
Der Pyrmonter Felsensteig

zwei Heiligen geweiht ist: St. Martin und St. Severus. Im Inneren dominiert ein prächtiger Goldaltar aus der Spätgotik, gefertigt in den Antwerpener Werkstätten. Eine eindrucksvolle Freskenmalerei aus dem 13. Jahrhundert zeigt den Hl. Christopherus – hier schließt sich für uns Reisende das Kapitel ›Maifeld‹ – Christopherus ist bekanntlich der Schutzpatron aller Reisenden!

■ **Mörz**

Ein Abstecher in den Stadtteil Mörz ist eine gute Idee. Das kleine Dörfchen, in dem sich viele Künstler niedergelassen haben, bezaubert mit seinen liebevoll renovierten Höfen, mit zahlreichen Ateliers und Bruchsteinscheunen. Mörz am Maifeld-Rand ist eine echte Augenweide und Landidylle.

■ **Pyrmonter Felsensteig**

Ein schöner Rundkurs über 11,7 Kilometer beginnt und endet bei der Pyrmonter Mühle (s. o.). Zunächst geht es durch den Wald hinauf aufs Maifeld, das besonders im Frühjahr mit leuchtend gelben Rapsfeldern und im Sommer mit wogenden Getreideähren ein

Karte S. 99

▲ *Die Pyrmonter Mühle*

starkes Stück Natur ist. Von der Höhe geht's wieder bergab ins Elzbachtal, das wir von den Wasserfällen an der Mühle schon ein wenig kennen. Nach der Burg Pyrmont führt ein schmaler Pfad vorbei an steil aufragenden Felsen ins Bachtal und zurück zur Mühle. Ausgeschildert ist der Weg als Traumpfad Pyrmonter Felsensteig. (363 Höhenmeter, www.traumpfade.info)

 Maifeld

Touristeninformation, Münsterplatz 6, 56294 Münstermaifeld, Tel. 02605/9615026; Mi, Do, Sa, So und Fei 10–13 und 14–16.30 Uhr; Fr 10–13 Uhr.
www.muenstermaifeld.de
Informationen generell zum Maifeld: www.maifeldurlaub.de

Pilliger Hof, Hauptstraße 13, 56753 Pillig, Tel. 02605/4425. Ordentliche Portionen, gutbürgerliche Küche mit vielen regionalen Produkten, gemütliche Zimmer.
www.pilliger-hof.de
Landhaus Neuhof, Burg Eltz-Straße 23, 56294 Wierschem, Tel. 02605/565. Liebevoll eingerichtete Zimmer, nette Atmosphäre. Direkt am Wanderweg (Traumpfad) ›Eltzer Burgpanorama‹. Mit Café und Bistro.www.landhausneuhof.de
Loeffels Landhaus, Obertorstraße 42, 56294 Münstermaifeld, Tel. 02605/953773. Moderne deutsche Küche mit

Burg Eltz

Sie ist der touristische Leuchtturm der Region, wird von Eifel und Mosel gleichermaßen vereinnahmt und gilt als eine der schönsten Burgen Europas – die Burg Eltz in Wierschem, die zu DM-Zeiten die Rückseite der 500er-Note zierte. Die D-Mark ist weg, aber die bildschöne ›Mutter aller Burgen‹ ist beliebt wie eh und je. Man erreicht sie nur zu Fuß (15–30 Minuten), das Auto bleibt auf dem Parkplatz (2 Euro). Für ›Fußkranke‹

■ Maifeld-Radweg

Gut 30 abwechslungsreiche Kilometer führt der Maifeld-Radweg von Münstermaifeld nach Ochtendung, kann aber beliebig auch in Polch und/oder Mayen unterbrochen werden. Die Route ist weitgehend flach, führt über eine ehemalige Bahntrasse, bietet zahlreiche Erlebnisstationen und Rastmöglichkeiten und ist geeignet für die ganze Familie.

überwiegend regionalen Produkten präsentiert Eifel-Gastgeber Günter Löffel in seinem schmucken Restaurant, das ursprünglich einmal ein Stall und dann ein Marionettentheater war. Die Theaterbühne ist noch vorhanden. Die Küche überzeugt mit leckeren Eifel-Spezialitäten, wozu vor allem auch diverse Kartoffelgerichte zählen. Tipp: Das Kartoffel-Menu probieren! Nette Idee auf der Speisekarte: das Eifler des Monats... bei Sommerwetter wird auch im Garten eingedeckt. Wer Zeit hat (etwa 4 Stunden), kann eine kulinarische Stadtführung buchen, die beginnt und endet im Landhaus.
www.loeffelslandhaus.de

Archäologisches Museum, Münsterplatz 4, in der Alten Propstei im Rosengarten. Tel. 02605/9615026. Mi, Do, Sa, So und Fei 14–17 Uhr. Erw. 5 €, Kinder und Jugendliche (bis 14 Jh.) 3,50 €, Schüler und Studenten 4,50 €.

gibt's auch einen Pendelbus (2 Euro pro Person und Fahrt).
Die Burg wurde 1157 zum ersten Mal erwähnt, sie wurde nie zerstört und konnte angeblich noch nie erobert werden. Seit ihrer Errichtung ist die Burg seit über 30 Generationen im Besitz der gleichen Familie und Stammsitz der Großen und Edlen Herren von und zu Eltz.
Der beeindruckende Bau mit seinen acht Wohntürmen liegt inmitten der Natur auf einem steilen 70 Meter hohen Felskopf

Eine der schönsten Burgen Europas: Burg Eltz

in einem engen Seitental und wird umflossen vom Elzbach (der sich interessanterweise ohne ›t‹ schreibt!). Die Türme sind bis zu 35 Meter hoch und bieten zusammen 100 Räume. In der Schatzkammer werden Preziosen und allerlei andere Schätze (etwa Goldarbeiten und Elfenbein) aus dem langjährigen Familienbesitz gezeigt.

Die Führungen starten im Burginnenhof alle 10 bis 15 Minuten und dauern rund 40 Minuten. Zudem bieten zwei SB-Restaurants kleine Speisen und Getränke.

Die beste Perspektive auf die Burg hat man morgens gegen 8 Uhr von der Pendelbus-Straße am Parkplatz ›Antoniuskapelle‹. Wenn man den Parkwächter bittet, lässt er einen bis zur Schranke vorfahren. Burg Eltz darf nicht aus der Luft mit Drohnen fotografiert werden, was entsprechende Hinweisschilder erklären. Zugänglich ist die Anlage von 1. April bis 1. November, die Führung kostet für Erwachsene 10 Euro, für Schüler 6,50 Euro. Häufig herrscht großer Andrang. (www.burg-eltz.de)

Karte S. 99

Ahreifel

Die Ahr und das Ahrtal bilden im nordöstlichen Teil der Eifel die Verbindung zum Rhein und zum südlichen Rheinland. Das langgestreckte und kleinste Seitental des Rheins überzeugt durch eine Landschaft, die einiges an ›Natur pur‹ zu bieten hat: Lauschige Wälder und sattgrüne Wiesen wechseln sich ab mit schroffen Steilhängen, Weinbergen und den Flussauen der Ahr, die bei Blankenheim entspringt und bei Sinzig/Bad Bodendorf in den Rhein mündet.

Europa-, wenn nicht sogar weltweit ist das Ahrtal als Weinregion bekannt. Vor allem viele rote Spätburgunderweine haben Topqualität, die man allerdings auch bezahlen muss. Bei Weingütern wie Brogsitter oder Meyer-Näkel schnalzen Kenner mit der Zunge – sie haben in der Welt des Weines klangvolle Namen. Der Weinbau lässt sich bis ins 8./9. Jahrhundert zurückverfolgen, anno 893 waren in acht Ortschaften größere Weinbetriebe registriert. Adel und Klerus ›wingerten‹ dabei um die Wette und in der ersten Reihe.

Ein kurzer Blick, der lange zurückreicht: Auf ihrem Weg nach Norden – sozusagen von Trier nach Köln – siedelten schon die alten Römer in der Eifel, auch an der Ahr (→ S. 19). Später gehörte die Region zum fränkischen Ahrgau, dann zur Grafschaft Are, um schließlich in kleinteilige Herrschaftsrichtungen zu zerfallen. Die erste Straße im Ahrtal wurde 1834 zwischen Ahrweiler und Altenahr eröffnet. Fortan pilgerten auch viele Dichter, Denker und Maler der Romantik ins Tal und setzten der Landschaft manch schöngeistiges Denkmal. Auch die ersten größeren Touristenströme ließen in der Folgezeit nicht lange auf sich warten und spätestens mit der Entdeckung der Heilquellen in Bad Neuenahr spielte das Ahrtal in der Top-Liga um Wein, Wasser, Landschaft.

Das Ahrtal vermarktet sich touristisch eigenständig und losgelöst vom Eifel-Tourismus. Die gesamte Region mit Informationen aller Art ist vertreten unter www.ahrtal.de.

Blankenheim

In Blankenheim, das als staatlich anerkannter Erholungsort gerne auch der Kalk- und Nordeifel zugeschlagen wird, entspringt die Ahr. Wer die Quelle besuchen will, findet sie mitten im Ortskern unter einem alten Fachwerkhaus von 1726. Man kann durch ein Gitterfenster die immerwährende, wässrige Tropfengeburt des kleinen Flusses mit der sehr viel größeren großen Bedeutung erleben. Er gibt schließlich auf seiner knapp 90 Kilometer langen Fließtour zum Rhein hin einem ganzen Tal einen wohlklingenden Namen. Rund 700 Liter Wasser fließen, so wollen es Experten wissen, aus der Quelle jede Minute durch das kleine Burgstädtchen – und dies wenig romantisch in einem grauen Kanalmauerwerk. Blankenheim, das romantische Burgstädtchen mit viel Fachwerk im Ortskern,

Die Ahrregion ist für Rotwein bekannt

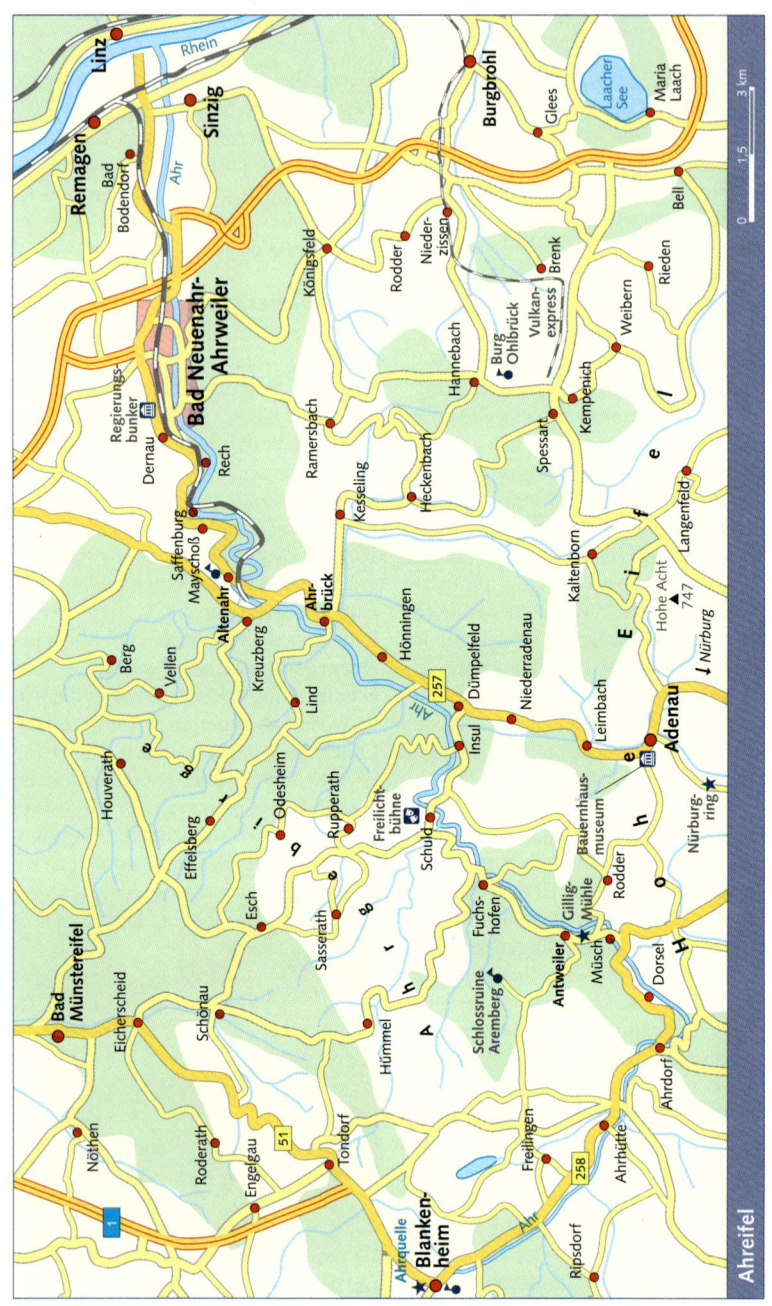

Viel Fachwerkromantik in Blankenheim

gehört politisch gerade noch zu NRW, ist gut zu erreichen mit seiner eigenen Autobahnabfahrt und Anschluss an das überregionale Bahnnetz (ab Bahnhof ›Wald‹). Die gut 8000 Blankenheimer leben auf 17 Ortsteile verteilt und die hören auf so nette Namen wie Ahrhütte, Ahrdorf, Dollendorf, Rohr oder auch Uedelhoven. Was man gesehen haben muss, ist das **Eifelmuseum** mitten im historischen Kern – an gleicher Stätte befindet sich auch die Touristeninformationrmation.

Im **Prunkhaus** der frühen bedeutenden Tuchmachergilde vis-a-vis erfährt der Besucher viel Wissenswertes zur Geschichte der Römer in der Region und kann Eifelmotive in Bildern und Gemälden bestaunen. Einen Besuch wert ist auch das **Karnevalsmuseum**, das im Georgstor, einen von zwei noch erhaltenen Stadttoren, ›jecke‹ Herzen höher schlagen lässt. **Burg Blankenheim**, die trutzige Anlage oberhalb des Städtchens, früher ein Schloss und bis 1794 das schmucke Heim der gräflichen Herren von Blankenheim, wird heute als Jugendherberge genutzt (www.burg-blankenheim.jugendherberge.de). Der Burghof ist frei zugänglich. Man braucht allerdings eine Prise Phan-

tasie, um sich die ganze Herrlichkeit des mittelalterlichen Gemäuers, von dem große Teile nur noch Ruinen sind, vorzustellen. Mit einer guten Flasche des süffigen Ahrweins dürfte aber auch diese Kreativübung gelingen.

Ein Stadtbummel führt u. a. zur **Pfarrkirche St. Maria Himmelfahrt**, in der vor allem der geschnitzte Hochaltar begeistert. Eine der wohl romantischsten Ecken ist der **Zuckerberg** mit einigen schönen alten Fachwerkhäusern und dem schmalsten Haus Blankenheims, das gerade mal 2,01 Meter breit ist. Man kann sich ›downtown‹ herrlich treiben lassen und die ganz besondere Atmosphäre des Städtchens für sich einfangen.

Auch die meisten Ortsteile sind einen Besuch wert: so Freilingen mit seinem See (ideal für Wassersport aller Art), Ripsdorf mit seinen Wacholderhängen und vor allem Dollendorf mit der Burgruine Schloßthal, die im Volksmund auch ›Finger Gottes‹ genannt wird. Ganz in der Nähe beweist das großflächige Gelände einer Landvilla (*villa rustica*) aus dem 2. bis 4. Jahrhundert, dass die alten Römer gut zu leben wussten, wenn sie das nötige Kleingeld hatten. (www.roemervillablankenheim.de)

ℹ Blankenheim

Touristeninformationrmation, Ahrstraße 55–57, 53945 Blankenheim; April-Okt. Mo–Do 10–16 Uhr, Fr bis 17 Uhr, am Wochenende und an Feiertagen bis 15 Uhr); Nov.– März Mo–Fr 10–14 Uhr; am Wochenende und feiertags 11–14 Uhr. Die Öffnungszeiten sind identisch mit denen des **Eifelmuseums** im gleichen Haus. www.blankenheim.de

🛏

Hotel Schlossblick, Nonnenbacher Weg 4-6, Tel. 02449/9550-0; 20 einfache, saubere Zimmer, einige mit Burgblick; kleines Hallenbad/Sauna, in 3. Generation familiengeführt; Restaurant nebenan mit rustikaler Eifel-Küche. www.hotel-schlossblick.de
Burghaus Quellenhof, Am Hirtenturm 9, Tel. 0163/7323312. Vier geschmackvoll eingerichtete FeWo im Burghaus mitten in der historischen Altstadt direkt unterhalb der Burg. www.quellenhof.biz
Tipp: Wer immer schon einmal in einem **Bauwagen** übernachten wollte, auf dem Heinrichshof gibt's gleich vierfach die Gelegenheit dazu. Doppelbett, kl. Küche, Sitzecke. Zu jedem Wagen gehört ein Toilettenhäuschen (Bio-Kompost-Toilette), eigene Dusche im Sanitärwagen und ein Grillplatz. Toller Landschaftsblick auf Hohe Acht und Nürburgring. Tel. 02449/9195388, www.gaestehaus-nordeifel.de.

Zwischen Antweiler und Ahrbrück

Die Ortsteile Dorsel, Müsch und Antweiler der Verbandsgemeinde Adenau im oberen Ahrtal gehören politisch zum Landkreis Ahrweiler, touristisch werden sie über die Hocheifel, das Oberahrtal (www.oberahrtal.de) und das Adenauer Land vermarktet.
Rad- und Wanderwege, ein ruhiger und mehrfach ausgezeichneter Campingplatz direkt am Ahrufer (www.camping-stahl-

Übernachten im Bauwagen auf dem Heinrichshof in Blankenheim

huette.de) sowie die Pfarrkirche St. Sebastianus mit mittelalterlichem Wehrturm sind für Gäste in **Dorsel** besonders lohnenswert.
In **Müsch** erinnern Pestkreuze an den Einsatz der Müscher gegen die Epidemie im Mittelalter.
Antweiler, das für sich selbst als ›Ort zwischen Tradition und Moderne‹ wirbt, ist ein recht idyllischer Flecken, für den auch Krimi-King Berndorf schwärmt. Der Ortsname bedeutet so viel wie ›Ort zum Verweilen am wogenden Wasser‹. Gemeint ist damit allerdings auch Hochwasser, das die Ahr gelegentlich, vor allem im Frühjahr, heimsucht. Ein solches ›hohes Wasser‹ kostete 140 Bahnarbeiter 1910 das Leben, als sie an der Trasse der damaligen Bahnstrecke von Dümpelfeld nach Jünkerath schufteten und von den Fluten überrascht wurden. Die alte, dreibogige Ahrbrücke, die nach der Katastrophe gebaut wurde, erinnert an das ›Drama an der Ahr‹. Weiter sehenswert in Antweiler ist die alte Mühle Gillig, deren Geschichte bis ins frühe 16. Jahrhundert zurückgeht und die im frühen 20. Jahrhundert den Ort mit Strom

Karte S. 114

versorgte und in vierter Generation im Familienbesitz ist. Getreide wird hier nicht mehr gemahlen, aber Führungen und Besichtigungen werden angeboten (www.antweiler-muehle.de). Förmlich und ziemlich brutal ins Auge springt dem Besucher der markante Betonturm der katholischen Pfarrkirche St. Maximin. (www.antweiler.de)

■ **Die Gillig-Mühle**
Von den einst vielen Mühlen an der Oberahr sind nur noch wenige erhalten. Die Gillig-Mühle liegt nur wenige hundert Meter südlich von Antweiler. Sie stammt aus dem Jahr 1686 und war ursprünglich eine herzogliche Zwangsmühle. Seit dem 19. Jahrhundert ist die im Privatbesitz. Heute stehen regelmäßig Mühlenführungen auf dem Programm. Auch diverse Veranstaltungen finden wie Kammerkonzerte finden statt (Rodderweg 8, 53533 Antweiler, antweiler-muehle.de)

■ **Fuchshofen**
Fuchshofen war im Ahrtal eine der ersten Gemeinden, in der der Strom aus der Steckdose floss, die also über elektrisches Licht verfügte. Das verdankte der Ort einem Kölner Zuckerfabrikanten,

der sich in der Nähe des Laufenbacher Hofes ein Herrenhaus bauen ließ. Heute ist die kleine Gemeinde folgerichtig als ›Dorf der 1000 Lichter‹ bekannt und feiert seine Erleuchtung jedes Jahr im November zum St. Martinstag. (www.fuchshofen.de)

■ **Insul und Schuld**
In **Insul** lohnt der Zehnthof als ältestes Haus des Ortes einen Besuch. Der Fachwerkbau samt Hofanlage stammt in seinem Kern von 1560.

Schuld liegt ganz malerisch in einer Ahrschleife und ist Sportlern als Wendepunkt des Radklassikers ›Köln-Schuld-Köln‹ ein Begriff. Beide Orte haben Auszeichnungen bekommen im Wettbewerb ›Dorf mit Zukunft‹. (www.insul.de und www.schuld-ahr.de)

In der **Freilichtbühne Schuld** werden Stücke wie ›Dornröschen‹, ›Der Zauberer von Oz‹ und ›Jim Knopf und Lukas der Lokomotivführer‹ in der Saison regelmäßig aufgeführt. Es stehen 600 überdachte Sitzplätze für die Zuschauer bereit. Aufführungen sind nur an sechs Wochenenden im Juli und August (Hauptstraße 2, 53520 Dümpelfeld, Tel. 02695/1373, www.freilichtbuehne-schuld.de)

Osteifel und Ahreifel

Wanderparadies Ahreifel

Das romantisch gelegene Altenahr

Zwischen Hönningen und Altenahr

Nahe dem verschlafenen Hönningen ist das **Naturschutzgebiet Teufelsley** mit der gleichnamigen Felsenformation das Ziel vieler Kletterer. Der knapp 500 Meter hohe Quarzitblock ist einer der größten seiner Art in Europa. Im gipfelnahen Bereich kommt man sich bei Wind und Wetter vor wie im Gebirge – die Sektion Koblenz des Deutschen Alpenvereins unterhält hier sogar eine Schutzeinrichtung mit dem passenden Namen ›Teufelsleyhütte‹.

■ Ahrbrück

Ahrbrück als Teil der Verbandsgemeinde Altenahr ist vor allem als Rast- und Durchgangstation des Ahrsteigs und des Fernwanderweg Karl-Kaufmann-Weg eine gute Zwischenstation.

Vier Kapellen auf einen Schlag, ein Gedenkstein zur hier grausam praktizierten Hexenverbrennung im Mittelalter und viele schöne Ausblicke ins Ahrtal – das bietet eine leichte Wanderung auf dem **Vier-Kapellen-Weg**. Start und Ziel ist an der DB-Haltestelle an der B 257. (www. gemeinde-ahrbrueck.de)

Rund um Altenahr

Altenahr im romantischen Mittelahrtal ist nicht nur Startpunkt oder Ziel des Rotweinwanderweges (s. unten) und Etappenziel des Ahrsteigs, die kleine Stadt hat auch jenseits der Wanderwege einiges zu bieten. Zum Beispiel die **Burgruine Are** (12. Jh.), die einstmals als Höhenburg über Altenahr zum Erzstift Köln gehörte, mehrfach belagert und beschädigt und schließlich 1714 gesprengt wurde. Was nicht niet- und nagelfest war (Holz, Steine), wurde recycelt – als Baustoff für das neue Amtshaus am Fuße des Berges. Die Ruine kann in Führungen besichtigt werden (mehrere Termine im Jahr).

Weitere Burgen und Burgtrümmer machen das Ortsbild aus. Fein herausgeputzt hat sich **Burg Kreuzberg**, die als typische Höhenburg auf einem Felskegel oberhalb des Ortsteils Kreuzberg liegt und an einer Seite steil zur Ahr hin abfällt. Die Burg ist seit fast 200 Jahren Wohnsitz der Familie von Boeselager und damit die einzige bewohnte Burg im Ahrtal. Sie kann nicht besichtigt werden, nur die Burgkapelle ist für die Öffentlichkeit zugänglich.

Karte S. 114

Spaß für Jung und Alt garantiert eine rasante Abfahrt auf der **Sommerrodelbahn** (www.sommerrodelbahn-altenahr. de). Auch beginnt auf den Höhen um Altenahr das Kernstück der Weinregion (s. Essay ›Ahrwein‹). Zur Zeit der Weinlese im Herbst, vor allem im Oktober, steht jedes Wochenende irgendwo in und um Altenahr ein Weinfest auf dem Terminkalender.

■ **Wanderung zum Teufelsloch**
Oberhalb von Altenahr hat man durch ein mannshohes Felsenloch einen schönen (Foto-)Blick auf den Fluss und den Ort. Um das sogenannte Teufelsloch rankt sich auch eine nette Geschichte, die es in unterschiedliche Erzählarten gibt, die aber immer den Teufel als Hauptperson kennt. Der Herr der Hölle hatte demnach einst dem süffigen Ahrwein so kräftig zugesprochen, dass er den Weg zurück in sein Schattenreich nicht mehr fand und erst einmal seinen Rausch ausschlafen musste. Irgendwann kam es zum Streit mit seiner Großmutter, die ihn begleitet hatte und die er wutentbrannt gegen ein Felsstück stieß. Des Teufels Oma stürzte ab und hinterließ ein ziemliches Loch in der Wand. Durch das können heute ganze Wandergruppen marschieren. Vorsicht: Der Weg zum Teufelsloch, der auch als Abstecher vom Ahrsteig und vom Rotweinwanderweg in Angriff genommen werden kann, ist steil und oft glitschig. Gute Wanderschuhe und Trittsicherheit sind Pflicht!

■ **Mayschoß**
»Wir sind ein Weindorf, wo Menschlichkeit gelebt wird«, wirbt die kleine, in die Länge gestreckte Ahr-Wein-Gemeinde im Netz für sich selbst. Man trifft jedenfalls vor Ort auf viele freundliche und hilfsbereite Menschen, die dem Gast gerne erklären, wo's lang geht. Zum Beispiel zur

Winzergenossenschaft (WG), die mit ihrem Gründungsdatum von 1868 als die älteste in Deutschland gilt. Sie wie auch die meisten der rund 1000 Bewohner von Mayschoß haben sich voll und ganz dem Rotwein und seiner Anbautradition ›im hohen deutschen Norden‹ verschrieben. Die WG Mayschoß/Altenahr wurde für ihr Engagement und Qualitätsbewusstsein anno 2000 von den Testern des Gault Millau als Entdeckung des Jahres ausgezeichnet – eine Empfehlung, die bisher einmalig ist in Deutschland. In den Gewölbekellern der WG oder auch unter freiem Himmel im hübschen Weingarten kann so mancher edle Tropfen probiert – und natürlich auch gekauft werden. (www.wg-mayschoss.de)

■ **Saffenburg**
Die Saffenburg (auch: Saffenberg), älteste Burgruine aus dem Hochmittelalter an der Ahr, war ab dem 11. Jahrhundert Stammsitz des gleichnamigen Geschlechts und wurde 1704 vom Besitzer endgültig geschleift. Nachdem die Überreste lange vor sich hin verfielen, spuckten in den letzten Jahren Freunde und Förderer des Gemäuers kräftig in die Hände und schufen einen feinen Veranstaltungsort hoch über dem Ahrtal. Gleichzeitig bietet die Burg als Schutzhütte aktiven Zeitgenossen auf dem Rotweinwanderweg eine aussichtsstarke und gemütliche Raststation. (www.saffenburg.de)
Außer der Winzergenossenschaft bieten weitere Winzer in Mayschoß süffige Tropfen und Planwagenfahrten durch die bergige Weinlandschaft an.

■ **Rech**
Da, wo der Mittellauf der Ahr enge Schleifen zieht, wo die Weinberge (im Dialekt auch Wingerte genannt) immer steiler, die Felsen immer schroffer werden und die Höhen aus Schiefer und

Osteifel und Ahreifel

Grauwacke noch an Höhe gewinnen, hat der kleine Weinort Rech seinen Platz. Die 1759 aus Bruchsteinen fertiggestellte Brücke über die Ahr führt in einen urigen Ortskern mit zahlreichen alten Fachwerkhäusern und der **Pfarrkirche St. Lucia.** Im Mittelalter kamen Pilger von weither zur damaligen Kapelle gleichen Namens zur Verherrlichung der Heiligen. Auch entstand so in und um Rech ein schwunghafter Handel, zum Beispiel mit Tuch und Leinen. Heute sind es die Trauben, die ›Wein-Pilger‹ aus aller Welt nach Rech und Umgebung reisen lassen. Über die Region hinaus bekannt ist der schnuckelige Weinort auch durch den Lucia-Markt – alle Jahre wieder am zweiten Adventswochenende.

■ **Dernau**
Dernau ist der wohl bekannteste und mit 141 Hektar Weinbaufläche größte Weinort des Ahrtals. Berühmte Winzer sind hier zuhause. Einmal im Jahr laden die meisten von ihnen zum ›Tag des offenen Weinkellers‹ (meist im April). Die Weinmanufaktur Dagernova (www.dagernova.de) verwandelt die Trauben von gut 600 lokalen Winzern in süffige (vor allem rote) Weine. Auch Marienthal, ein ehemaliges Kloster der Augustinerinnen (gegründet 1136), hat sich heute als Weingut Kloster Marienthal ganz dem Wein verschrieben. Im Klostergarten rund um die sehenswerte Ruine des früheren Gotteshauses lässt es sich bestens verweilen – bei einem guten Tropfen, versteht sich.. Oft ist die Kulisse hier auch Schauplatz von Kulturevents und Konzerten.

Zusammen mit Mayschoß und Rech gehörte Dernau einst zur recht kleinen Grafschaft Saffenburg (s. unter Mayschoß). Das Wahrzeichen des kleinen Ortes mit dem großen Namen ist der 361 Meter hohe **Krausberg**, auf dem der Eifelverein einen Aussichtsturm errichten ließ. Von ihm kann man an klaren Tagen bis nach Bonn und Köln sehen. Zumeist an Sonn- und Feiertagen ist die Krausberghütte auch bewirtschaftet, was man daran erkennt, dass dann eine Fahne auf dem Turm gehisst ist.

Dernau, das über die DB-Schienen wie über die Straße gut erreichbar ist, gilt auch für Wanderer und Radler als spannende Es liegt am Rotweinwanderweg (→ S. 125), am Ahrsteig sowie am Ahr-Radweg.

▲ *Dernau ist von Weinbergen umgeben*

Der **frühere Regierungsbunker** tief unter der Erde, heute ein Museum des Kalten Krieges, liegt genau zwischen Dernau und Ahrweiler im Wald. Es werden regelmäßig Führungen angeboten (s.u.).

 Rund um Altenahr

Touristeninformationrmation Altenahr, Altenburger Straße, 53505 Altenahr, Tel. 02643/8448
Mo–Fr. 10–15 Uhr, Mai und Aug–Okt. längere Öffnungszeiten sowie zusätzlich Sa. 9.30–13.30 Uhr. www.altenahr.de
Mayschoß: www.mayschoss.de
Rech: www.rech-weindorf.de
Dernau: www.dernau.de

Hotel Zum Schwarzen Kreuz, Brückenstraße 7, 53505 Altenahr, Tel. 02643/1534. Rustikal-einfache Zimmer (teils mit Ahrblick), Preis-/Leistungsverhältnis stimmt, gute Küche. www.zumschwarzenkreuz.de
FeWo Meyer-Näkel, Bachstr. 32 und Hardtbergstr. 17, 53507 Dernau, Tel. 0177/2424491. Wohnen direkt beim Winzer, die Wohnungen liegen mitten in Dernau in unmittelbarer Nähe der Gutsschenke ›Hofgarten‹ und dem Weingut. www.naekel-dernau.de

Dienststelle Marienthal

Ein touristisches Muss ist in der Ahr-Eifel ein ›Grusel-Besuch‹ im ehemaligen Regierungsbunker. Das Museum des Kalten Krieges war in einem 17 Kilometer langen Tunnelsystem der ›Rückzugssitz‹ für bis zu 3000 Regierungsmitarbeiter bei einem atomaren Ernstfall. Wäre es also im sogenannten Kalten Krieg einst zu einem Atomschlag in und über Westeuropa gekommen, wäre die Eifel der Nabel der politischen Entscheidungsträger in Deutschland geworden – was auch immer es dann noch zu regieren gegeben hätte.
Wie dem auch sei: Von 1960 bis 1972 wurde zwischen Dernau und Ahrwei-

ler der sogenannte Regierungsbunker (Dienststelle Marienthal) der Bundesrepublik gebaut und eingerichtet. Er sollte für die Verfassungsorgane aus dem nahegelegenen Regierungssitz in Bonn eine Art Ausweichquartier für den Fall der Fälle werden. Entsprechend war die ›Regierungs-Röhre‹ in einem alten (nie befahrenen) Bahntunnel mit allem möglichen technischen Schnick-Schnack der damaligen Zeit ausgerüstet. Auch die Möbel, Sanitär-Armaturen oder Küchenmaschinen spiegeln den Geist der 1960er-Jahre wider. Wenn man so will: Gelsenkirchener Barock unter Tage!
Um die Anlage wurde immer ein großes Versteckspiel veranstaltet – alles sollte streng geheim sein. Vor allem aber sollte der vermutete Feind im Osten nichts mitbekommen. Es gab vor Ort viele Gerüchte: Mal sollte dort ein unterirdisches Bordell mit den entsprechenden Bewohnerinnen seine Dienste anbieten, mal hieß es, dort sei ein Luxus-Kaufhaus für die oberen 10 000 Bonner eingerichtet. In Ost-Berlin übrigens wusste die Führung bestens über den Eifel-Bunker Bescheid: Die DDR hatte an der Ahr einen Handwerker als Spion eingeschleust.

Kommandozentrale im ehemaligen Regierungsbunker

Osteifel und Ahreifel

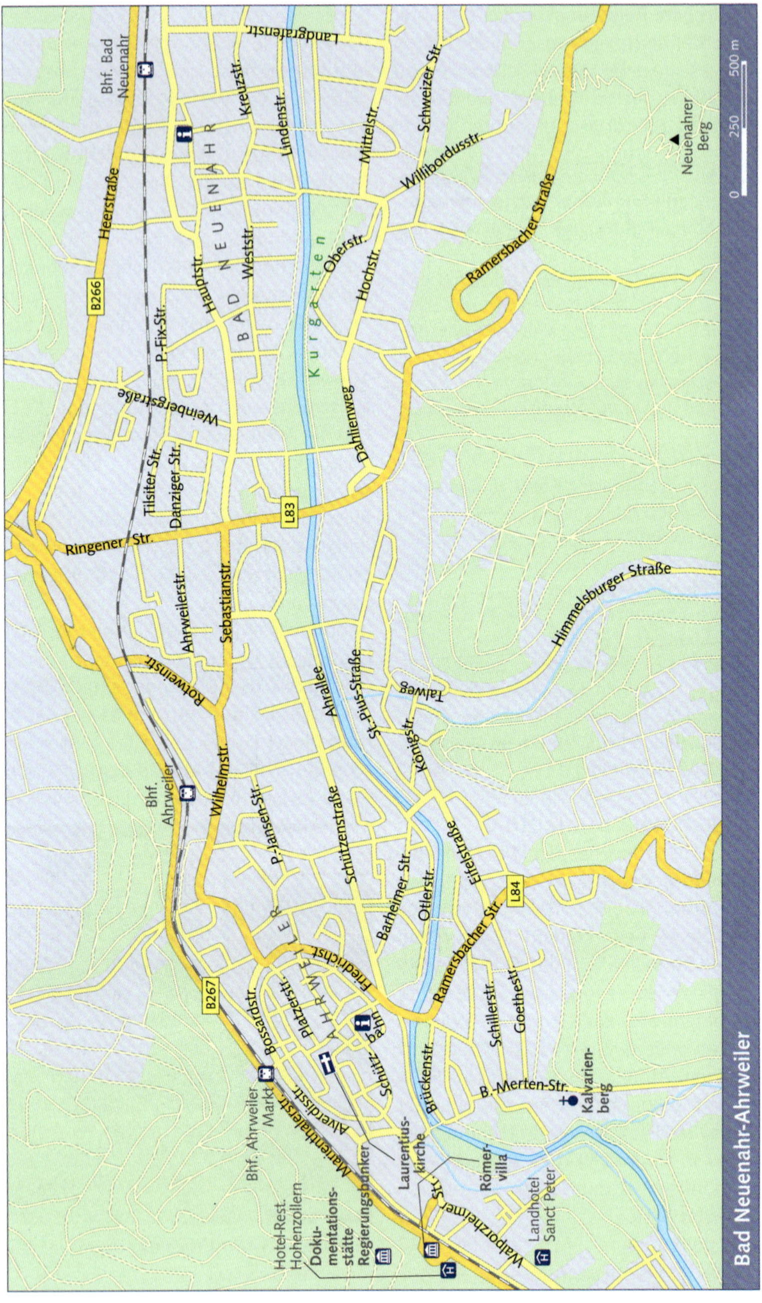

▲ Karte S. 114

Bad Neuenahr-Ahrweiler

0 250 500 m

Neuenahrer Berg

Bhf. Bad Neuenahr

Landgrafenstr.

Heerstraße

B266

P.-Fix-Str.

Weinbergsstraße

Hauptstr.

B A D   N E U E N A H R

Weststr.

Kreuzstr.

Lindenstr.

Mittelstr.

Schweizer Str.

Willibordusstr.

Oberstr.

Hochstr.

K u r g a r t e n

Ramersbacher Straße

Dahlienweg

Tilsiter Str.

Danziger Str.

L83

Ringener Str.

Ahrweilerstr.

Sebastianstr.

Rotweinstr.

Himmelsburger Straße

Ahrallee

St.-Pius-Straße

Königstr.

Talweg

Bhf. Ahrweiler

Wilhelmstr.

P.-Jansen-Str.

Schützenstraße

Barheimer Str.

Otterstr.

Eifelstraße

Ramersbacher Str.

L84

B267

Bossardstr.

Platzerstr.

A H R W E I L E R

Friedrichstr.

Schützbahn

Brückenstr.

Schillerstr.

Goethestr.

B.-Merten-Str.

Kalvarienberg

Bhf. Ahrweiler Markt

Marienthaler str.

Ahrtorstr.

Laurentiuskirche

Walporzheimer Str.

Römervilla

Landhotel Sanct Peter

Hotel-Rest.-Hohenzollern

Dokumentationsstätte

Regierungsbunker

Mit der Bonner Entspannungspolitik und dem späteren Ende des Kalten Krieges verlor die Bunkerröhre ihre strategische Bedeutung. Ein kleiner Teil der weitläufigen Anlage wurde in eine Dokumentationsstätte umgewandelt und kann in Gruppenführungen besichtigt werden. Der weitaus größte restliche Teil des Bunkers wurde jedoch entkernt und ist abgesperrt. Apropos: Auch die Landes-

regierung NRW hatte ihren geheimen Ausweichbunker in der Eifel – in Kall-Urft. Der Eingang lag in einer Garage eines Wohnhauses am Ortsrand. Auch der NRW-Bunker ist heute Teil der Geschichte und kann nach Anmeldung besichtigt werden. Das gilt genauso für den unterirdischen Ausweichsitz der Landeszentralbank NRW in Mechernich-Satzvey. (www.bunker-satzvey.de)

ℹ️ **Bundesbunker**

www.regbu.de
Besichtigt werden kann der ehemalige Regierungsbunker immer von April bis Mitte November, jeweils Mi, Sa, So sowie an gesetzlichen Feiertagen von 10–18 Uhr. Letzter Einlass ist um 16.30 Uhr. Die Führungen dauern etwa 90 Minuten und finden nicht zu festen Zeiten statt, sondern richten sich nach dem Besucheraufkommen.
Eine Anmeldung für **Einzelbesucher** ist nicht erforderlich. Bei hohem Besucherauf-

kommen ist mit Wartezeiten von mindestens 30–45 Minuten zu rechnen.
Gruppenbesuche können ganzjährig nach Vormeldung außer montags gebucht werden. Anmeldungen nimmt der Ahrtal-Tourismus Bad Neuenahr-Ahrweiler e.V. entgegen, Tel 02641/917175, Fax 02641/917161.
regierungsbunker@alt-ahrweiler.de
Kontakt Landes-Bunker NRW: Informationen und Anmeldung unter Tel. 02441/775171.
www.ausweichsitz-nrw.de

Bad Neuenahr-Ahrweiler

Ungleicher als die beiden Stadthälften, die ein Bindestrich zusammenhält, können kommunale Gebilde kaum sein. Hier, in Ahrweiler, gelebtes Mittelalter mit kompletter Stadtmauer und vier Toren in die Stadt. Viel Fachwerk, kleine Läden, ein Marktplatz mit viel Gastronomie und enge Altstadtgassen, die zudem autofrei sind. Dort, in Bad Neuenahr, ein Stück weit mondänes Leben – mit allem, was dazu gehört: Kurviertel, Kurpark, Kurschatten. Teure Hüte, teure Autos. Spielbank, Badehaus, ein Tophotel. Weiße Patrizierhäuser an und ums Ahrufer, dazu das 31 Grad wohlig-warme Mineralwasser der Ahr-Thermen (www.ahr-thermen.de) und mehrere Quellen (darunter auch die von Apollinaris).
Durch die gut 1000 Jahre alte Altstadt von Ahrweiler sollte man sich treiben lassen und dabei viel Atmosphäre auf-

saugen. Der Stadtteil hat Flair und überzeugt durch allerlei Fachwerkromantik, etwa in der Niederhut- und Ahrhutstraße, den beiden Einkaufsmeilen des Teilstädtchens, und auf dem Marktplatz. Die bekanntesten Feste der Region stehen hier alle Jahre wieder auf dem Kalender: der Weinmarkt der Ahr an Pfingsten, das Winzerfest im September und der stimmungsvolle Weihnachtsmarkt im Dezember. Einen Besuch lohnt auch die **St.-Laurentius-Kirche**, die als die älteste gotische Hallenkirche im Rheinland gilt.
Apropos Wein: Der Weinbau prägt die gesamte Stadt, man kann viele Winzer besuchen und ihnen auch bei der Arbeit zuschauen, zum Beispiel bei einer Tour auf dem Rotweinwanderweg. Mitten in den Weinbergen liegt auch das ehemalige **Kloster Kalvarienberg** der Ursulinen, das im Herbst 2016 aus wirtschaftlichen

Die Spielbank in Bad Neuenahr

Gründen und wegen Nachwuchsmangel aufgegeben wurde. Von hier und von einigen anderen Stellen in den Weinbergen hat man einen schönen Blick auf die Stadt.

Etwas außerhalb, an der B 267 am Silberberg, gewährt ein **römisches Herrenhaus** als Teil eines Gutshofes aus dem 2. bis 3. Jahrhundert einen spannenden Einblick in das römische Provinzleben vor 2000 Jahren. Viele Wandmalereien, eine Küche, eine gut erhaltene Fußbodenheizung und viele Dinge des täglichen Alltags wurden hier gefunden und sind ausgestellt.

 Bad Neuenahr-Ahrweiler

Touristeninformationrmation Ahrweiler, Blankartshof 1, 53474 Bad Neuenahr-Ahrweiler; Mo–Fr 9–12.30 und 13.30–17 Uhr, Sa, So, Fei 10–15 Uhr.
Touristeninformationrmation Bad Neuenahr, Hauptstraße 80, 53474 Bad Neuenahr-Ahrweiler. Mo–Fr 9–17 Uhr, Sa, So, Fei 10–15 Uhr.
www.bad-neuenahr-ahrweiler.de

Bad Neuenahr-Ahrweiler ragt aus dem kulinarischen Angebot im Ahrtal deutlich heraus. Unsere Tipps:
Steinheuers Restaurant ›Zur Alten Post‹, 2 Sterne, Tel. 02641/94860. www.steinheuers.de
Sanct Peter, 1 Stern, Walporzheimer Str. 134, 53474 Bad Neuenahr-Ahrweiler, Tel. 02641/97750. Historisches Gasthaus seit 1246. www.sanct-peter.de

Bad Neuenahr-Ahrweiler hat das breiteste Angebot an Hotelzimmern, Pensionen und FeWo in der Ahr-Region.
Meine Tipps:
Romantik- und Landhotel Sanct Peter, Walporzheimer Straße 118, Tel. 02641/905030. Das Romantikhotel ist in einer ehemaligen Gründerzeitvilla mit 23 DZ

untergebracht. Das benachbarte Landhotel überzeugt durch modernen Landhaus-Designstil (18 Zi.).
www.hotel-sanctpeter.de
Hotel und Restaurant Hohenzollern, Am Silberberg 50, Tel. 02641/9730. Schön gelegen auf der Höhe und direkt am Rotweinwanderweg. Toller Blick ins Ahrtal. www.hotelhohenzollern.com

Museum Römervilla, Am Silberberg 1, Tel. 026415311; Ende März–Mitte Nov. Di–So 10–17 Uhr. Geöffnet auch an allen Feiertagen! Eintritt Erw. 5 € (mit Kurkarte 4 €). Kinder ab 6 und Jugendliche 2,50 €. Familienticket 10 € (2 Erwachsene und alle Kinder unter 14). Es werden diverse Führungen und Workshops (zum Beispiel ›Römerschmaus‹ und ›Dufte Römer‹) angeboten, die bei 2 €pro Person beginnen. Es gibt ein **Kombiticket** an der Kasse für Römervilla und Regierungsbunker für 10 €/Person.
Anreise: Mit der Ahrtalbahn ab Remagen bis zur Haltestelle Ahrweiler-Markt. Dann zehn Minuten Fußweg. Mit dem Auto auf die B 267 fahren und die zweite Ausfahrt Ahrweiler nehmen. Der Parkplatz ›Museum Römervilla‹ ist ausgeschildert. www.museum-roemervilla.de

Karte S. 114, 122

Sinzig

Das 750 Jahre alte Sinzig und sein fluss-
naher Ortsteil Bad Bodendorf sind im
nahezu natürlichen, von Menschenhand
unberührten Mündungsgebiet der Ahr in
den Rhein so etwas wie das ›Tor zum Ahrtal‹ – und damit zur Eifel. Kaiser Barbarossa ließ sich hier einst eine Pfalz erbauen.
Die Spuren Barbarossas (eigentlich König Friedrich I., auch genannt ›Rotbart‹)
muss man im heutigen Sinzig richtigge-
hend suchen, schließlich sind über 1000
Jahre seit seiner Präsenz vor Ort ins Land
gezogen. Immerhin erinnert ein Denkmal im Lunapark an den Wahl-Sinziger,
der seine ehemalige Königspfalz (später Zehnthof) im 12. Jahrhundert regelmäßig besuchte und hier übernachtete.
1152 veranlasste Barbarossa einen letzten Umbau seines burgähnlichen Palas-
tes, in dem nachweislich 39 Könige und
Kaiser verkehrten. Später dann wurde
die Sinziger Pfalz als Zehnthof des Ma-
rienstiftes Aachen weiter genutzt. Heute
wird nur noch sein Gewölbe für Kulturveranstaltungen genutzt, der Rest der
historischen Anlage ist privat.
Ein Bummel durch die hübsche, kleine
Stadt, die zur Römerzeit auch als Ver-
kehrsknotenpunkt und Teilstück der *Via
Regia* Bedeutung hatte, macht Laune. Im
Schloss Sinzig, das im 19. Jahrhundert
ein reicher Kölner Kaufmann als seine
Sommervilla im neugotischen Stil bau-
en ließ, lohnt ein kleines Heimatmuseum
einen Besuch. Vorbei am neoklassischen
Rathaus, das nach seiner Fertigstellung
1837 Bürgermeisteramt, Amtsgericht
und Schule war, ist auf dem Kirchplatz
die **Pfarrkirche St. Peter** der heimliche
Star der Stadt. Die Sinziger Kirche aus
der Spätromanik (13. Jahrhundert), die
von Stil und Material auch Pate stand
für den Dom zu Limburg an der Lahn,
ist mit ihrem oktogonalen Grundriss eine der bedeutendsten Stauferkirchen im

*Die Kirche St. Peter und der Zehnthof
in Sinzing*

Rheinland und in der Vordereifel. Die
Kirche wurde als dreischiffige Pfeiler-
Emporen-Basilika mit einem Lang- und
einem Querhaus erbaut.

ℹ️ Sinzig

Touristeninformationrmation Sinzig,
Bachovenstr. 10, 53489 Sinzig, Mo–Fr
9–12 und 14–17 Uhr, Sa, So, Fei ge-
schlossen. www.sinzig-info.de
Veranstaltungen: Sinziger Weinsommer
Ende Juli.

✖️

Vieux Sinzig, Kölner Str. 6, Tel. 02642/
42757. Spezialisiert auf eine köstliche
Wildpflanzen- und Wildkräuterküche.
www.vieux-sinzig.com

Wandern an der Ahr

Das Ahrtal ist mit Rotweinwanderweg,
dem durchaus anspruchsvollen Ahrsteig
und dem Ahrradweg (www.ahrweg.de)
bei Touren-Wanderern und Radlern gleichermaßen beliebt.

■ **Rotweinwanderweg**

Einer der schönsten Wanderwege an der
Ahr verläuft mitten durch die Weinberge
und kann locker auf drei Tagesetappen

aufgeteilt oder auch einzeln gelaufen werden – was auch deshalb von Vorteil ist, weil man sich dann auch mal ein Gläschen (oder auch zwei) des süffigen Rotweins der Region gönnen kann. Der Rotweinwanderweg verläuft auf halber Höhe über insgesamt 35 Kilometer, schlängelt sich durch viele offene Weinbergterrassen und kleine Waldstücke von Altenahr vorbei an Bad Neuenahr/Ahrweiler nach Bad Bodendorf an der Ahrmündung. Oder auch umgekehrt. Erkennungszeichen ist eine stilisierte rote Traube. Allerdings: Wenig Laune macht die Wanderung über den Rotweinwanderweg in der Zeit der Weinlese. Da sieht man oft vor lauter Leuten, die sich hin und wieder auch leicht schwankend fortbewegen, den Weg nicht.

Die erste Etappe führt von Altenahr nach Rech: 2 Stunden, 430 Höhenmeter, wobei Höhenmeter den An- bzw. Abstieg vom Weg in der Ortschaft meint.

Das zweite Teilstück führt von Rech nach Ahrweiler: etwa 3,5 Stunden, Höhenunterschiede gesamt 550 Meter.

Drittes Teilstück von Ahrweiler nach Bad Bodendorf: etwa 3,5 Stunden, Höhenunterschiede gesamt 400 Meter.

Informationen: www.ahr-rotweinwanderweg.de

Das Ahr-Steig-Wanderwegzeichen

■ **Ahr-Steig**

Der 2012 eröffnete Ahr-Steig, damals wegen Wegestreitigkeiten noch zweigeteilt, ist ein ebenso schöner und abwechslungsreicher wie auch anspruchsvoller Wanderweg mit Prädikat im Ahrtal. Er erstreckt sich über gut 100 Kilometer von der Quelle des Flüsschens in Blankenheim bis zu seiner Mündung in den Rhein bei Sinzig. Wer gut zu Fuß ist, kann den Ahr-Steig auch als Verbindungsstrecke von Eifel-Steig und dem Rhein-Burgen-Weg nutzen. Viele zertifizierte »Qualitätsgastgeber Wanderbares Deutschland« (Hotels, Restaurants, Pensionen) bieten entlang der Strecke Verschnauf- und Übernachtungsmöglichkeiten. Die meisten Punkte entlang des Steigs sind – zum Beispiel für gesellige Genusswanderer, die nur Teiletappen gehen wollen – gut mit Bus und Bahn (ÖPNV) erreichbar.

Informationen: www.ahrsteig.de

Karte S. 114

▲ *Einer der schönsten Wanderwege an der Ahr*

Erlebnis Ahrwein

Es geht steil hinauf, sehr steil. Die Lese ist hier noch weitgehend Handarbeit. Mühsam und schweißtreibend. Im gut 520 Hektar großen und nördlichsten (zusammenhängenden) Rotweinanbaugebiet Deutschlands – der Ahr. Hier sind Spitzenweine zu Hause, die immer wieder große Auszeichnungen für ihre Qualität bekommen, allerdings auch gute Preise haben.

Kaum zu glauben, aber wahr: Im pittoresken Tal der Ahr gedeihen die Trauben bestens – weil das Klima an mediterrane Breiten erinnert und die kargen Böden beste Voraussetzungen für optimales Wachstum bieten. Verwitterter Schiefer, Lößlehm, Grauwacke, Kies, vulkanisches Gestein und die Mauern der Weinbergterrassen sind Garanten dafür, dass die Böden tagsüber die Wärme aufnehmen und speichern. Nachts geht die Wärme dann in wohl dosierten Mengen an die Reben über – der Ahrwein wird von der Natur verwöhnt.

Das Mikroklima der Region kennt heiße Sommer und milde Winter. Die Durchschnittstemperatur liegt im Jahr bei rund zehn 10 Grad, was für die Trauben bedeutet, dass sie in einem Wohlfühlklima Kraft ohne Ende tanken können. Die Höhenlagen von Eifel, Ardennen und dem Hohem Venn sorgen zudem dafür, dass sich die Wolken aus Westen meist hier abregnen und im Ahrtal kaum noch nasse Himmelstropfen ankommen. Ahrwein ist also, wenn man so will, von der Sonne verwöhnt, auch wenn diese heiße Vergünstigung sonst gerne die Badener für sich reservieren.

Die Gunst der Natur ist aber nur die eine Seite der Wein-Medaille an der Ahr. Die andere sind das Können und die Fertigkeiten der Winzer. ›Klasse statt Masse‹ und nur beste Qualität lautet ihre Philosophie, die sich auch in den übrigen zwölf deutschen Weinanbaugebieten längst durchgesetzt hat. Die Ahrreben zum Beispiel werden früh im Jahr zurückgeschnitten, was weniger Ertrag, aber eine gesteigerte Qualität bedeutet.

Zu den wichtigsten Rotweinsorten zählen der Blaue Spätburgunder sowie sein ›früher‹ Bruder. Auch Portugieser, Dornfelder und die Domina-Traube sind nennenswert vertreten. Bei den Weißweinen sind Riesling, Grauburgunder und Kerner die Stars der Ahr-Szene.

Ein junger Weinberg hoch über dem Ahrtal

Herbst im Ahrtal

WeinWanderWochenende

Alle Jahre wieder am letzten Wochenende im April lädt die Ahr (und alle weiteren zwölf deutschen Anbaugebiete) zu einem zünftigen WeinWanderWochenende in seine Region. Gemeinsam mit dem Deutschen Weininstitut und Wanderführern mit Weinkompetenz wird auf dem Rotweinwanderweg marschiert (und probiert, zum Beispiel in Dernau beim Weinfrühlingsfest). Der 35 Kilometer lange Wanderweg von der Ahrmündung in den Rhein bei Sinzig/Bad Bodendorf nach Altenahr (oder umgekehrt) verbindet viele romantische Weinorte miteinander.

Ahr-Weinfeste

Christi Himmelfahrt
Weinfest Bad Bodendorf
Das erste und kleinste Weinfest an der Ahr findet am historischen Weinberg in Bad Bodendorf statt.

Pfingstwochenende
Weinmarkt der Ahr auf dem historischen Marktplatz in Ahrweiler, Pfingstsamstag Krönung der Ahrweinkönigin
www.ahrwein.de

4. Wochenende im Juli
Neuenahrer Burgunderfest auf der Festwiese in den Weinbergen oberhalb von Bad Neuenahr
www.burgunderfest.de
Ende Juli Sinziger Weinsommer und Rheinmeile OpenAir

3. Wochenende im August
Historisches Weinfest in Heimersheim mit mittelalterlichem Markttreiben, Musikern und Gauklern, Winzergelage und Ritterkämpfen und einem historischen Winzerfestzug am Fuße der Landskrone
www.historisches-weinfest-heimersheim.de

4. Wochenende im August
Ländliches Weinfest in Walporzheim mit Winzerfestzug am Sonntag und Feuerwerk am Montag
www.walporzheim.de

1. Wochenende im Sept.
Winzerfest in Ahrweiler mit Winzerfestzug am Samstag und Sonntag und Feuerwerk am Montag

2. Wochenende im Sept.
Weinmarkt Ahrweiler

3. Wochenende im Sept.
Weinfest in Rech mit Winzerfestzug am Sonntag. www.rech-weindorf.de

Vorletztes Wochenende im Sept.
Weinfest in Bachem
www.weindorf-bachem.de

Letztes Wochenende im Sept.
Winzerfest in Dernau mit Winzerfestzug am Sonntag und Feuerwerk am Montag. www.dernau.de

Letztes Wochenende im Sept.
Eröffnung der Weinfestwochen am Weinbrunnen in Altenahr
www.altenahr-ahr.de

Alle Wochenenden im Okt.
Weinfest in Mayschoß und Altenahr
www.mayschoss.de und
www.altenahr-ahr.de

▸ **Informationen**
Ahrwein e.V., Hauptstraße 80,
53474 Bad Neuenahr-Ahrweiler.
Tel. 02641/91719, www.ahrwein.de

Aufs Dach der Eifel steigt man auf der Hohen Acht, wobei hoch hier im alpinen Vergleich immer noch niedrig ist – bei der ›Jumbo-Höhe‹ von 747 Metern ist die Spitze erreicht. Im Blick hat man von hier auch den legendären Nürburgring, das weltweite Wahrzeichen der Eifel.

Die Nürburg von oben

HOHE EIFEL

Hohe Eifel

Die Eifel ganz oben – das ist die Region um die höchste Höhe und eine Autorennstrecke, die legendär ist und weltweit ihre Fans hat. Die Hohe Acht ist das Dach der Eifel und bringt es mit 747 Metern für ein Mittelgebirge auf eine ordentliche Höhe. Viele Wanderwege und einige Loipen und Pisten im Winter sorgen hier ganzjährig für Betrieb. Adenau und das Adenauer Land gilt es genauso zu entdecken wie natürlich den Nürburgring. Die »Grüne Hölle«, wie die über 20 Kilometer lange Nordschleife immer noch respektvoll genannt wird, ist eine Herausforderung. Wer sie mit dem eigenen Wagen befährt, muss gute Nerven haben und sollte seine Grenzen kennen. Aber es macht auch eine Menge Spaß! Der Ring mit all seinen Attraktionen ist wieder oder nach wie vor ein Erlebnis, daran haben auch diverse Pleiten, Pech und Pannen in der jüngsten Vergangenheit nichts geändert.

Adenau

Vielleicht wäre es anders gekommen, wenn, ja wenn sich ein Grundbesitzer damals beim Bau des Nürburgrings nicht quer gestellt hätte. Denn, so erzählt man es sich in und um Adenau, hätte der Mann zugestimmt, wären Start und Ziel der Rennstrecke in der Nähe ihrer Stadt errichtet worden. Und der Nürburgring würde heute vielleicht Adenauring heißen. Eine Infotafel an einem Kreisel mit einem Denkmal für den legendären Silberpfeil hält diese Geschichte am Leben, ein bißchen Neid dürfte wohl aber auch mitspielen. Immerhin vermarktet sich die gesamte ›Ringecke‹ auch als Erlebnisregion Nürburgring, was Sinn macht. Im ehemals ›ärmsten Kreis im Lande Preußen‹ ist nun einmal die Grüne Hölle das touristische Nonplusultra.

Dabei hat das Städtchen Adenau, das zudem als Einkaufsstadt für die gesamte Region wichtig ist, auch seine Pfunde, mit denen es wuchern kann. Der schöne Marktplatz zum Beispiel mit einigen schmucken Fachwerkhäusern. Oder auch die alte Kapelle zur schmerzhaften Mutter Maria in der Pickelsgasse, die aussieht wie ein kleiner Dom. Oder auch drei spannende Museen (s. unter Sehenswürdigkeiten).

■ **Historischer Buttermarkt**
Kurz vor dem Stadtende (auf dem Weg zum Nürburgring), wenn man mit Ade-

Am Marktplatz von Adenau

Die ›Butterfrau‹ am historischen Buttermarkt

nau eigentlich schon abgeschlossen hat, geht's am REWE-Markt rechts rein zum historischen Buttermarkt. Dort findet man versteckt in einen EFH-Gebiet ein gut saniertes Fachwerkensemble, u. a. mit dem alten Burghaus der Herren von Adenau aus dem 14./15. Jahrhundert. Ein zweites Fachwerkhaus stammt aus dem 18. Jahrhundert, es stand ursprünglich an der Hauptstraße und wurde auf dem Buttermarkt als Haus Romes-Hartmann im 20. Jahrhundert wieder aufgebaut, wo es seitdem u. a. als Ausstellungsraum dient. Draußen auf dem Hof erinnert eine Bronze-Plastik ›Die Butterfrau‹ an den ursprünglichen Adenauer Buttermarkt (Historischer Stadtteil Buttermarkt, Hauptstraße 186 in Adenau)

■ **Eifeler Bauernhaus-Museum**
Das Museum ist in einem ehemaligen Bauernhaus untergebracht. Anhand des alten Mobiliars und Gebrauchsgegenstän-

den aus früheren Zeiten kann man sich sehr gut in die bäuerliche Alltagswelt zurückversetzen. Eine Besonderheit ist ein Webzimmer mit Spinnrad und Bügelofen. Auch früher in der Eifel angebaute Getreidesorten werden thematisiert.

■ **Heimat-, Zunft- und Johannitermuseum**
Um 1667 erbaut, zeigt das Museum die Geschichte der Adenauer Zünfte und präsentiert Originalwerkzeuge verschiedenster Handwerke, darunter Sattler, Schneider, Schuster oder Seiler. Anschaulich wird die Geschichte des Johanniter-/ Malteserordens erläutert, etwa anhand einer Münzsammlung und Lagerbüchern.

■ **Schlossruine Aremberg**
In Aremberg, 15 Kilometer westlich von Adenau, kann man noch den Turm von außen besichtigen. Das Schloss wurde vermutlich im 12. Jahrhundert errichtet und 1683 durch französische Truppen zerstört. Rund um die Ruine sind zahlreiche lokale Wanderwege ausgezeichnet.

ℹ️ **Adenau (und Umgebung)**
www.stadt-adenau.de (Website der Stadt), www.adenau.de
Touristische Informationen: www.erlebnisregionnuerburgring.de

🏛️
Eifeler Bauernhaus-Museum, Schulstraße, 53518 Adenau, Tel. 02691/305704; So14–16 Uhr und nach Vereinbarung; freier Eintritt
Heimat-, Zunft- und Johannitermuseum, Am Kirchplatz, 53518 Adenau; April–Okt. Sa 11–13 Uhr, So, Fei 11–15 Uhr und nach Vereinbarung.

Angelpark Barweiler Mühle, Barweiler Mühle 2, Tel. 02691/7684. Ein beliebtes Ausflugsziel für Wanderer, Angler und Fahrradfahrer. Vier Angelteiche stehen zur Verfügung. www.barweilermuehle.de

Hohe Eifel

Booser Eifelturm

Zwischen dem Nürburgring und Kelberg liegt der kleine Flecken Boos, der bei Wanderern jedoch ganz groß raus kommt. Sein Eifelturm erreicht zwar nicht die Höhe und Bekanntheit des Pariser Stahloriginals mit zwei ›ff‹ (Monsieur Eiffel hatte ja auch einen entfernten Eifel-Bezug). Mit 25 Metern Höhe ist der hölzerne Booser Eifelturm (125 Stufen) auf dem Schneeberg aber ein schöner Aussichtspunkt über weite Teile der Hohen- und der Vulkaneifel bis hinüber zu Hunsrück und Westerwald. Eingebettet ist der Eifelturm als Booser Doppelmaartour in das empfehlenswerte Wanderangebot ›Traumpfade‹, das der Tourismus in Rheinland-Pfalz für 26 besonders schöne Rundwanderwege erarbeitet hat. Über gut neun Kilometer bietet der Weg tiefe Einblicke in acht Schlackenkegelvulkane und die beiden verlandeten Trockenmaare von Boos.

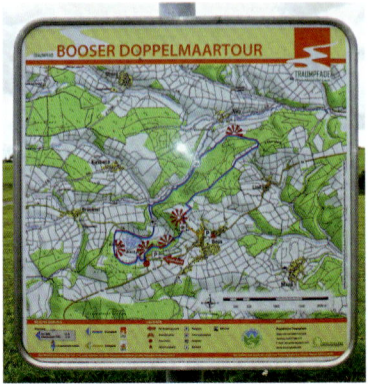

Informationen zur Booser Doppelmaartour

Übrigens: Schon die Römer wussten den klaren Fernblick vom Schneeberg zu schätzen. Bei Abbau- und Grabungsarbeiten fand man hier viele römische Münzen sowie Tonfiguren und -gefäße. Ein Parkplatz befindet sich an der B 410. (www.traumpfade.info)

Hohe Acht

Sie ist keine Schönheit, ein bewaldeter Hügel halt mit einem klotzigen Turm in der Mitte – die Hohe Acht, 5,5 km östlich von Adenau und mit 746, 9 Metern der höchste Berg der Eifel. Steigt man noch auf den denkmalgeschützten Kaiser-Wilhelm-Aussichtsturm, erreicht man die schwindelerregende Höhe von gut 763 Metern. Das Atmen sollte man nicht vergessen.

Mit dem Bau des Turms aus Bruchstein setzte die Region dem damaligen Kaiser Wilhelm II. und Kaiserin Auguste Viktoria zu deren Silberhochzeit ein Denkmal. Das sollte zudem noch das Gedenken an Kaiser Wilhelm I. wachhalten, woran die Besucher durch eine monumentale Bronzeplatte am Turmeingang (ganzjährig geöffnet, freier Eintritt) erinnert werden. Vom (im Sommer von Mücken umschwirrten) Plateau hat man eine schö-

Bronzeplatte am Eingang zum Turm auf der Hohen Acht

Karte vordere Umschlagklappe

ne Rundumsicht über einen großen Teil der Eifel; an total klaren Tagen soll man sogar die Domspitzen in Köln sehen können. Der Blick entschädigt dann für den nicht sehr spannenden Aufstieg vom ausgeschilderten Wanderparkplatz an der L 10. Der Name des Berges kommt wahrscheinlich von ›Acht ha-ben‹/›aufpassen‹ – einst stand dort ein Beobachtungsturm. Der Kaiser-Wilhelm-Turm steht seit 1987 unter Denkmalschutz.

Im Winter bei Schnee kann man auf der Hohen Acht rodeln und Ski fahren. Im Berghotel Hohe Acht, nur einen Kilometer vom Aussichtsturm entfernt, lässt sich gut eine Pause einlegen (Hohe-Acht, 53518 Adenau, Tel. 02691/471, www. hohe-acht.com).

Wandern auf der Eifelleiter

Auf einer Leiter nimmt man Sprosse für Sprosse, man steigt immer weiter hinauf. Genauso läuft's auch auf der Eifelleiter, einem Premiumwanderweg über 53 Kilometer mit Start am Rhein und Ziel auf dem Eifeldach der Hohen Acht. Idealerweise läuft man die Tour in drei Etappen: von Bad Breisig nach Niederzissen, von Niederzissen nach Spessart/Kempenich

und schließlich nach Adenau. Man startet an der romantischen Rheinpromenade, staunt am Bausenberg über Deutschlands besterhaltenen Hufeisenkrater, sieht das Rodder Maar, Burg Ohlbrück und kämpft sich – auch in Serpentinen – am Ende hoch auf die Hohe Acht mit ihrem Kaiser-Wilhelm-Turm. Der Wanderweg bietet viele Aussichtspunkte und weite Blicke in die Rhein- und Eifelregion. Die Eifelleiter ist mittelschwer bis schwer und führt lange Strecken bergauf. Der Weg ist durchgängig mit eigenem Logo markiert. Wegweiser mit blauen Spitzen und Kilometerangaben weisen zum nächsten Ziel. Übrigens: Man kann (und muss) auf einer Leiter natürlich auch abwärts gehen, die Eifelleiter ist deshalb beidseitig ausgeschildert!

Es gibt Pauschalangebote fürs Wandern ohne Gepäck. (www.eifelleiter.de)

Nürburg und Umgebung

Das kleine Städtchen ist eine Ortsgemeinde im Landkreis Ahrweiler und gehört zur Verbandsgemeinde Adenau. Immer, wenn Veranstaltungen auf dem nahen Ring anstehen, platzt der Ort mit seinen rund 200 Bewohnern aus allen

Hohe Eifel

Blick von der Hohen Acht über die Hohe Eifel

Die Nürburg überragt den gleichnamigen Ort

Nähten. Fast alles ist hier dem Motorsport, den ›Schraubern und Drehern‹, untergeordnet. Einen Besuch lohnt die **Pfarrkirche St. Nikolaus**, deren älteste Teile aus dem 15. Jahrhundert stammen. Die den Ort überragende **Nürburg** ist die höchstgelegene Befestigungsanlage ihrer Art in Rheinland-Pfalz. Als Erbauer gilt Graf Ulrich von Are (12. Jahrhundert), seine Nachfahren nennen sich später die »Herren von Nürburg und von Are«. Die Burg wurde als typische Gipfelburg in 678 m Höhe auf einen Basaltkegel errichtet. Der war als *mons nore* (schwarzer Berg) eine Art Taufpate für die Nürburg, die unbewohnt ist und in Teilen weiter restauriert und saniert wird (bis 2019 in Teilen eingerüstet).

■ **Kelberg**
Nett und beschaulich und abseits der großen Ring-Hektik präsentiert sich Kelberg als staatlich anerkannter Luftkurort (www.kelberg.de). Hauptsehenswür-

digkeit ist der ehemalige Vulkankrater Hochkelberg (675 m), der dritthöchste Eifelgipfel, auf dessen Südkuppe ein Senderturm steht. Am Fuß des Berges liegt der Mosbrucher Weiher (Trockenmaar), das seit 1980 als Naturschutzgebiet anerkannt ist. Stege führen die Besucher durch das Maar.
Für alle Campingfreunde ist **Müllenbach** Kult. Der Platz auf 300 000 Quadratmetern grenzt direkt an den Ring. Tipp für alle Camper ohne große Motorsportbegeisterung: Ohrstöpsel nicht vergessen!

■ **Wasserfall Dreimühlen**
Der Wasserfall Dreimühlen westlich des Dorfes Nohn ist ein interessantes Naturdenkmal und nach der benachbarten Ruine Dreimühlen benannt. Der ›Fall‹ entstand aus Kalkablagerungen dreier Quellzuflüsse des Ahbachs und wächst ständig weiter. Grund: Karbonatreiches Wasser setzt an der Spritzkante Kohlendioxid frei und das verbleibende Calci-

Karte vordere Umschlagklappe

umkarbonat überkrustet das sich ansiedelnde Moos. Durch diese ständige Ablagerung ›wächst‹ die Sinterbank ständig. (www.nohn-eifel.de)

Der **Weg zum Wasserfall**: parken in der Kirchstraße (in 54579 Üxheim), hinter dem Dorfplatz auf der linken Seite. Ab hier bis zur Hauptstraße zurück, dort nach links und nach wenigen Metern dem Radwegweiser Richtung Hillesheim folgen. Im Ahbachtal läuft man dann über den Rundweg (3,3 km) oder über den Radweg (2,1 km).

Silberpfeil-Denkmal in Adenau

ℹ️ **Nürburg und Umgebung**

Informationen zum **Ort Nürburg**: www.nuerburg.de
Alle Informationen zu den Touristenattraktionen rund um die **Rennstrecke** unter www.nuerburgring.de und unter der kostenfreien Info- & Ticket-Hotline: 0800/2083200.
Die **Burgruine** ist von April–Sept. von 9–18 Uhr geöffnet, Okt.–März 9–17 Uhr. Erw. 3 €, Kinder etc. billiger. Vom Autoparkplatz am Restaurant/Café ›Zur Nürburg‹ läuft man etwa zehn Minuten bergauf. Die Burgverwaltung ist unter Tel. 02691/2704 erreichbar.

🏕️

Camping am Nürburgring, Kreisstraße 72, 53520 Müllenbach, Tel. 02692/224. www.camping-am-nuerburgring.de

🍴

Pizzeria Il Cavallino (das Pferdchen), Hauptstraße 14a, 53520 Müllenbach, Tel. 02692/932621. Mo–Sa 11–14 Uhr und 17–23 Uhr, So 11–22 Uhr.

Der Nürburgring

Die Legende mit der berühmten Nordschleife lebt – trotz Pleite und vieler Pannen. Sie hat Triumphe erlebt, sie musste Dramen verkraften. Sie ist bis heute die längste permanente Autorennstrecke der Welt. Und sie ist bis heute ebenso

berühmt wie berüchtigt – die legendäre Nordschleife des nach der benachbarten Burg benannten Nürburgrings. 1927 wurde die wahrscheinlich bekannteste Rennpiste der Welt offiziell eröffnet: Die Legende Rudolf Caracciola siegte hier, die Silberpfeile von Mercedes rollten hier zum ersten Mal über das heiße Asphaltband. 1982 kam für den insgesamt rund 26 Kilometer langen Formel-1-Rennkurs das Renn-Aus – schwere Unfälle (u. a. von Niki Lauda) und Sicherheitsmängel waren die Ursache.

1984 wurde bei Start und Ziel eine neue Grand-Prix-Strecke aus dem Eifelboden gestampft und zeitweilig auch von der Formel 1 mit Beschlag belegt. Ob die Formel 1 wieder auf den Ring zurückkehren wird, ist derzeit offen, im Gespräch sind jährliche Wechsel zwischen Hockenheimring und Nürburgring (Stand 2018). 2013 heulten zum bisher letzten Mal die Formel-1-Motoren am Ring (Sieger war Sebastian Vettel).

Hohe Eifel

Die Nordschleife auf dem Nürburgring

Zusammen mit der Nordschleife ist ein Gesamtkurs von 26 Kilometer möglich, der als Rennstrecke allerdings nur selten genutzt wird (das 24-Stunden-Rennen führt zum Beispiel über gut 25 km).

Außer rasenden PS-Vehikeln mit zwei, vier oder mehr Rädern bietet der Ring immer wieder auch eine großartige Kulisse für Langläufer, für Hindernisläufer, für Radfahrer und für Rockfans. Nach einem kurzen Zwischenspiel in Mendig findet das dröhnende Musikfestival ›Rock am Ring‹ seit 2017 wieder im Fahrerlager-Bereich des Nürburgrings statt. 80 000 und mehr Musikfans sorgen jedes Mal dafür, dass die Schilder »Ausverkauft« hervorgekramt werden müssen.

Ein Blick noch zurück in die jüngere Vergangenheit: Das Projekt ›Nürburgring 2009‹ sollte neuen Schwung und neue Attraktionen in die weltweit wohl bekannteste Eifel-Sehenswürdigkeit bringen. Realisiert wurden u. a. eine Freizeit- und Erlebnismeile mit einem sogenannten Boulevard, der – warum auch immer – besonders hoch gebaut wurde, dafür aber mit einigen Fanshops großer Autofirmen ziemlich leer ist. Auch neue Hotels, ein ›Eifeldorf‹ mit Restaurants und Diskotheken, ein Indoor-Themenpark entstanden. Hauptattraktion sollte die superschnelle Achterbahn ›Ring-Racer‹ sein, die allerdings nur wenige Tage in Betrieb war und Ende 2013 wegen diverser technischer Mängel erst einmal zu den Akten gelegt wurde. Das Gerüst steht, ob der ›Racer‹ aber jemals rasen wird: Was man zu hören bekommt, ist gar nichts oder »kein Kommentar«.

Schon vorher war es immer wieder zu reichlich Pleiten, Pech und Politpannen gekommen. Es wurden Millionen an Steuergeldern in den Ring verbraten, obwohl die zuständigen Politiker in Rheinland-Pfalz jahrelang das Gegenteil behauptet hatten. Am Ende ging die Nürburgring GmbH pleite, was u. a. den Ministerpräsidenten Kurt Beck in Mainz das Amt kostete.

Seit Oktober 2014 gehört der Ring mehrheitlich zum Imperium des russischen Pharma-Milliardärs Wiktor Charitonim.

■ **Nordschleife (20,832 km)**
Die Grüne Hölle wurde als Strukturhilfe für die bettelarme Eifel-Region zwischen 1925 und 1927 gebaut und erlebte ihre Rennsport-Premiere am 18. Juni 1927 mit einem Motorradrennen. Einen Tag später gingen die ersten Boliden auf den Kurs und ein gewisser Rudolf Caracciola ging als erster Fahrer beim Eifelrennen über die Ziellinie.

Bekanntestes Rennen auf der Strecke heute ist das 24-Stunden Rennen, das auf einer Kombination aus Nordschleife und Grand-Prix-Strecke ausgetragen wird. Die gesamte Veranstaltung geht vier Tage lang. Bis zu 800 Amateure und Profis nehmen an diesem Rennen mit über 200 Autos teil.

■ **Grand-Prix-Strecke**
Die Grand-Prix-Strecke bei Start und Ziel der alten Nordschleife wurde am 12. Mai 1984 als zunächst 4,5- und jetzt 5,148 Kilometer lange Grand-Prix-Kurs eröffnet, um die Formel 1 zurück in die Eifel zu holen. Der HighSpeed-Kurs ist zwischen 10 und 25 Meter breit, es gibt sieben Links- und zehn Rechtskurven.

■ **Erlebnismuseum am Nürburgring: Ringwerk**
Ganz dem Motorsport verschrieben hat sich der Indoorthemenpark ›ringwerk°‹ mit Simulatoren, Fahrgeschäften und 4D-Kino. Man zahlt einmal Eintritt und kann anschließend bei guter eigener Zeiteinteilung alle Attraktionen ausprobieren. Unser Tipp: Im Nürbus virtuell und mit viel Rütteln und Schütteln auf Eifeltour gehen

Hohe Eifel

– lustig! Zudem werden viele Autos der Motorsportgeschichte ausgestellt und man kann auch auf einer großen Carrera-Bahn sein fahrerisches Geschick testen.

■ **Veranstaltungen am Nürburgring (Auswahl)**

Sportliche Events am Nürburgring gibt es auch jenseits der Formel 1 immer noch eine ganze Menge. Die wichtigsten sind: Langstreckenrennsport, Tourenwagen-rennsport (DTM), 24-Stunden-Rennen, Truck-Grand-Prix.

Neben den klassischen Motorsportver-anstaltungen finden am Ring auch im-mer wieder große Events außerhalb des Sports statt, etwa Konzerte.

Rock am Ring ist Deutschlands populärs-tes Open-Air-Festival. Es treten berühmte Bands wie Die Toten Hosen oder Ramm-stein auf. Das erste RaR ging 1985 über die Bühne (u. a. mit Joe Cocker). Später tingelte das Festival durch verschiedene Städte, um seit 2017 wieder an seiner Gründungsstätte zu eröffnen. (www.rock-am-ring.com)

Populär ist mittlerweile auch **Nürburgring olé** als Schlager- und Partyfestival sowie die **New Horizons** als EDM-Musikfestival. Für alle Biker ein tolles Erlebnis ist immer zum Frühlingsanfang die Saisoneröffnung mit **Motorradfahrer-Gottesdienst**: Tau-sende Motorradfahrer sind regelmäßig mit von der Partie. In der Regel spielt eine Band und es gibt verschiedene Ak-tionen für die Motorsport-Fans.

Der **Fisherman's Friends Strongman Run** ist etwas für Hartgesottene. Der wahr-scheinlich längste Hindernis-Run der Welt führt über 24 Kilometer mit 40

▲ *Am Nürburgring finden nach wie vor Rennen statt*

Karte vordere Umschlagklappe

Hindernissen. Etwa 13 000 Teilnehmer geben sich auf dem Parcours, der Sport und Fun in einem ist, jedes Jahr die Kante. Die Teilnehmer müssen sich u. a. in Schlammbädern suhlen und in eiskalte Wasserbecken springen. Die Veranstaltung steht immer an einem Samstag im April oder Mai auf dem Terminkalender. (www.strongmanrun.de)

Für Radfans ein Muss ist **Rad am Ring**.

🛏 Nürburgring

Lindner Hotels & Ferienpark Nürburgring, Stefan-Bellof-Straße, 53520 Nürburg, Tel. 02691/3025-000. Das **Lindner Congress & Motorsporthotel Nürburgring** (direkt an der Rennstrecke) und das Lindner Hotel Grüne Hölle Eifeldorf sind ideal für den Aufenthalt am Ring. Wer länger bleibt und auch die zentrale Eifel entdecken will, findet im **Lindner Ferienpark Nürburgring** im nahen Drees in einer der 100 Ferienhäuser komfortable Unterkünfte. Übrigens: In seinem Eifel-Krimi ›Die Nürburg-Papiere‹ lässt Kultautor Jacques Berndorf eine ›heiße Szene‹ im Ferienpark in Drees spielen – lesen lohnt sich! www.lindner.de

🚗

Touristenfahrten am Ring: Man kann entweder die Nordschleife oder die Grand-Prix-Strecke befahren. Und dies mit dem eigenen Auto oder (gegen Aufpreis) mit einem Mietauto. Achtung: Bei Unfällen gibt es fast immer Probleme mit der KfZ-Versicherung!

Die Öffnungszeiten sind (wegen verschiedenen Veranstaltungen, Trainings, Wetter etc.) sehr unregelmäßig.

▸ **Preise**

Ein Kurzauftritt von 15-Minuten auf der Grand-Prix-Strecke: 29 €.

Eine Runde auf der Nordschleife: montags bis donnerstags: 25 €, freitags bis sonntags und an Feiertagen: 30 €.

Als Co-Pilot bei einem professionellen Rennfahrer mitfahren. Gesamtdauer: 30 Minuten, reine Fahrtzeit: 10 Minuten;

Zu der Veranstaltung gehört ein 24-Stunden-Rennen (auch für Zweier-, Vierer- und Achter-Teams), drei Jedermann-/frau-Rennen über 25 Kilometer, 75 Kilometer und 150 Kilometer auf der Nordschleife und ein 24-Stunden-Rennen für Mountainbiker (auch für Zweier-, Vierer- und Achter-Teams) auf einer 7 Kilometer langen Schleife zwischen der Grand-Prix-Strecke und der Nürburg.

295 € inklusive Bereitstellung der Ausrüstung. Mindestalter: 18 Jahre, max. Größe: 1,95m, max. Gewicht: 100 kg.

Auch Fahrten über die Nordschleife im privaten Renn-Taxi werden angeboten: ab 249 € für eine Runde. (www.renn-taxi.de) Ansonsten gibt es noch verschiedene Formel- und Sportfahrertrainings (größtenteils sehr teuer).

▸ **Ring-Kartbahn am Nürburgring**

Die Kartbahn ist in den Ring-Boulevard integriert. Wer fahren will, muss mindestens 8 Jahre alt und größer als 1,20 Meter sein. Die Kosten liegen für einen Leih-Kart (10 Minuten) bei 12 € (ab 12 Jahre) und bei 10 € (ab 8 Jahre). Auch mit einem Doppelsitzer kann man an den Start gehen – für 12 € (10 Minuten). Die Öffnungszeiten der Kartbahn schwanken stark, in der Regel Mo, Di geschlossen, Mi–Fr 13–20 Uhr, Wochenende 10–20 Uhr, das kann aber jeden Monat wieder abweichen. Tel. 02691/3026670

🏛

Erlebnismuseum ring°werk, Tel. 02691/3026607. Die Öffnungszeiten sind auch hier unregelmäßig, am besten online unter www.nuerburgring.de nachschauen! Erw. 9,90 €, Kinder ab 6, Jugendliche, Studenten, Senioren etc. 7,90 €, Familienkarte (2 Erwachsene und bis zu 4 Kinder 6–17 Jahre) 32 €.

Alle **Informationen zu den Touristenattraktionen** unter der kostenfreien Info- & Ticket-Hotline: 0800/2083200 und unter www.nuerburgring.de

Hohe Eifel

Calderen und Krater. Geysire und Maare.
Erkaltete Lavaströme und bizarre Felskuppen:
Wo einst mächtige Urgewalten die Erde
erst erschütterten und dann formten, erleben
wir heute einen geologischen Abenteuer-
park – ganz natürlich und mittendrin in der
Kulturlandschaft der Vulkaneifel.

Maare wie hier bei Daun sind die ›Augen‹ der Eifel

VULKANEIFEL

Feurige Vergangenheit

Was Sie schon immer über die feurige Vergangenheit im deutschen Westen wissen wollten – in der Vulkaneifel können Sie Ihre Neugierde ziemlich umfassend befriedigen. Im Land der Maare und Vulkane dreht sich (fast) alles um die Urgewalten der Erde: 350 kleine und große Vulkane kennt die Region, dazu Maare, Lavabomben und -ströme, Basaltbrüche, Mineral- und Kohlesäurequellen. Feuer und Wasser haben diese raue und faszinierende Region geprägt und geformt – sie tun dies immer noch. Der UNESCO Global Geo-Park Vulkaneifel (seit 2015) und viele Geo-Museen vor Ort erinnern auch daran: Unter der Oberfläche brodelt es weiter, die vulkanische Power ist immer noch vorhanden, verharrt, wenn man so will, seit gut 10 000 Jahren auf Stand-By. Die Vulkaneifel ist vieles: Lern- und Erlebnisregion. Aktivland. Gesundland: Ankommen, abschalten, auftanken und genießen. Nirgends ist die Eifel so vielfältig wie im Land von Fire and Ice, das sich als Natur-und Geopark Vulkaneifel aufgestellt hat.

Natur- und Geopark Vulkaneifel

Auf einer Fläche von 2200 Quadratkilometern erstreckt sich der Geopark von der belgischen Grenze im Westen bis zum Rhein im Osten quer durch die Eifel. Die vom Vulkanismus der Vergangenheit gezeichnete Landschaft zeichnet sich durch eine Vielzahl von Maaren, Schlackenkegeln, Lavaströmen, Lavadome, Calderen und sprudelnden Quellen aus. Die größte Caldera bildet der vor etwa 13 000 Jahren zuletzt ausgebrochene Laacher See-Vulkan. Ein Kennzeichen anhaltender vulkanischer Aktivität in diesem Gebiet sind die bis heute sichtbar austretenden vulkanischen Gase.

Das Gebiet wird intensiv vom Tourismus genutzt. Es wurden Infozentren und Museen eingerichtet sowie geologische, kulturhistorische und industriegeschichtliche Natur- und Kulturdenkmäler zum Thema Eifelvulkanismus touristisch erschlossen. Wander- und Radwege sowie ausgeschilderte Autorouten verbinden die einzelnen Stationen.

Der Geopark Vulkanland Eifel vereint die folgenden regionalen Geoparks in Rheinland-Pfalz:

▸ Vulkanpark im Landkreis Mayen-Koblenz (Sitz in Koblenz)
▸ Vulkanpark Brohltal/Laacher See (Sitz in Niederzissen)
▸ Natur- und Geopark Vulkaneifel (Sitz in Daun)

Er wurde in zwei eigenständige Geoparks geteilt, den Nationalen Geopark Laacher See und den Nationalen Geopark Vulkaneifel.

Der Verwaltungssitz des Geoparks befindet sich in Daun (→ S. 154), alle Informationen gibt es unter www.geopark-vulkaneifel.de.

■ **Geo-Themenpfade**
Im Geopark gibt es 16 verschiedene Themenwanderwege in verschiedenen Längen. Wir stellen drei Beispiele vor:
▸ **Mühlstein- und Eishöhlen am Rother Kopf**
Länge: etwa 1,5 Kilometer
Wanderdauer: etwa 0,5 h
Start: Waldparkplatz bei Roth
Highlight: der Besuch einer Eishöhle (früher wurden hier Mühlensteine abgebaut)
▸ **Vulkan Kalem**
Länge: etwa 4,5 Kilometer
Wanderdauer: etwa 2,5 h
Start: Parkplätze in der Ortsmitte von Birresborn oder am Bahnhof Birresborn
Highlight: Besuch des Vulkans Kalem

▲ Karte S. 145

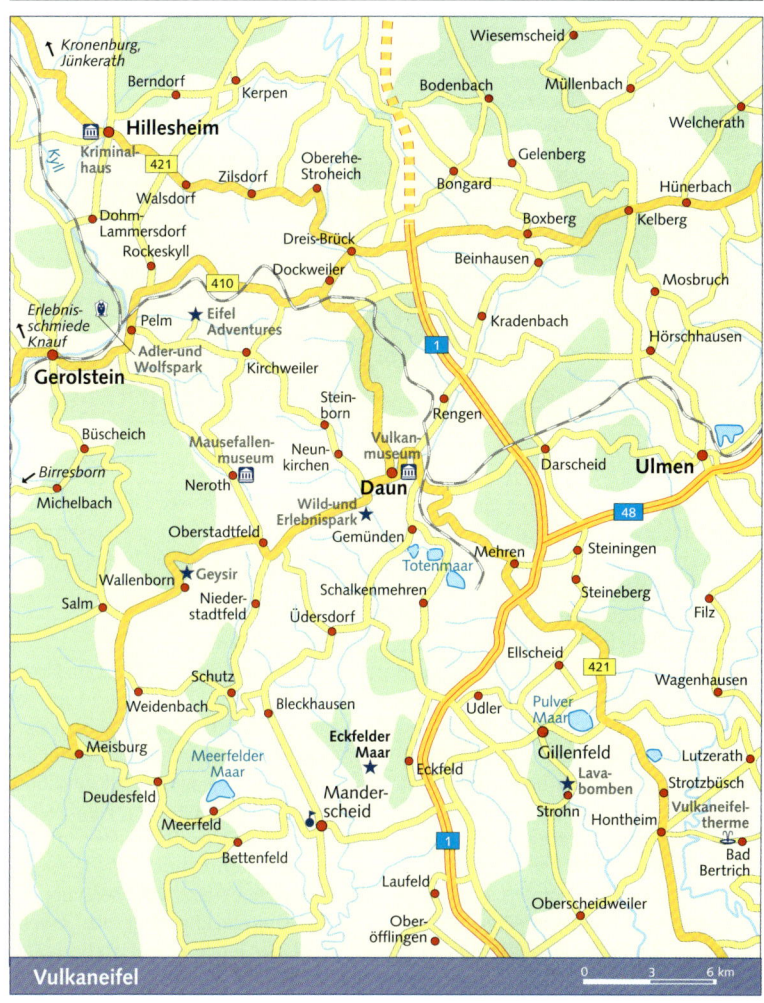

Er gehört zu den größten und ältesten Vulkanen der Vulkaneifel. Er hat gut 600 000 Jahre auf ›dem Buckel‹.

▶ **Eigelbacher Maar**
Länge: etwa 4,5 Kilometer
Wanderdauer: etwa 2,5 h
Start: Parkplatz am Wolffhotel, Kopp oder Parkplatz Steinkreuz oberhalb Eigelbach
Highlight: Der Rundweg um das Maar führt durch den gut 120 Meter tiefen

Krater eines Trockenmaars. Auf der Tour findet man das älteste Gestein der Region: rund 400 Millionen Jahre alte Sandsteine aus dem Unterdevon.

Trailpark Vulkaneifel

Die Vulkaneifel ist ein Biker-Paradies: über 750 Kilometer durch Täler und über Anhöhen, über 17500 Höhenmeter und das alles per Mountainbike. Das ist der

Radfahrspaß im Trailpark

Trailpark Vulkaneifel. Vorbei geht's auch an den unverwechselbaren Vulkanseen, den Maaren, die diese Region zwischen Köln und Trier so einzigartig machen. Die Strecken sind gut beschildert. Zur Einkehr laden viele bike-freundliche Restaurants und Hotels ein, die dies meist auch durch entsprechende Hinweise kundtun. Es gibt Strecken mit verschiedenen Schwierigkeitsgeraden und Steigungsprozenten für MTB-Enthusiasten, Familien und Genießer. Man kann sich auch individuelle Touren zusammenstellen, weil die einzelnen Routen eng miteinander verknüpft sind. Vor Ort kann man auch Mountainbikes ausleihen, zudem existieren Reparaturfachbetriebe. Tipp zur Anfahrt: Den Parcours erreicht man am besten über die Lavastraße in 54552 Trittscheid. (www.vulkan.bike.de)

Ein Highlight für alle Bike-Fans findet immer im September statt: der VulkanBike Eifel-Marathon. Die Teilnehmer können mit ihren Mountainbikes fünf verschiedene Strecken fahren (20, 35, 65, 85 oder 100 km). Die längste Strecke weist dabei 2300 Höhenmeter auf. Auf den Fahrrädern geht es durch die Vulkanlandschaft, die Fahrer haben dabei einen Panoramablick über die Eifel, sofern sie einen Blick ›frei‹ haben. Im letzten Jahr waren rund 2000 Biker gemeldet (15 verschiedene Nationalitäten).

Oberes Kylltal

Die Ferienregion Oberes Kylltal am Nordwestrand der Vulkaneifel gehört mit ihren gut 700 km Wanderwegen zu den attraktiven Wanderregionen in der Eifel. Von 400 m bis hinauf auf rund 660 m führt ein Drei-Tage Rundweg »Wandern ohne Gepäck« über insgesamt 58 Kilometer. Er führt durch Waldgebiete, Wiesen, Bachtäler und über Bergkuppen. Um das Gepäck kümmert sich jeweils der Wirt der letzten Tagesstation. Die Tagesetappen sind zwischen 18 und 23 km lang, zu bewältigen sind zudem rund 300 Höhenmeter. Der Rundkurs führt von Birgel nach Kronenburg (s. dort) und weiter zum Vulkandorf Steffeln und wieder zurück zum Startort. Zu sehen gibt es die historische Mühle in Birgel, den romantischen Burgort Kronenburg, die Prümquelle auf 656 Metern, den Vulkangarten in Steffeln (mit dem Steffelnkopf als ›Blick ins Land‹), das kleine Eichholzmaar u. a. m.

Karte S. 145

Kronenburg

Wer Nordrhein-Westfalen kennt, denkt an die großen Städte wie Köln, Düsseldorf, Essen. Ganz im Süden aber im oberen Kylltal, hart an der Grenze zu Rheinland-Pfalz, hat das bevölkerungsreichste Bundesland einen Schatz versteckt – den zauberhaften Burgort Kronenburg. Das Städtchen, das ein Teil von Dahlem ist, thront wie eine Puppenstube auf einem mächtigen Felssporn hoch über der Kyll und ist eigentlich ein idyllisch bebautes Flächenmuseum. Wer hier am Vormittag so gegen 10.30 Uhr aufschlägt und über das Kopfsteinpflaster bummelt, hat meist Mühe, überhaupt eine Tasse Kaffee zu bekommen. Die Hotelgäste der letzten Nacht sind schon weg, die neuen noch nicht da und das Personal macht Pause. Oder die Zimmer sauber. Immerhin gibt's ein zweites Frühstück im heimeligen Café Zehntscheune.

Die **Burg Kronenburg**, die erstmals 1277 als adeliger Wohnsitz in einer Urkunde der Abtei Stablo-Malmédy erwähnt wurde, gehörte wechselnden Herrschaften, die auch aus Luxemburg, Spanien und Frankreich kamen. Später verarmten die

Die Ritterstube in Kronenburg

›Herren von Kronenburg‹, ab Mitte des 18. Jahrhunderts zerfiel auch die Burg, die aber als ›gepflegte Ruine‹ auf dem Burgring noch gut begehbar ist. Das Burghaus empfängt heute als Vier-Sterne-Hotel seine Gäste.

Das **Nordtor** ist wie eh und je der einzige Zugang ins Städtchen, das aus rund vier Dutzend trefflich sanierten Häusern besteht, von denen viele als Hotel, Ferienwohnung oder Pension aufgemacht sind. Einige Ateliers bieten Kunstwerk an, Einkaufsläden gibt es so gut wie nicht. Ein Bummel durch den Ort, der aus der Zeit gefallen scheint, macht Laune. Am ersten Adventswochenende verwandelt sich der ganze Ort in einen großen, stimmungsvollen Weihnachtsmarkt mit teils hochwertigem Kunsthandwerk.

Der unterhalb gelegene Ortsteil **Kronenbergerhütte** war einst Standort einer Eisenhütte, die hier wie auch mehrfach anderswo in Eifel für Brot und Arbeit sorgte. Ganz in der Nähe liegt der **Kronenburger See**, der durch die Kyll gespeist wird und als Erholungs- und Freizeitzentrum beliebt ist. Der Eifelpark Kronenburger See ist für seine Ferienhaussiedlungen bekannt.

Vulkaneifel

Am Oberen Burgbergring in Kronenburg

■ **Eisenmuseum Jünkerath**
Eisen und Eifel bildeten viele Jahrhunderte ein untrennbares Duo, und die Geschichte der Eifeler Eisenindustrie wird in Jünkerath wieder lebendig. Es gibt

Führungen und Programm rund um Erz, Hochöfen und Eisenverarbeitung. Man kann auch selbst Hand anlegen und Zinn gießen. Jünkerath liegt acht Kilometer östlich von Kronenburg an der B 421.

 Kronenburg und Oberes Kylltal

Die **Touristeninformation** für das Obere Kylltal sitzt in 54589 Stadtkyll, Burgberg 22, Tel. 06597/2878. Mo–Fr 10–13 und 14–16 Uhr, Sa 10–13 Uhr.

Café Zehntscheune, Burgbering 25, geöffnet nur von Freitag bis Sonntag von 11–18 Uhr (auch an Feiertagen). www.cafe-zehntscheune.de

Villa Kronenburg, Burgbering 12, Tel. 06557/295. www.villa-kronenburg.de. **Ferienhaus Pfarrsälchen** (Burgbering 3, Tel. 06557/7366. www.fewo-pfarrsaelchen-kronenburg.de)

Eisenmuseum Jünkerath, Römerwall 12, 54584 Jünkerath, Tel. 06597/1482; 1. April bis 15. Okt. Mi–Fr, So Fei 13–17 Uhr; Erw. 3 €, Kinder und Jugendliche 2 €. eisenmuseum-juenkerath.de

Hillesheim

Eifelland ist Krimiland. Und jedes Land braucht eine Hauptstadt. Für die Eifel-Krimiwelt ist das kleine Hillesheim mit seinen gut 3000 Bewohnern der Nabel der bösen Tat. Mit allen Drum und Dran, vor allem mit viel Marketing-Getöse. Da gibt es das **Kriminalhaus**, das Monika und Ralf Kramp (er schreibt u. a.

Eifelkrimis) 2007 eröffneten und in dem mit über 30 000 Krimis das wohl umfangreichste Krimi-Themen-Archiv Deutschlands auf Nutzer wartet. Auch ein Café Sherlock sowie eine Buchhandlung gehören zum Komplex (Am Markt 5-7, www.kriminalhaus.de).

Ein paar Meter weiter bittet Deutschlands **erstes Krimihotel** zu Bett – jedes der 20 Zimmer und Appartements ist mit Utensilien berühmter Krimilegenden ausgestattet – von James Bond bis Miss Marple. Auch das benachbarte (modernere) Hotel Augustinerkloster hat ein Krimizimmer.

Man kann in Hillesheim, das am Eifelsteig liegt, diverse Krimi-Arrangements buchen, Mörder jagen, Fälle lösen, auf dem Eifel-Krimi-Wanderweg laufen – die Ideen gehen den Krimi-Größen vor Ort, so scheint es, nicht aus. Und so freut man sich im supermodernen Rathaus über steigende Gästezahlen und ist zudem stolz auf den Beinamen ›europäische Beispielstadt‹, die ihr wegen der gelungenen Sanierung des Stadtkerns und vieler alter Fachwerkhäuser verliehen wurde. Tipp: Bummel machen und

In Hillesheim dreht sich alles um Krimis

Karte S. 145

auch auf die Stadtmauer (Wehrgang) steigen. Übrigens ist es nur einen ausgeschilderten Katzensprung von Hillesheim nach Berndorf, das für das Pseudonym des Königs aller Regionalkrimis, Jacques Berndorf, Pate stand (→ S. 199).

Der **Barfußpfad** am Hillesheimer See und -bach ist 1,5 Kilometer kurz, startet und endet am Infopavillon und ist urgesund. Zum Abschluss kann man noch ein Fußbad im See nehmen.

 Hillesheim

Touristeninformation, Am Markt 1, 54576 Hilleheim, Tel. 065932/809200. www.hilleshe im.de
www.krimiland-eifel.de
www.eifelkrimi-wanderweg.de

Krimihotel, Am Markt 14, Tel. 06593/98089600. www.krimihotel.de.
Hotel Augustinerkloster, Augustinerstraße 2, Tel. 06593/980890. Modernes 4-Sterne-Hotel in historischem Gebäude samt gelungenem Anbau, dazu ein großer Spa-Bereich und spezielle Angebote für Golfer. www.hotel-augustiner-kloster.de

Gerolstein

Gerolstein kennt in Deutschland jedes Kind. Und auch in der Welt der Wasser und wässrigen Köstlichkeiten hat die kleine Eifel-Gemeinde einen klingenden Namen. Was einzig und allein am Mineral wasser liegt.

■ **Gerolsteiner Brunnen**

Der Gerolsteiner Brunnen, gegründet 1888, ist nach eigenen Angaben Markt- und Markenführer beim Mineralwasser – an einem Tag werden im Betrieb im Durchschnitt 3,5 Millionen Flaschen unterschiedlicher Größe abgefüllt. Das Gerolsteiner Wasser stammt aus einer Quelle in der Region Gerolstein – man trinkt also ein echtes Eifeler Produkt.

Die Produktionshalle des berühmten Mineralwassers

Bei der rund einstündigen, kostenlosen Führung erfahren die Besucher alles über die Produktion des Mineralwassers: Von einer Tribüne aus kann beobachtet werden, wie das Wasser in die Flaschen gefüllt wird und diese etikettiert werden. Bei einer Trinkprobe können Besucher die verschiedenen Produkte des Hauses mit dem roten Markenstern probieren. Der Infofilm wird in einem kleinen Kino gezeigt.

■ **Erlöserkirche**

Ein Relikt aus ›glorreichen‹ Kaiserzeiten ist die evangelische Erlöserkirche mitten drin in der ziemlich katholischen Eifel. Zur Einweihung 1913 reiste selbst Kaiser Wilhelm II. war aus Berlin an. Der Bau im neoromanischen Stil ist aus Millionen von Mosaiksteinchen zusammengesetzt, die je nach Lichteinfall sehr spektakulär leuchten und funkeln. Unter der Kirche hat man damals beim Ausschachten die Fundamente einer römischen *Villa rustica* entdeckt. Beide Bauten können nur in einer Führung besichtigt werden (Preis: 3 €, Karten hat die Touristeninformation Gerolsteiner Land).

Vulkaneifel

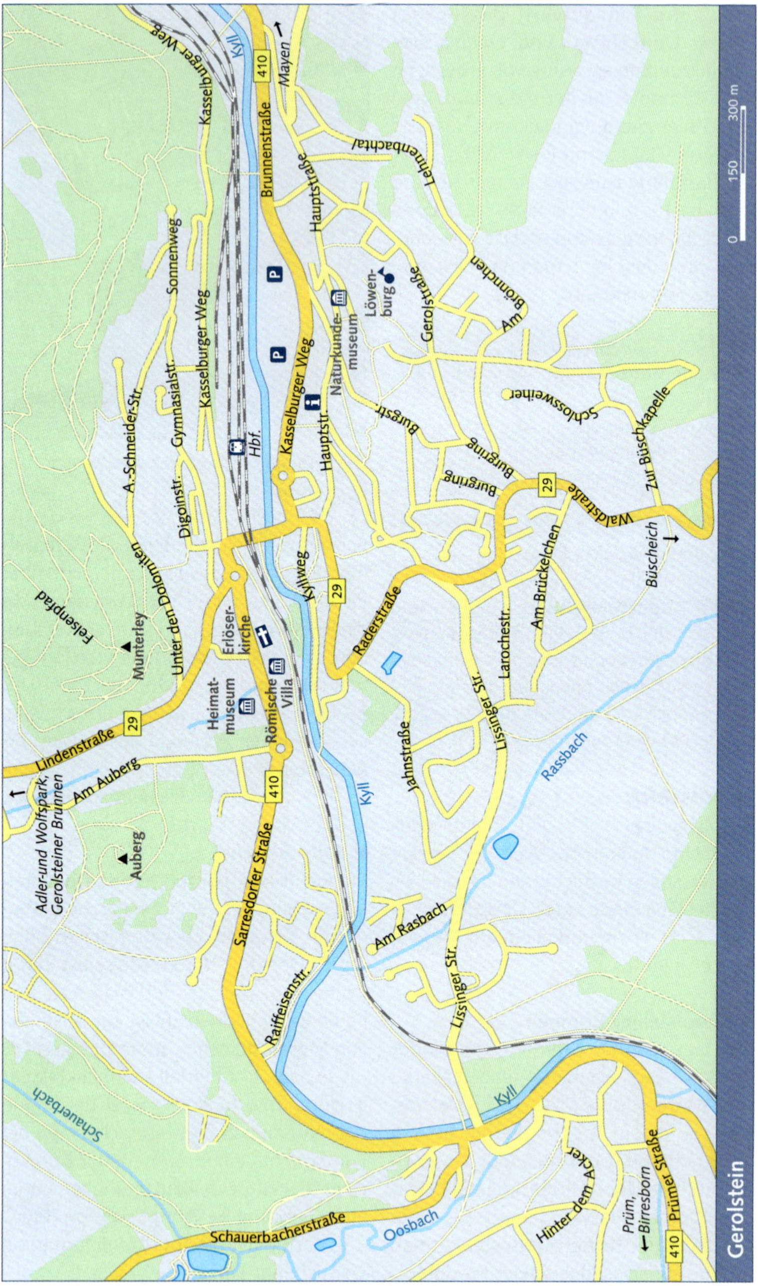
Gerolstein
0
150
300 m
Mayen
410
Brunnenstraße
Kasselburger Weg
Burger Weg
Kyll
Lehnenbachtal
Hauptstraße
Sonnenweg
Löwen-
burg
Naturkunde-
museum
Gerolstraße
Am Brönnchen
Gymnasialstr.
A.-Schneider-Str.
Hbf.
Hauptstr.
Burgstr.
Schlossweiher
Kapelle
Zur Büsch
Burgring
29
Waldstraße
Digoinstr.
Unter den Dolomiten
Felsenpfad
Munterley
Kyllweg
Raderstraße
Büscheich
Am Brückelchen
Larochestr.
Erlöser-
kirche
Römische
Villa
Heimat-
museum
Lindenstraße
Am Auberg
Adler-und Wolfspark,
Gerolsteiner Brunnen
Auberg
Sarresdorfer Straße
Jahnstraße
Lissinger Str.
Rassbach
Am Rasbach
Raiffeisenstr.
Schauerbach
Schauerbacherstraße
Oosbach
Hinter dem Acker
Prüm,
Birresborn
Prümer Straße

Karte S. 145

■ **Naturkundemuseum Gerolstein**

Die Mutter aller Geomuseen in der Eifel befindet sich im ehemaligen Rathaus (das Gebäude ist von 1749). Zu sehen gibt es Vulkangesteine mit Mineralien sowie Fossilien wie den Trilobiten und den Eifelsaurus. Unterteilt ist die Ausstellung in eine Steinzeit- und eine Waldabteilung. Das Haus bietet zudem eine umfangreiche Schmetterlingssammlung aus Immer sonn- und feiertags gibt es eine 20-minütige Multivisionsshow mit dem Titel ›Die Entstehung der Eifel – eine geologische Zeitreise‹.

■ **Adler- und Wolfspark Kasselburg**

Die 20 Hektar große Parkanlage erstreckt sich rund um die Ruine der Kasselburg. Das nach eigenen Angaben größte Wolfsrudel Europas ist hier in einem 10 ha großen Gehege untergebracht. Außerdem bereichern Adler, Greifvögel, Falken, Schafe, Ziegen und Wildschweine

die Tierwelt. Es gibt auch einen Abenteuerspielplatz (der aber nichts mit den Wölfen zu tun hat).

■ **Wandertipp: Gerolsteiner Felsenpfad**

Bei der Tour erwandert man auf 8,2 Kilometern die für Gerolstein typischen Dolomitfelsen (Kalkriff) und die Buchenlochhöhle am Rand des Munterley-Plateaus. Die Höhle ist gut 30 m lang und rund vier Meter breit – in ihr sollen sich schon die Menschen in der Steinzeit versteckt haben. Weiter geht der Pfad am berühmten Mineralbrunnen sowie an der Kasselburg vorbei. Am Felsen Hustley der Gerolsteiner Dolomiten kann man auch hochklettern, hierfür braucht man aber eine Klettererlaubnis der Touristeninformationrmation Gerolsteiner Land – mit fünf Euro pro Tag und Person ist man dabei. Start und Zielpunkt ist die Touristeninformationrmation im Bahnhof.

Gestein aus den Gerolsteiner Dolomiten im Stadtpark

Vulkaneifel

ℹ Gerolstein

Touristeninformationrmation, Bahnhofs-
straße 4 (Reisezentrum im Bahnhof),
54568 Gerolstein, Tel. 06591/949910;
April–Okt. Mo–Fr 9–17 Uhr, Sa 9–13 Uhr,
Juli und Aug. zusätzl. So 10–13 Uhr, restl.
Zeit Mo–Fr 9–16 Uhr. www.gerolstein.de
www.gesundland-vulkaneifel.de
Besucherzentrum Gerolsteiner Brunnen:
Vulkanring, 54567 Gerolstein, Tel. 06591/
14238. Führungen für Gruppen zwischen
finden Mo–Fr um 9, 11 und 13 Uhr statt,
nur mit Anmeldung! Für spontane Besucher gibt es Mo–Fr um 15 Uhr eine kostenlose Führung. Einlass ist um 14.45 Uhr.
www.gerolsteiner.de
Landhaus Müllenborn, Auf dem Sand
45, 54568 Gerolstein-Müllenborn, Tel.
06591/9588-0; modernes 4-Sterne-Haus
in schöner Lage; DZ inkl. F ab 120 Euro.
www.landhausmuellenborn.de

**🏛 **

Naturkundemuseum Gerolstein, Hauptstr.
72, 54568 Gerolstein, Tel. 06591/9899459;
Mo–Mi und Fr–Sa 13–16 Uhr, So, Fei 11–
16 Uhr; Kinder 1 €, Erwachsene 3 €, ermäßigt 2 €, Familienkarten sind günstiger.
www.naturkundemusem-gerolstein.de

**🖼 **

Adler- und Wolfspark Kasselburg, 54570
Pelm (bei Gerolstein), Tel. 06591/4213.
März–Okt. tgl. 10–18 Uhr. Flugvorführungen: täglich außer Mo und Fei um 11
und 15 Uhr
Wolfsfütterungen täglich um 11.45 Uhr
und um 15.45 Uhr (Mo schon um 15
Uhr); für das restliche Jahr gelten unterschiedliche Zweiten, die im Netz stehen.
Erw. 7 €, Kinder ab 4 Jahren 5 €, Gruppenkarten sind günstiger.
www.adler-wolfspark.de

Rund um Hillesheim und Gerolstein

Im Folgenden noch einige garantiert kri-
mifreie Tipps für Ausflüge im Gerolsteiner und Hillesheimer Land.

■ Birresborner Eishöhlen

Die Birresborner Höhlen wurden einst
zur Eislagerung genutzt, denn selbst
im Sommer steigt die Temperatur nicht
über sieben Grad. Früher wurden hier
Mühlsteine abgebaut. Im Zweiten Weltkrieg dienten die Höhlen als Zuflucht-
ort und Versteck. Im Winter haben sich
mittlerweile Fledermäuse einquartiert.
Die Höhle ist von April bis Oktober geöffnet. Taschenlampe und feste Schuhe
sind hilfreich. Gut erkunden lässt sich
die Höhle auf einer Wanderung des Er-
lebnisrundwegs ›Birresborner Eishöhlen‹.
Am besten sind die Höhlen von Birresborn zu Fuß von den Parkplätzen in der
Ortsmitte (etwa 25 Minuten) oder von
den Parkplätzen am Bahnhof Birresborn
(etwa 35 Minuten) zu erreichen.

■ Erlebnisschmiede Knauf

Bei Familie Knauf kann man den Handwerkern des Familienbetriebs über die
Schulter schauen. Von April bis September gibt es Vorführungen, jeden Dienstag
ab 17 Uhr und jeden Samstag ab 14 Uhr.
Es ist eine Anmeldung erforderlich (siehe Infokasten). Die Schmiede liegt zehn
Kilometer nordwestlich von Gerolstein.

■ Arensberg

Der Arensberg ist die einzige bedeutende
Vulkankuppe aus der Tertiärzeit. Durch
einen Stollen kann man den Krater betreten und steht in der Schlotzone. Der
Berg ist durch zwei Vulkanausbrüche
entstanden, aufsteigendes Magma hat
Gesteinsblöcke mit sich gerissen. Die Zufahrt über die Basaltstraße ist von der B
421 aus ausgeschildert.

■ Burgort Kerpen

Die Burg wurde erstmals 1136 erwähnt.
Von 1911 bis 1941 lebte und malte hier
der ›Hofmaler der Eifel‹, Fritz von Wil-

le, der oberhalb der Burg begraben ist. Auch der Schriftsteller Alfred Andersch, dessen Antikriegsroman ›Winterspelt‹ im gleichnamigen Eifeldorf nahe der belgischen Grenze spielt, lebte nach 1945 einige Jahre auf der Burg.

Turm- und Nachtwächterführungen bietet die IHK-geprüfte Gästeführerin Birgit Becker an (Kontakt über Tel. 06593/80627; www.fuehrungenkerpeneifel.de).

■ **Eifeler Hofkäserei Gröner**
Auf dem Gröner Hof westlich von Kerpen entstehen der berühmte Eifeler Bergkäse und der Eifeler Camenbert. Besucher können die Herstellung in der Schaukäserei verfolgen und im Restaurant den neuen Käse auch probieren. Wie so viele Hofläden wird auch hier geschmacklich viel experimentiert. So sind sehr verschiedene Käse-Mixe im Angebot, etwa mit Brennnesselblatt oder Bockshornklee, es gibt auch einen pikanten Vulkankäse. Auch bei vielen großen Supermärkten der Region ist der Käse gelistet.

■ **Rockeskyller Brennerei**
Die Brennerei wurde 1842 in einem alten Gutshof gegründet, wo sie sich auch heute noch befindet. Sie besteht aus einer historischen Korn- und einer

Schild am Mausefallenmuseum Neroth

modernen Obstbrennerei. Heimische Früchte und Kräuter werden in die Produktion integriert.

Die Brennerei kann besichtigt werden. So steht eine Führung durch die historische Kornbrennerei auf dem Programm. Thema ist u. a. die alte Brenntradition. Fünf Proben der Kräuter- und Fruchtliköre werden verköstigt (Dauer etwa 1 Stunde, Eintrittspreis 6 €, Voranmeldung notwendig, findet für Gruppen zwischen 10 und 50 Personen statt).

Auch durch die Obstbrennerei gibt es eine Führung: Hier steht die moderne Obstbrennanlage im Mittelpunkt, drei Brände können probiert werden (Dauer etwa 90 Minuten, Eintrittspreis 8 €, Voranmeldung notwendig, findet statt für Gruppen zwischen 10 und 40 Personen). Zudem gibt es auch offene Führungen, hier ist keine Voranmeldung notwendig. Die finden immer dienstags von 16.30– 18 Uhr statt (von Juli bis Mitte Okt.), hier geht es sowohl in die historische als auch in die moderne Brennerei, es gibt eine Verköstigung (Eintrittspreis 6,50 €).

■ **Zipline-Tour Berlingen**
Beim Ziplining gleitet man entlang eines Stahlseils von Baum zu Baum, das Ganze ist also nur was für Gelenkige. Ein bisschen Wagemut braucht's auch, denn der Zipline-Kurs erstreckt sich über eine Anlage von 10 000 Quadratmetern und durchquert das gesamte Berlinger-Bach-Tal. Man hängt auf bis zu 50 Metern Höhe. Der Spaß lässt sich gut mit einer Übernachtung im Baumzelt kombinieren.

■ **Mausefallenmuseum Neroth**
Das kleine Dorf Neroth (bekannt auch durch den Vulkankegel Nerother Kopf) steht für eine bittere, dann aber auch wieder schöne Geschichte. Die Nerother Lück (Menschen) waren in ihrer Abgeschiedenheit immer arm, aber fit in der

Vulkaneifel

Drahtwarenherstellung. Und so kamen sie auf die Idee (heute heißt dies Marketing), die Mäuseplage auf dem Land mit entsprechenden Fallen zu bekämpfen, die sie äußerst fingerfertig in Heimarbeit herstellten. In der Vor-Amazon- und Vor-DHL-Zeit im 19. Jahrhundert sorgten sie selbst als Wandergesellen überall in Deutschland für den Vertrieb. Heute erinnert in Neroth ein kleines Museum im ehemaligen Schulgebäude an diese Zeit – gezeigt werden verschiedene Fallentypen und der originalgetreue Nachbau einer Werkstatt.

  Rund um Gerolstein

Landgasthof Schröder, Kerpener Straße 7, 54579 Üxheim-Niederehe, Tel. 02696/1048. Westlich von Kerpen. www.landgasthof-schroeder.de
Café-Restaurant Mausefalle, Hauptstraße 42, 54570 Neroth, Tel. 06591/984717. Hier gibt es Eifeler Spezialitäten. www.mausefalle-neroth.de

Erlebnisschmiede Knauf, Maifeldstraße 22, 54597 Duppach, Anmeldung unter Tel. 06558/1260 oder per E-Mail an kontakt@erlebnisschmiede-knauf.de; Erw. 5 €, Kinder bis 10 Jahre 3 €. www.erlebnisschmiede-knauf.de
Mausefallenmuseum Neroth, Mühlenweg, 54570 Neroth, Tel. 06591/5822 oder 81121
April–Okt. Mi 14–16 Uhr und Fr 15–17 Uhr
Eintritt: Erwachsene: 3 €, Kinder 1 Euro www.neroth.de

Zipline-Tour, EifelAdventures, Mühlenstraße 7, 54570 Berlingen, Tel. 06591/8199014. www.eifeladventures.de

Schiefer Mal Anders, Firma Kuhl-Hoffmann, Kiefernweg 3, 54579 Niederehe, Tel. 02696/1212. Kreative und ungewöhnliche Gegenstände aus Eifel-Schiefer (u.a. Servierplatten, Teller, Uhren). www.schiefermalanders.de
Eifeler Hofkäserei Gröner, Gröner Hof, Mühlenweg 3, 54578 Kerpen-Loogh, Tel. 06593/1812. Hofladen: Mo, Mi, Fr 10–17 Uhr, Di, Do, Sa 10–12.30 Uhr; Schaukäserei im Restaurant: Mo–Fr 11.30–15.30 Uhr, Sa 10.30–15.30 Uhr. www.eifel-groener.de
Rockeskyller Brennerei, Dorfstraße 43, 54570 Rockeskyll, Tel. 02671/977322. Fr 13–18 Uhr, Sa 11–15 Uhr. Zu diesen Zeiten ist auch das Brennereilädchen geöffnet (mit Probeausschank). www.brennerei-eifel.de

Daun

Was haben Daun und Rom gemeinsam? Beide Städte sind auf sieben Hügeln erbaut. Ansonsten sind in der Vulkaneifel->Metropole<, anders als in der Ewigen Stadt, nicht viele Kleinodien der Vergangenheit heil geblieben. Die Stadt wurde im Zweiten Weltkrieg heftig zerbombt, weil sie ein bedeutender Eisenbahnknotenpunkt war. Heute ist Daun nicht mehr mit der Bahn erreichbar. Wichtig ist die Stadt heute vor allem als Einkaufs- und Versorgungszentrum für die Umgebung.

Auch widmet man sich hier der vulkanischen Vergangenheit der Region. So ist das **Eifel-Vulkanmuseum** nach eigenen Angaben das erste derartige Haus in Deutschland, hier blickt der Besucher sozusagen über den >feurigen Tellerrand<. Denn er erfährt nicht nur allerlei über die vulkanischen Phänomene in der Eifel, sondern zudem viel über die Welt der Vulkane weltweit. Man kann Originalgesteine und -mineralien anschauen. Im **Heimwebereimuseum** lernt man einiges über Textilherstellung im Nebenerwerberfahren.

Die Vulkaneifel-Metropole Daun

Das Affenfreigehege ist etwa 6 ha groß. Über 50 Berberaffen toben hier frei durchs Gelände (Aussteigen erlaubt).

In der Falknerei leben u. a. Uhus, Adler und Falken. Ein Falkner erklärt das Flugverhalten der unterschiedlichen Arten. Bis Ende Oktober finden täglich (außer freitags) Flugvorführungen um 11 Uhr und um 15 Uhr statt

Für Kinder zum Erlebnis wird der Park u. a. durch eine Wellenrutsche, einen Abenteuerspielplatz und einen Streichelzoo (hier gibt es etwa Meerschweinchen, Hängebauchschweine und Ponys). In einem Naturmuseum geht es um die Bewohner des Parks, hier gibt es Puzzles, Tast- und Ratespiele. Außerdem bietet eine Sommerrodelbahn (800 Meter lang) ein rasantes Fahrvergnügen.

■ Wild- und Erlebnispark Daun

Der Park ist etwa 220 ha groß und der ideale Tier-Schau-Platz für Fußfaule. Denn nur eine acht Kilometer lange Autowanderstrecke führt die Besucher einmal durch den Park. Frei bewegen im Park können sich die Tiere (u. a. Hirsche, Pferde, Lamas, Emus, Bisons) und sie kommen sehr nahe an die Besucher heran. An sechs ausgeschilderten Stellen darf man aussteigen, Tiere fotografieren und mit speziellem Futter (im Park erhältlich) füttern.

■ Krimi-Festival

Das Krimi-Festival ›Tatort Eifel‹ findet alle zwei Jahre an verschiedenen Orten in der Vulkaneifel statt (nächster Termin: 2019). In Daun ist so etwas wie die Zentrale. Krimi-Autoren und Krimi-Interessierte aus ganz Deutschland reisen an. Jedes Mal sind auch viele Prominente dabei, natürlich auch aus den Tatort-Filmen. Auf dem Programm stehen Krimi-Lesungen, Krimi-Kochkurse, Comedy, Konzerte etc. – Details und alle Informationen gibt es unter www.tatort-eifel.de

ℹ Daun

Touristeninformationrmation, Leopoldstraße 9a, 54550 Daun, Tel. 06592/95130; Mo–Fr 9–17 Uhr, Sa 9.30–14 Uhr, So 10–13 Uhr (So nur April–Okt.).
www.stadt-daun.de
www.gesundland-vulkaneifel.de

🛏 🍽

Romantik Schloss-Hotel ›Kurfürstliches Amtshaus‹ auf der Burg Daun, Burgfriedstraße 28, 54550 Daun, Tel. 06592/9250. Das Hotel hoch über der Stadt liegt in

der ehemaligen Burganlage der Grafen von Daun und hat 28 Zimmer (u.a. ein Fürsten- und ein Hochzeitszimmer sowie Zimmer mit Himmelbetten); mit Sauna, Dampfbad und Felsenschwimmhalle sowie mit Beautyfarm und Massageabteilung. Von der alten Burg Daun erhalten sind heute noch eine Ringmauer und ein Basteitürmchen mit Schießscharten.
www.daunerburg.de
Café Schuler, Leopoldstraße 1, 54550 Daun, Tel. 06592/2885. Das Café setzt auf die gute, alte Zeit mit selbstgemach-

tem Eis sowie selbstgemachten Pralinen und Torten. Ausgestellt ist auch eine Sammlung verschiedenster Kaffeemühlen.

Laurentiuskirmes in Daun, das größte Volksfest der Vulkaneifel mit klassischer Kirmes (Fahrgeschäfte) auf dem Laurentiusplatz und dauert fünf Tage. Der Termin liegt stets im Sommer (meist Anfang August) und immer am Samstagabend steigen Raketen und Böller zu einem Höhenfeuerwerk auf.

Eifel-Vulkanmuseum Daun, Leopoldstr. 9, 54550 Daun, Tel. 06592/985353 www.vulkaneifel.de/eifel-vulkanmuseum; Ostersonntag–31. Okt. tgl. 11–16.30 Uhr, Mo geschl. Erw. 3 €, Jugendliche (16–18 Jahre), Studenten, Schwerbehinderte 2 €, Kinder (6–15 Jahre) 1,30 €, Familien- und Gruppenkarten sind umgerechnet teurer!

Daun ist auch Verwaltungssitz des Natur- und Geoparks Vulkaneifel, Mainzer Str. 25, 54550 Daun, Tel. 06592/933203 www.geopark-vulkaneifel.de
Heimwebereimuseum, Alte Schule, Mehrener Straße 5, 54550 Daun; 1. April–15. Okt. So 15–17 Uhr, 2 €.

Wild- und Erlebnispark Daun, Wildparkstraße 1, 54550 Daun, Tel. 06592/3154; 15. 3.–15.11. 10–18 Uhr (die genauen Daten ändern sich jedes Jahr). Erw. 9,50 €, Kinder (4–15 Jahre) 8 €, Gruppen ab 15 Erwachsenen 8,50 € p.P., Gruppen ab 15 Kindern 7,50 € p.P.
Die **Sommerrodelbahn im Wildpark** ist bei trockenem Wetter täglich von 11–18 Uhr geöffnet, hier kostet eine Fahrt für Erwachsene 2,50 € und für Kinder 1,50 €. Auch möglich ist eine Quadrundfahrt durch den Wildpark – eine Person: 37 €, mit Beifahrer: 49 €. www.wildpark-daun.de

Der Brubbel vom Wallenborn

Eines muss man ihm lassen – er kommt ziemlich pünktlich. Dabei sieht er zunächst so aus, als ob er kein Wässerchen trüben könnte. Aber dann, so alle 30 bis 35 Minuten, spuckt der einzige Kaltwasser-Geysir in der Vulkaneifel mal mehr, mal weniger kräftig aus. Und ganze Heerscharen von Touristen haben ihren Spaß. Dem Naturphänomen zugrunde liegt eine von unzähligen kohlesäurehaltigen Quellen im vulkanischen Eifelboden. Diese hier in Wallenborn wurde einst in den 1930er-Jahren mehr oder weniger aus Versehen angebohrt, um das Wasser zu fördern. Dummerweise trafen die Bohrer

Karte S. 145

▲ *Der Brubbel vom Wallenborn*

eine Kammer: Es gab eine Explosion und Wasser, Bohrschlamm, Erdbrocken und Kohlenstoffdioxid flogen in die Luft – die Quelle war in Wallung geraten und brodelte (im Dialekt »brubbeln« genannt) vor sich hin.

Das tut der Brubbel bis heute und irgendwann, wenn der Gasdruck in der Erdkammer mal wieder zu stark wird, macht er sich Luft. Mal zwei, mal vier Meter hoch schießt die Fontäne in die Höhe, brubbelt gut fünf Minuten vor sich hin und fällt wieder in sich zusammen. Es stinkt nach faulen Eiern (Schwefel), das Wasser hat um die 9 Grad und man kann gut die Füße eintauchen. Der Brubbel-Brunnen kann ganzjährig besichtigt werden (Eintritt: 1,50 €; www.wallenborn-eifel.de)

Tipp: In Andernach am Rhein, am Übergang zur Eifel, ist ein zweiter Kaltwasser-Geysir in Aktion. Er spuckt sogar eine höhere Fontäne aus als sein Kollege in Wallenborn. Und er steht als weltweiter »Sprudel-Champion« im Guinness Buch der Rekorde. (www.geysir-andernach.de)

Mit dem Grashüpfer zu den Eifel-Augen

Wir starten bergauf, weil es der Wind so will. Mit 70 km/h hoppeln wir über den Stoppelacker. »Gleich geht's hoch, festhalten«, sagt Pilot Günter Hens durch Helmmikrophon – und schon sind wir in der Luft. Wir sind mit unserem ›Grashüpfer‹ abgehoben vom wahrscheinlich kleinsten Airport Deutschlands, der irgendwo in der Vulkaneifel liegt, ›in the middle of nowhere‹ – so zwischen Hinterweiler und Betteldorf. Und eigentlich hat der Flughafen nichts, was einen Flughafen ausmacht außer der Windfahne und zwei Hangars. »Für uns hier reicht das«, erklärt mir der Pilot, als wir auf der Flughöhe von 250 Metern angekommen sind und Kurs auf Daun und seine drei Maare nehmen.

Ein Flug mit dem ›Grashüpfer‹ ist ein besonderes Abenteuer

Wir sitzen in einem fliegenden Trike, einem Ultraleichtflugzeug mit vier Zylindern, 80 PS und einem beweglichen Drachensegel. Ein Modell, das es so auf der Welt nicht allzu oft gibt. Sagt der Pilot, der gleichzeitig auch Airport-Besitzer ist. Denn wir sitzen ganz komfortabel ›side by side‹, was heißt: wir sitzen nebenstatt wie ›normal‹ hintereinander. Das heißt aber auch: Als Pilot Hens die fliegende Kiste nach rechts in die Kurve legt, rutscht mein Magen heftig in die Füße. Zum Glück ist nach ein paar Sekunden alles wieder in Ordnung – wir fliegen geradeaus, und ich genieße den Blick auf die drei Maare aus luftiger Höhe. Leider ist es etwas diesig und in der Ferne zieht ein Gewitter auf. Wir nehmen noch Kurs aufs Pulvermaar, das nur von hier oben als wirklich kreisrund erkennbar ist. Dann geht' schon wieder zurück. Den Flug zum Nürburgring heben wir uns für das nächste Mal auf.

(Info: Flüge mit dem Ultraleichtflieger gibt es ab 80 Euro für 30 Minuten. Kontakt: Günter Hens, Tel. 0171/3266235, www.grashuepfer-vulkaneifel.de).

Vulkaneifel

Von Manderscheid nach Bad Bertrich

Ein Spaziergang durch Manderscheid ist eine kleine Herausforderung: Man läuft hier immer berghoch (oder bergab), was den Ortsbummel manchmal etwas mühsam macht, sich aber dennoch lohnt. Der kleine Kneippkurort bietet einige nette Kunstgewerbeläden und vor allem das **Maarmuseum** in einer ehemaligen Turnhalle im Bauhausstil. Besonders Kinder kommen hier in einem begehbaren großen Maarmodell und als ›Terranaut‹ auf einer Reise ins Innere der Erde auf ihre Kosten. Die Eltern gehen derweil um die Ecke und bestaunen fossile Fundstücke aus dem Eckfelder Maar – die wahrscheinlich älteste Honigbiene der Welt und vor allem das Eckfelder Urpferd – beide rund 45 Millionen Jahre alt und gut erforscht. Vom etwa 60 Zentimeter kleinen Pferdchen weiß man zum Beispiel, dass es zuletzt Blätter und Laub gegessen hat. Zudem war es trächtig.

■ **Burg Manderscheid**
Im Ortsteil Niedermanderscheid stehen die beiden prächtigen Burgruinen der **Ober-** und der wuchtigeren **Niederburg.** Die Bilderbuchburgen, die beide besichtigt werden können, sind ins tiefe Tal der Lieser gebaut worden. Die Niederburg, die dem Eifelverein gehört, war einst die Trutzburg der mächtigen Manderscheider Grafen, die lange Jahre den wenig beliebten Trierer Herren heftige Kämpfe lieferten. Das beste Panorama hat man von einem kleinen Parkplatz an der Straße, die weiter bergan in die Ortsmitte führt. Einmal im Jahr, meist im August, kommen die Ritter samt Gauklern und Gefolge zurück nach Manderscheid – zu den hiesigen Burgfestspielen. Im Café in der Niederburg gibt es zudem ganz wunderbaren Kuchen. Im Winter hat die Burg geschlossen, geöffnet ist jeweils ab

Mitte März täglich außer Dienstag. Auch Führungen sind möglich, zudem werden zwei schöne Ferienwohnungen ganz in der Nähe der Burgen vermietet. www.niederburg-manderscheid.de

■ **Das Eckfelder Maar**
Das trockene Eckfelder Maar ist Grabungsschutzgebiet. Es erstreckt sich in einem Seitental der Lieser etwa zwei Kilometer nordwestlich von Manderscheid. Seit 1987 finden hier immer wieder mal auf gut 400 Quadratmetern Ausgrabungen statt. Dabei liefern einzelne Funde oftmals neue Erkenntnisse zur Natur im Vulkanismus. Der berühmteste Fund aus dem Maar ist das Skelett des Eckfelder Urpferdchens (s. Maarmuseum); auch wurden jüngst zwei Backenzähne und ein Unterkieferstück zweier unterschiedlicher Primatenarten gefunden – bei den Tieren handelte es sich um Halbaffen, wie sie heute noch auf Madagaskar leben. Das Betreten des Maargeländes ist nicht erlaubt, man erhält aber auch hinter den Absperrungen einen guten Blick auf die Ausgrabungsstätte.Besucher sollten das Auto in Manderscheid abstellen und von dort zum Fuß zum Maar laufen.

■ **Naturschutzgebiet bei Bettenfeld**
Das Naturschutzgebiet Reihenkrater Mosenberg und Horngraben in Bettenfeld (seit 1970) umfasst 138 Hektar – zu ihm wird auch das Hinkelmaar und der Windsborn-Kratersee gezählt. Beim Horngraben handelt es sich um eine Schlucht voller Pflanzen, die schon der Naturforscher Alexander von Humboldt erforscht und beschrieben hat. Informationen zum Naturschutzgebiet erhält man Maarmuseum Manderscheid (→ S. 158).
Die **Mosenberg-Vulkangruppe** besteht aus sechs Ausbruchsstellen und entstand vor rund 80 000 Jahren. Der Mosenberg ist 517 Meter hoch, von hier floss ein-

◀ Karte S. 145

mal ein Lavastrom durch den 1600 Meter langen Horngraben bis in die kleine Kyll – dort, wo sich heute die Wolfsschlucht, ein aufgegebener Steinbruch, öffnet. Rund um den Mosenberg gibt es den Vulkanerlebnispark und einen Wanderweg, die GEO-Route ›Vulkaneifel um Manderscheid‹: Folgt man diesen Schildern, entdeckt man jede Menge Schlackekegel, Maare, Lavaströme mit Basaltsäulen und vulkanische Ablagerungen.

Der **Windsborn-Kratersee** auf knapp 500 Metern Höhe ist der dritte von vier Kratern der Mosenberg-Vulkangruppe. Er ist der einzige Schichtvulkan mit Kratersee nördlich der Alpen, der ständig mit Regenwasser gefüllt ist (anders als die Maare, die vor allem mit Grundwasser gefüllt sind). Der See hat einen Durchmesser von 300 Metern und ist 30 Meter tief. Am Ufer befinden sich mehrere Stege, die zum Ausruhen und Verweilen

einladen. Das Gewässer ist indes für alle sportlichen Aktivitäten wie Schwimmen oder Angeln tabu. Denn rund um den See leben seltene Pflanzen und Tiere, etwa diverse gefährdete Libellenarten. Wer sich dennoch bewegen will, kann zum Beispiel den bis zu 30 Meter hohen Ringwall aus Schweißschlacken erklimmen, der den See umrandet. Das lohnt sich auch wegen einer tollen Aussicht über den Vulkanerlebnispark.

Das **Hinkelmaar** heißt zwar Maar, ist aber eigentlich gar keines, sondern ein Schichtvulkan mit einem trockengelegten Kratersee. Nur bei starkem Regen füllt er sich mit Wasser, eigentlich handelt es sich aber um ein Torfmoor.

Anfahrt: am Parkplatz Hinkelmaar/Kratersee (54523 Bettenfeld) parken, von dort sind es zwanzig Minuten zu Fuß zum Vulkanpark, Schilder zeigen die Wege zu den einzelnen Highlights.

Vulkaneifel

Die Ober- und die Niederburg von Manderscheid

■ **Strohn**

Es ist nicht immer einfach, in der Fülle der vulkanischen Eifel-Highlights sein Alleinstellungsmerkmal zu finden, das auch die Besucher magisch anzieht. Die kleine Gemeinde Strohn war bei der Suche erfolgreich – und hat eine Bombe gefunden. Strohns Lavabomben (es sind mehrere) sind nicht zu verfehlen, denn sie liegen am ausgeschilderten ›Eingang‹ zum Rundwanderweg durch die Strohner Schweiz und dem kurzen Vulkanerlebnispfad (4,4 km). Die 2000 Zentner schwere und im Durchmesser fünf Meter dicke Basaltkugel ist nicht wirklich ›echt‹ – man nennt sie auch Lava-Sammel-Bombe, weil es sich eigentlich um ein Stück herausgebrochener Kraterwand mit Lava-Anhaftungen handelt. Die Bombe wurde mehrfach im Krater hoch- und runter geschleudert und dabei immer dicker. Bei Arbeiten im Steinbruch am Wartgesberg, einem Teil des ehemaligen Vulkans, wurde sie entdeckt. Neben der dicken liegt eine kleinere, aber echt hinausgeschleuderte Lava-Flug-Bombe – und auch die ist immer noch dick genug.

Lohnend ist in Strohn auch ein Besuch im **Vulkanhaus**, ein interaktives Museum mit einer sechs Meter langen und vier Meter hohen Lavaspaltenwand – ein solches ›Denkmal‹ der Erdgeschichte gibt es in Europa kein zweites Mal.

Und noch etwas hat Strohn zu bieten – ein Maar und ein Määrchen: das **Trautzberger Maar** (der kleinste Vulkansee der Eifel) und das **Strohner Määrchen**. Letzteres eines der wenigen Maare, das verlandet ist, also zum Hochmoor mutiert, und mit seltenen Pflanzen und Tieren aufwartet.

Bad Bertrich

Zur großen Zeit der BfA-Bäderkuren, Wandelhallen und ›Kurschatten‹ war ›BB‹ eine große Nummer: morgens Fango, abends Tango! Zwischen Vulkaneifel und Mosel im grünen Üssbachtal gelegen ist heute allerdings vom Glanz der alten Zeit nicht mehr ganz so viel übrig – das Städtchen versucht derzeit den Übergang in die Moderne und macht dabei allmählich Fortschritte, sich einem jüngeren Publikum zu öffnen.

So ist seit 2010 die **Vulkaneifeltherme** mit einem breiten Zeitgeistangebot die einzige Glaubersalztherme in Deutschland mit 32 Grad naturwarmen Wasser. Schon die alten Römer, die ja gerne und oft badeten (→ S. 19), nutzten die Heilkraft des warmen Bertricher Wassers, das aus 2000 Meter Tiefe gewonnen wird und sofort trinkbar ist. Mit dem Warmwasser, das mit wertvollen Mineralien aus der Erde und allen müden Knochen gut tut, werden viele Erkrankungen des Stütz- und Bewegungsapparates aktiv wie passiv behandelt. Die Therme, die wie ein buntes Ufo aus der Zukunft nahe des in die Jahre gekommenen Kurparks platziert wurde, hat ferner einen umfangreichen und modernen Wellnessbereich mit allerlei Saunen und Massageangeboten. Beliebt ist eine Seifenschaumbürstung mit Zugabe von Vulkan-Natur-Fango. Folgerichtig stellt sich das kleine Bad der kurzen Wege heute als Kurort auf, der

▲ Karte S. 144

▲ *Lava-Bombe in Strohn*

Das Alte Kurhaus in Bad Bertrich

den Megatrend ›Urlaub und Gesundheit‹ miteinander verbindet. So genießen die Rehabilitations- und Kurkliniken für Innere Medizin, Orthopädie und Rheumatologie deutschlandweit einen sehr guten Ruf. 70 Kilometer markierte Wander- und Terrainkurwege sind ausgewiesen, dazu gibt es alle Jahre wieder ein vielfältiges, kulturelles Veranstaltungsangebot. Herausragend ist der Landschaftstherapeutische Park Römerkessel, der aus sieben Themengärten besteht und nur ein Ziel hat: 100 Prozent Entspannen! Noch Luft nach oben allerdings hat die Kurfürstenstraße als moderne Einkaufsmeile

Die kleine Innenstadt ist dank einer teuren Umgehungsstraße mit zwei Tunnels weitgehend verkehrsberuhigt.. Hinzukommen kostenpflichtige Parkplätze an den Ortseingängen. Bad Bertrich vermarktet sich übrigens über Mosel und Eifel gleichermaßen.

Vulkaneifel

ℹ Manderscheid, Strohn, Bad Bertrich

Touristeninformationrmation Gesund-Land Vulkaneifel Manderscheid, Grafenstraße 21, 54531 Manderscheid, Tel. 06572/9989005. Ostern–Nov. Mo–Fr 9–12.30 Uhr und 13.30–17 Uhr, Sa 9.30–12.30 Uhr, So, Fei 10–12 Uhr, Nov.–Ostern Mo–Fr 10–12.30 und 13.30–16 Uhr **Touristeninformationrmation Gesund-Land Vulkaneifel in Bad Bertrich**, Kurfürstenstraße 32, 56864 Bad Bertrich; Tel. 02674/932222; April–Sept. Mo–Fr 9–17 Uhr, Sa, So 10–13 Uhr, Okt.–März Mo–Fr 9–17 Uhr.
www.gesundland-vulkaneifel.de
www.bettenfeld.de, www.bad-bertrich.de

✗ 🛏

Hotel-Café-Restaurant Heidsmühle, Mosenbergstr. 22, 54531 Manderscheid, Tel. 06572/747. Idyllisch im Kylltal gelegen,

ordentliche Zimmer, ab 98 € inkl. Frühstück. Spezialität des Restaurants ist die regionale Eifelküche. www.heidsmuehle.de **Häcker's Fürstenhof**, Kurfürstenstraße 36, Bad Bertrich, Tel. 02674/9340. Eines der wenigen 5-Sterne-Hotels in der Eifel. Spa und Wellness; DZ ab 200 €. Verschiedene Kombiangebote. www.haeckers-hotels.com **Hotel am Schwanenweiher** (3 Sterne), Am Schwanenteich 2, Bad Bertrich, Tel. 02674/93600. Solide Zimmer, regionale Küche; DZ ab 90 €.
www.hotel-am-schwanenweiher.de

🏛

Maarmuseum, Wittlicher Straße 11, 54531 Manderscheid, Tel. 06572/920310. Die Öffnungszeiten des Museums ändern sich leider häufig, deshalb ist ein Vorab-Blick auf der Homepage sinnvoll. In der Regel hat das Museum in der Saison von

11–17 Uhr geöffnet. Eintritt Kinder und Jugendliche (4–17 Jahre): 2 €, Erw. 3 €, Gruppen- und Familienkarten sind günstiger. www.maarmuseum.de
Niederburg, Öffnungszeiten der Niederburg für Besichtigungen tgl. von 10.30–17 Uhr, Di Ruhetag, bei schlechtem Wetter bleibt die Burg geschlossen.
Eintritt Kinder bis 3 Jahre: kostenlos, Kinder ab 4 Jahre: 1 €, Erwachsene: 2 € (mit Kurkarte 1,50 €).
Burgfestspiele: www.burgenfest.info

Vulkaneifel Therme Bad Bertrich, Clara-Viebig-Str. 3, 76864 Bad Bertrich; Tel. 02674/913070. Therme tgl. 9 Uhr–22 Uhr, Sauna- und Therapiebereich teilweise abweichende Öffnungszeiten. Eintrittspreise Therme: 2 Stunden 9 €, 3 Stunden 10,50 €, 4 Stunden 12 €, Tageskarte: 13,50 €; Eintritt Therme & Sauna: 2 Stunden: 14 €, Tageskarte: 19 €.
www.vulkaneifel-therme.de

Ein Tag im Herzen der Vulkaneifel

Maare sind das Salz in der Suppe der Eifel. »Die Augen der Eifel« hat sie die bekannte Erzählerin und ›Eifel-Dichterin‹ Clara Viebig einst genannt. Und wirklich: Wer die Maare aus der Luft erleben kann, der glaubt tatsächlich, dass da in der Landschaft Augen den Betrachter anschauen. Maare entstehen, vereinfacht gesagt, wenn tief in der Erde glühend heißes Magma (geschmolzenes Gestein) auf Grundwasser trifft, was einen heftigen Knall, die Eruption eines Vulkans etwa, zur Folge hat.
Durch solche Explosionen entstanden in der Eifel tiefe Krater – die Maare. Im Laufe vieler Jahrtausende veränderten die Maare ihr Aussehen. Die einen füllten sich mit Grund- und/oder Regenwasser, andere trockneten aus, was die Fachleute »verlanden« nennen. Wiederum andere waren sogar niemals mit Wasser gefüllt. In der Eifel erlebt man die wohl dichteste Maarlandschaft der Welt – über 70 dieser Krater und Seen haben die Wissenschaftler als solche anerkannt, zwölf von ihnen sind ›bewässert‹.
Die Maare sind ein Muss für alle Eifel-Besucher. Starten wir also zu einer kleinen ›Tour de Maar‹ und beginnen in der deutschen Maar-Hauptstadt Daun, wo gleich drei Maarseen vor der Haustür liegen. Als Ausgangspunkt eignet

Karte S. 145

▲ *Das Weinfelder Maar bei Daun*

sich bestens das quirlige Schalkenmehren (5 km von Daun), durch das der Eifelsteig führt und das mit entsprechend viel Gastronomie und Hotellerie gut auf Gäste eingestellt ist. Zusätzlich bietet ein Kettensäge-Holzschnitzer seine Künste an (www.saegeskulpturen.de), und das Heimwebereimuseum erinnert an vergangene Nebenerwerbsarbeiten (→ S. 156).

■ **Die Dauner Maare**

Wer im Ultraleichtflieger über die Dauner Maare fliegt, ahnt, dass es hier einst mächtig gerappelt haben muss. Das **Schalkenmehrener-**, das **Gemündener-** und das **Weinfelder Maar** liegen von oben betrachtet dicht an dicht, hinzu gesellen sich das Flachmoor und ein Trockenmaar. Die ersten beiden ›Seen‹ (21 und 39 m tief) sind touristisch ziemlich erschlossen und beide als Freibad für allerlei Wasservergnügungen geöffnet (gegen Eintritt). Beim Weinfelder Maar bewahrheitet sich die alte Weisheit, dass stille Wasser tief sind – bis über 50 Meter geht's hier hinab.

Zwischen Gemündener- und Weinfelder Maar steht auf dem Mäuseberg (560 m hoch) der Dronketurm (11 m hoch), der an den Mitbegründer des Eifelvereins Adolf Dronke erinnert. Der gut 1,5 Kilometer lange Weg ist ›easy going‹. Man sieht von oben im Sommer, wenn die Bäume Blätter tragen, aber leider nur das Gemündener Maar, kann an klaren Tagen aber bis zur hohen Acht in der Hocheifel und hinüber nach Trier schauen. Man läuft vom Parkplatz an der L 64 oberhalb des Weinfelder Maares und erfährt auf Schautafeln, warum das Weinfelder- im Volksmund auch Totenmaar genannt wird. Diesen Namen verdankt es dem Friedhof, der die kleine Kapelle auf dem Maarwall umgibt.

Rund um die Maare blüht heute schöne Natur, dort leben auch einige seltene Tiere wie etwa die Smaragdlibelle. Im Frühling ist ein Besuch der Maare besonders zu empfehlen: Im Mai blüht der Besenginster, der im Volksmund auch Eifelgold genannt wird: Dann leuchten die Flächen rund um die Maare ganz in Gelb. Alle drei Maare kann man auch per pedes umrunden. Für die Wanderung ›drei Maare auf einen Streich‹ braucht man gut einen halben Tag. Informationen dazu gibt's in Schalkenmehren (s.u.).

■ **Holzmaar**

Viel Holz (Wald) umgibt die Idylle des Holzmaars. Der Trichterdurchmesser beträgt 450 mal 300 Meter, Seetiefe: etwa 20 Meter. Das Maar, das einst die Holzmühle in Gillenfeld mit Wasser versorgte, gilt als sehr gut erforscht. Sensoren einer Seeboje messen rund um die Uhr Wasserparameter in verschiedenen Tiefen, die via Satellit an das Kernforschungszentrum Jülich übertragen werden.

■ **Dürres Maar**

Das Dürre Maar, heute ein Moor, verlandet immer mehr und steht wie auch das benachbarte Holzmaar unter Naturschutz. Hier wachsen Seggengräser, Torfmoose und Wollgräser – der heutige Grundwasserspiegel liegt bei rund sechs Metern unter der Mooroberfläche. Das ›Moor-Maar‹ ist umzäunt, aber gut zu überblicken. Infotafeln erklären den Veränderungsprozess.

■ **Pulvermaar**

Ein Bilderbuchmaar bei Gillenfeld: ringförmig, also kreisrund, der Tuffwall drumherum ist fast vollständig erhalten und an der höchsten Stelle bis zu 45 Meter mächtig. Das Maar ist der See mit der größten Tiefe in der Eifel (70–100 m). Touristisch ist das Pulvermaar stark erschlossen mit Camping, Freibad, Bootsverleih und einfacher Gastronomie.

Vulkaneifel

Das Ulmener Maar

■ **Meerfelder Maar**

Schon in der Westeifel liegt das Meerfelder Maar, das mit einem Seerosenteppich, einem Schwimmbad und mit einer großen Besonderheit aufwartet: Im 19. Jahrhundert wurde der Seespiegel um zwei Meter abgesenkt, um fruchtbares Land zu gewinnen – auf dem so gewonnenen Land liegen heute auch Teile des aufgeräumt-hübschen Ortes Meerfeld mit guter Gastronomie und Hotellerie (s.u.)

Wandertipp: Von Meerfeld geht man gut 60 Minuten zum **Aussichtsturm Landesblick** – von hier genießt man den Weitblick über die Vulkaneifel und hinüber bis zum Hunsrück.

■ **Ulmener Maar**

Das Nesthäkchen unter den Eifelmaaren ist noch jung an Jahren – na ja, zumindest dann, wenn man die Erdgeschich-

te als Maßstab nimmt. Denn der letzte Vulkanausbruch in der Eifel ereignete sich genau hier – und das ist erst rund 10 000 Jahre her. Treffpunkt zum Entspannen ist in Ulmen der mittelalterliche Marktplatz mit viel Gastronomie und netten Geschäften. Am Sagenbrunnen hat man der Ulmener Maarhexe ein Denkmal aus Bronze gesetzt.

Wandertipp: In Ulmen beginnt der schön angelegte **Maare- und Therme-Wanderpfad**, der in zwei Etappen nach Bad Bertrich und zur Vulkaneifeltherme (→ S. 160) führt. Insgesamt sind 35 Kilometer zu bewältigen. Man kann zum Beispiel in Lutzerath Pause machen und übernachten. Der Weg führt über verschlungene Pfade, vorbei an Mühlen und weiten Blicken in die Eifel. Unterwegs gilt es viele besondere Muße-Plätze zu entdecken. Ein Kerbholz weist den Weg.

 Maare-Tour

Touristeninformation Schalkenmehren, Maarstraße 2, Ortsmitte, 54552 Schalkenmehren, Tel. 06592/173939. Nov.–März Di u. Sa 10.30–12.30 Uhr; April–Okt. Di, Do, Sa 10–12 Uhr).

Naturfreibad Schalkenmehrener Maar, Mitte April-Anfang Okt. (bei gutem Wetter) tgl. 10–19.30 Uhr. Erw. 3 €, Kinder bis 16 Jahre 1,50 €.

Naturfreibad Gemündener Maar, Mai–Sept, täglich 11–19/20 Uhr (bei entsprechender Witterung). Erw. 3,50 €, Kinder bis 16 Jahre, Schüler, Studenten, Schwerbehinderte, Senioren ab 65 Jahren 2,50 €, Kinder bis 10 Jahre sind frei, ab 17 Uhr 50% Rabatt.

Hotel Schneider am Maar, Maarstraße 22, 54552 Schalkenmehren, Tel. 06592/95510. Restaurant, Campingplatz sowie Ferienwohnungen.
www.hotelschneider.de

Michels, Wohlfühlhotel & Restaurant (4 Sterne), Sankt-Martin-Straße 9, 54552 Schalkenmehren, Tel. 06592/9280.
www.michels-wohlfuehlhotel.de

Café-Restaurant Maarblick, Pension und Ferienwohnungen, Maarstraße 16, 54552 Schalkenmehren, Tel. 06592/96660.
www.cafe-maarblick.de

Maarberg Resort (FeWo), Kontakt über: Wolfgang Poss, Höhenweg 1, 54552 Schalkenmehren, Tel. 06592/1657, 0171/6226603. Mehrere FeWo am Berg, einige davon mit Maarblick.
www.villa1.de

NaturPur Hotel Maarblick (4 Sterne), Meerbachstraße 52, 54531 Meerfeld, Tel. 06572/4494, Tipp des Autors: sehr ansprechende Zimmer, hervorragendes Restaurant. www.naturpurhotel.de.

Einmal im Jahr steht auf der **Maarbühne Gemünden** das Sommer-Musik-Festival ›Klassik auf dem Vulkan‹ auf dem Programm.
www.klassikaufdemvulkan.de

Wie es sich für den Süden gehört: Hier geht's leichter und lockerer zu – leben und leben lassen. Bier (aus Bitburg) sowie Wein von der Mosel und aus dem nahen Luxemburg tragen zur fröhlichen Stimmung bei. Die Landschaft ist weniger spektakulär als in den angrenzenden nördlichen Eifelgefilden. Aber spannend ist die Südeifel allemal, zum Beispiel in Prüm, wo die Eifel Geschichte schrieb, oder im ehemaligen Kloster Himmerod.

SÜDLICHE EIFEL UND TRIER

Am Escapardenne Lee Trail in den Luxemburger Ardennen

Südliches Flair an der Grenze zu Belgien und Luxemburg

Die süd- und südwestliche Eifel hat weniger spektakuläre Highlights in der Landschaft zu bieten als ihre angrenzenden Nachbarn im Vulkanland. Aber langweilig wird's im Süden deshalb noch lange nicht. Die Süd- und Südwesteifel mit der kleinen Luxemburger Schweiz und der Region Müllerthal jenseits der grünen Grenze sind ein weitgehend eigenständiger Natur- und Kulturraum. Es ist vor allem die natürliche Schönheit und mannigfache Eleganz, die diesen Landstrich auszeichnet. Die Leichtigkeit des Seins hat hier schon wirklich südliche Züge

Südeifel

angenommen hat. Dabei spielt die nahe Mosel mit ihren exzellenten Weinen sicherlich eine Rolle.

Es gibt hier kleine, ziemlich unbekannte Flusstäler wie Kyll, Nims oder Sauer. Die Hochflächen und die dichten Wälder im wilden Eislek. Weite Streuobstwiesen und gewaltige Felslandschaften. Alte römische Villengeschichte und angesagte Restaurants. Urige Dörfer und zünftige

Mahlzeiten. Im Bitburger Land ebenso wie im Felsenland Südeifel, wo einem schon einmal der Teufel in der Schlucht begegnen kann. Nicht zu vergessen: Eine der größten Brauereien Deutschlands braut hier ihr Pils, das Weltruhm genießt. Von Prüm, das nördlichste der süd(west)lichen Eifelziele, ging einst sogar die Besiedlung des gesamten Mittelgebirges aus. Oder, wenn man so will, von Trier, von wo die Römer quer durch die Eifel nach Norden zogen. Die Süd- und Südwesteifel muss man mit allen Sinnen genießen – und Zeit mitbringen.

Kyll-Radweg

Unter allen Radwegen in und durch die Eifel ist der Kyllradweg eine ziemlich ebene Herausforderung mit nur wenigen leichten Steigungen (Ausnahme nur zwischen Kyllburg und Erdorf). Der knapp 130 Kilometer lange Weg folgt dem kleinen Fluss Kyll und führt meist auf wenig befahrenen Straßen von Losheim/Losheimergraben an der belgischen Grenze über Gerolstein bis zur Mündung der Kyll in die Mosel bei Trier (www.eifel.info/a-kyll-radweg). Man kann den jeweiligen Start- und/oder Zielpunkt gut mit der Bahn erreichen – im Norden bieten sich die Bahnhöfe Dahlem und Jünkerath an, im Süden natürlich Trier. Die Route führt einmal längst durch die kontrastreiche Natur von Nord- und Südeifel, berührt im Norden viele Seen, im Süden eher Streuobstwiesen und verschiedene Felsformationen. Mit Trier wartet am Anfang oder Ende ein Städte-Highlight (→ S. 183).

Prüm

Die Waldstadt Prüm mit rund 5500 Einwohnern gilt als eine Art Keimzelle für die heutige Eifel, zumindest für ihren südlichen und westlichen Teil.

Erstmals in den Schlagzeilen der Geschichte taucht die heutige Kreisstadt

Südliche Eifel und Trier

(Eifelkreis Bitburg-Prüm) anno 720 auf – als karolingische *Villa Prumia*. Es war dann die fränkische Edelfrau Bertrada, eine Urgroßmutter Karls des Großen, die 721 dem Prümer Tal ein Kloster stiftete, das durch seine mächtige Abteikirche, große Besitztümer bis hin nach Holland und in die Bretagne und später durch seine Klosterschule Bedeutung erlangte. Um 855 trat Kaiser Lothar I., der Sohn des großen Karl, ins Kloster ein und starb hier – an seinem Grab im Altarbereich der doppeltürmigen Abtei-Basilika St. Salvador (leider nicht immer zugänglich) lernen Schüler und Touristen heute ein Stück deutscher Geschichte. Motto: Verdammt lang her...

Im 13. Jahrhundert etablierte sich das Kloster zu einem selbstständigen Fürstentum, um 300 Jahre später dem Kurfürsten in Trier zuzufallen. 1802 war's dann vorbei mit der Herrlichkeit – die Abtei in Prüm wurde säkularisiert. Die Basilika wird heute von der Pfarrgemeinde genutzt und kann besichtigt werden. Im Laufe der Jahrhunderte war die Klosteranlage zudem mehrmals überfallen und zerstört worden – immer wieder wurde das großflächige Häuserensemble neu aufgebaut. Und wie es sich für ein kirchliches Haus mit großer Bedeu-

tung gehört, hütet die Abtei seit ewig langer Zeit einen kostbaren Schatz. Die Fragmente der (angeblichen) Sandalen Christi gelten als eine der wertvollsten Reliquien des christlichen Abendlandes. Prüm ist ein anerkannter Luftkurort und zählt zum Deutsch-Belgischen Naturpark. Die leicht verschlafene City hat seit 2017 einen neu gestalteten Marktplatz, der Eindruck macht. Außerdem spielt Prüm in Deutschland für neue, saubere Antriebstechniken beim Automobil eine führende Rolle. Der amerikanische E-Auto-Pionier Tesla hat einen auf Anlagen für automatisierte Produktion spezialisierten Maschinenbauer aus Prüm übernommen – setzt also bei der Zukunft des Autos (auch) auf moderne Eifel-Technik.

■ **Pferdemarkt**

Zweimal im Jahr, meist im April und Oktober, ist Prüm Schauplatz eines der größten Pferdemärkte in Deutschland. Sehen und gesehen werden, handeln und gehandelt werden, wiehern – für jeden etwas dabei. Ein Schauprogramm mit den stolzen Vierbeinern ist ebenso Bestandteil der Veranstaltung (seit 1990) wie ein Kleintier- und Bauernmarkt, auf dem die Landwirte der Region ihre selbsthergestellten Produkte verkaufen.

Karte S. 168/169

▲ *Die Türme der Abteikirche St. Salvator*

■ **Radtour durchs Prümtal**
Durchs Prümtal führt auch ein Radweg, der fast immer am 85 km langen Flüsschen entlang läuft, hinter Waxweiler aber auf rund sechs Kilometern um 200 Höhenmeter ansteigt. Die gesamte Tour, die am Ende Anschluss ans Moselradnetz findet, ist eher für sportlich trainierte Fahrer geeignet. Die Teiletappe von Prüm nach Waxweiler führt über eine alte Bahntrasse und ist für Familien und Freizeitradler ideal.

■ **Basilika St. Salvator und barocke Abtei Prüm**
In der früheren Abtei pauken heute Schüler fürs Abitur. Während der Schulferien kann man das Gebäude teilweise besichtigen, die Kirche ist täglich von 9 bis 18 Uhr geöffnet (keine Besichtigung während der Gottesdienste möglich). Die Gründung der Abtei geht auf das 8. Jahrhundert zurück, auch eine Schule besteht hier schon seit jener Zeit. In der Abtei befinden sich die Gebeine des Karolingers und römischen Kaisers Lothar I. (795–855).

ℹ **Prüm**
Haus des Gastes, Hahnplatz 1, 54595 Prüm, Tel. 06551/505. Mo–Fr 9–17 Uhr, Sa 10–13 Uhr, 1.6. – 31.10. zusätzlich So 10–12 Uhr. www.ferienregion-pruem.de

Malberg
Malberg liegt in einem vor Urzeiten von der Kyll geschaffenen Talkessel. Ringsum ziehen sich bewaldete Berghänge und schaffen ein eher mildes Klima. Auf einer Erhebung über dem Ort thront seit 300 Jahren ein barockes Schloss. Rund 600 Menschen besiedeln den historischen Eifelfleck, der sich durch malerisch verwinkelte Gassen auszeichnet.
Zur Gemeinde Malberg gehört der kleine Ortsteil Mohrweiler. Er liegt auf einer Anhöhe nördlich des Ortes und wurde

Anfang des 19. Jahrhunderts als Hof Mahrweiler gegründet. Hier leben heute ca. 170 Menschen.

■ **Schloss Malberg**
Die einzigartige Schlossanlage Malberg besteht aus dem sogenannten Neuen Haus, Alten Haus, dem Arkadenbau, der Brauerei und der Kapelle. Weiter gehören der Eiserne Garten und der Runde Garten zu dem Schloss-Ensemble.
Öffentliche Führungen finden an Samstagen um 14.30 Uhr statt, Treffpunkt am Schlosstor. Besondere Themenführungen sind möglich. Weitere Infos unter Tel. 06561/943417 oder foerderverein@schloss-malberg.de.

Kyllburg
Kyllburg hat nur 867 Einwohner und ist trotzdem eine Stadt, die zweitkleinste in Rheinland-Pfalz. Sie ist zudem ein staatlich anerkannter Luftkurort. Der Schutz durch Höhenzüge, die die Stadt überragen und der umschließende Fluss Kyll tragen zu einem frischen, gesunden Klima bei. Urkundlich wird Kyllburg bereits zu Beginn des 9. Jahrhunderts erwähnt. Im Jahre 1239 ließ Erzbischof Theoderich von Trier, als Eck- und Grenzfeste Kurtriers eine größere Burg, die eigentliche

Schloss Malberg

Kyllburg, erbauen. Die heute noch zum Teil erhaltene Burg wurde durch einen Schulhausbau im Jahre 1912 teilweise ersetzt. So entstand eine mit starken Mauern und Toren befestigte Landstadt ›Kilburch‹. Sie besaß die wesentlichen Merkmale einer mittelalterlichen Stadt und war von Burgmannen, Wächtern, Pförtnern und Bürgern bewohnt. Noch heute strahlt dieser kleine Ort mit seinen verwinkelten Gassen und Resten der alten Wehrmauer ein mittelalterliches Flair aus. Doch der demografische Wandel machte nicht vor Kyllburg halt. Nachdem 2012 das letzte Geschäft auf der einst renommierten Hochstraße schloss, gründete sich die bürgerliche ›Offensive Kyllburg dajeh‹, mit dem Ziel, die beiden wichtigsten Straßen Hoch- und Bahnhofstraße wieder zu beleben. Die Arbeit der Initiative findet in regelmäßigen Kunstausstellungen und weiteren Programmpunkten ihren Niederschlag. Bei Fahrradreisenden ist Kyllburg besonders beliebt, da hier der 130 Kilometer lange Kylltalradweg verläuft und Kyllburg mit seiner Bahnstation einen Einstieg bilden kann. Für viele Gäste ist auch das Freibad direkt an der Kyll attraktiv.

🛏 Kyllburg

Hotel Müller, Mühlengasse 3, 54655 Kyllburg, Tel. 06563/96960. Das Hotel ist nahe dem Bahnhof gelegen und hat einen sehr engagierten Service, besonders für Radtouristen.
www.mueller-kyllburg.de
Hotel Eifeler Hof, Hochstraße 2, 54655 Kyllburg, Tel. 06563/96697800. Das Traditionshotel verfügt über 38 Zimmer und ist auch für Tagungen geeignet. 14 Jahre lang stand das ehemals größte Hotel der Eifel leer, jetzt versuchen neue Besitzer es mit großem Engagement wieder mit Leben zu erwecken. Die Zimmer sind nett eingerichtet im alten Stil und kosten ab 70 EUR/Nacht.

Arzfelder Land

Auf beiden Seiten des Grenzflüsschens Our erstrecken sich weite, landwirtschaftlich genutzte Hochflächen, immer wieder unterbrochen von tiefeingeschnittenen Fluss- und Bachtälern, die dicht bewaldet sind. ›Islek‹ heißt dieser extrem dünn besiedelte Landstrich in der südwestlichen Eifel, ebenso in Ost-Belgien. Als ›Ösling‹ oder neuerdings ›Eislek‹ wird die Region in Luxemburg vermarktet (s. deutsch-lux. Naturpark). Das Arzfelder Land ist das deutsche Herzstück des Islek, wo Gäste, die Ruhe, Natur und Beschaulichkeit lieben, goldrichtig sind. Was es hier nicht gibt, ist Industrie oder Hektik. Im Islek gehen alle Uhren langsamer, wird um mindestens zwei Gänge zurückgeschaltet. Zum Beispiel beim Wandern: Der Irsenpfad, der als Rundkurs über 11,6 Kilometer durch eines der schönsten Eifeltäler führt, ist Idylle pur! Wenn man morgens ganz früh dran ist, kann man sogar den Biber live in Aktion erleben. Wer später kommt, sieht nur seine Spuren. Außer dem leisen Plätschern des Irsenbachs hört man hier nur Vogelgezwitscher. Start und Ziel der familienfreundlichen Tour ist der Wanderparkplatz Wehrbüsch in Dahnen.

ℹ Arzfelder Land

Touristeninformationrmation Arzfeld, Luxemburgerstr. 15, 54687 Arzfeld, Tel. 06550/961080. www.islek.info

Bitburg

Die ehemalige Raststation an der Strecke zwischen Trier und Köln wurde im 4. Jahrhundert unter den Römern zu einer Festung ausgebaut, was bis heute im Straßenraster des Altstadt sichtbar ist. Heut verbindet man mit der Stadt vor allem Bier – bitte ein Bit! Und sonst? Nicht viel, denn die Kreisstadt des Eifelkreises Bitburg-Prüm wurde zum Ende des Zweiten Weltkriegs durch Luftbombardements fast komplett zerstört. Des-

▲ Karte S. 168/169

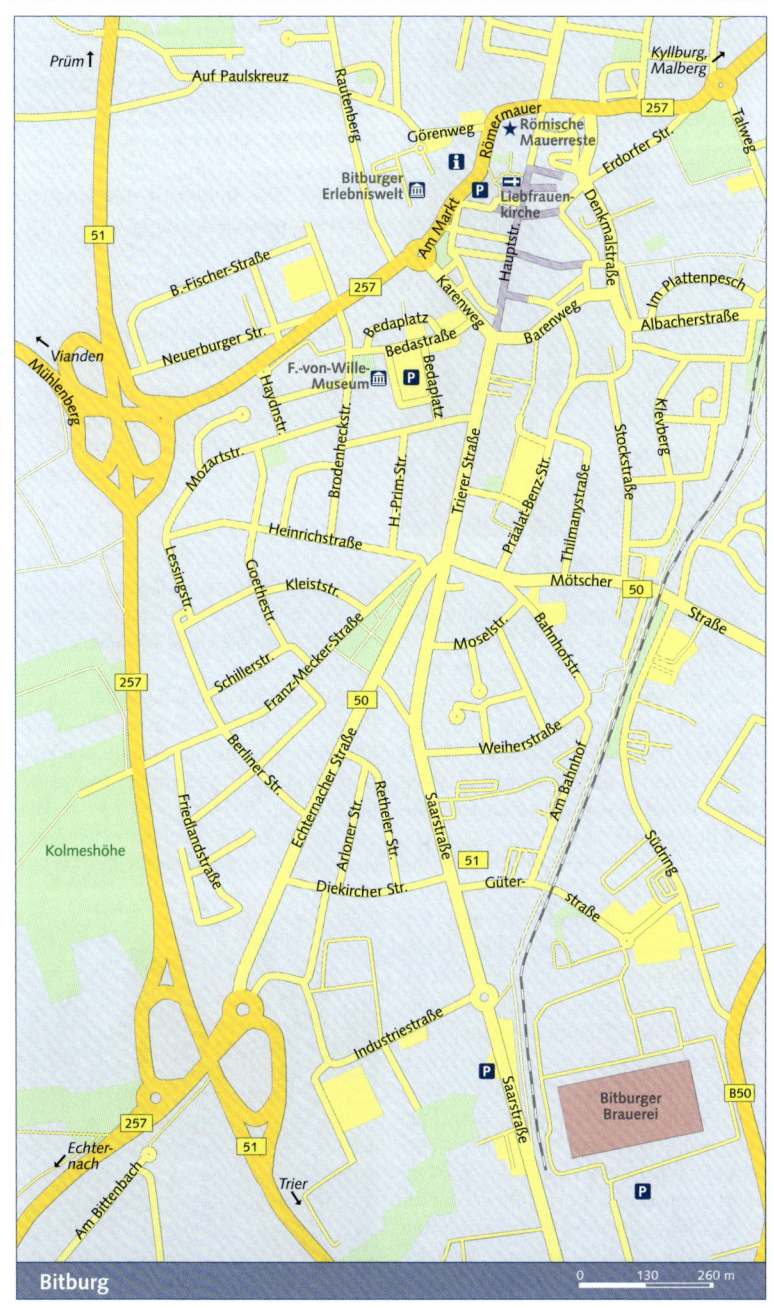

Bitburg

Südliche Eifel und Trier

0 130 260 m

Das Gasthaus Simonbräu

wegen dominiert heute die Architektur der Nachkriegszeit das Stadtbild.

Nach 1945 war die Stadt Teil der französischen Besatzungszone und wurde 1953 Nato-Stützpunkt unter Führung der US-Armee. Die US-Soldaten waren für das Leben in der Stadt wichtig. Viele Eifeler erinnern sich gerne an so manchen bunten Abend mit den GI. Die US-Präsenz ist inzwischen Geschichte, die letzten Amerikaner haben 2018 Bitburg und Umgebung geräumt. Die alten Kasernengebäude auf einem riesigen Arreal südöstlich des Stadtzentrums (direkt neben den Produktionsanlagen der Brauerei) stehen weitgehend leer und sollen nach und nach in ein Wohn- und Gewerbegebiet umgestaltet werden. Aus dem ehemaligen Militärflugplatz ist längst ein gut gehendes Freizeit- und Gewerbegebiet mit angeschlossenem Verkehrslandeplatz geworden. Der ist wiederum für die Bitburger Brauerei, eine der größten privat geführten Braustätten in Deutschland, von Bedeutung.

■ Rathausplatz

Die gotische Liebfrauenkirche aus dem 15. Jahrhundert ist eines der wenigen alten Architekturdenkmäler der Stadt; sie wurde durch die Jahrhunderte aber häufig umgebaut und 1944 schwer beschädigt. Das Innere ist überwiegend barock ausgestaltet. Nördlich der Kirche sind noch einige Reste der ehemaligen römischen Stadtumfassung zu sehen.

■ Die Bitburger Marken-Erlebniswelt

Eine der größten Privatbrauereien Deutschlands präsentiert ihre Produkte und viel Wissenswertes rund ums Bier üppig auf 1700 Quadratmetern in einer modern aufgemachten Schau. Zu jeder vollen Stunde finden Führungen statt, die 60 Minuten dauern und üblicherweise in einer Verkostung enden. Direkt gegenüber kann man am Marktplatz das berühmte Bier auch im Gasthaus Simonbräu an Ort und Stelle genießen.

■ Museum für den Eifel-Maler

Dem vielleicht berühmtesten Eifel-Maler Fritz von Wille ist im Haus Breda eine Dauerausstellung gewidmet. Viele seiner Bilder haben die Natur der Eifel zum Thema; dort hatte der Maler erst einen Zweitwohnsitz und zog dann in die Burg Kerpen.

Kloster Himmerod

Karte S. 173

■ **Eifelpark in Gondorf**
Nahe bei Bitburg bietet der Wild- und Freizeitpark alle Vergnügungen an, die man
auf solch einem Gelände erwarten darf
– von A wie Achterbahn bis Z wie Zirkus.

Im Wildpark leben u.a. Wölfe und Bä-
ren. Der Park kann ganzjährig besucht
werden, die Kernöffnungszeit liegt zwischen 10 und 17 Uhr (detaillierte Informationen unter: www.eifelpark.com).

 Bitburg

Touristeninformation, Römermauer 6,
54634 Bitburg, Tel. 06561/94340. Kern-
öffnungszeiten in der Saison: Mo–Fr von
9–17 Uhr sowie Sa 10–13 Uhr.
www.eifel-direkt.de/a-tourist-information-
bitburger-land

🏛

Bitburger Markenerlebniswelt, Römermau-
er 3, 54634 Bitburg, Tel. 06561/142498;
E-Mail: marken-erlebniswelt@bitburger.
de; Öffnungszeiten schwankend, letzte
Führungen in der Regel um 16 oder 17
Uhr. Erw. 9 €, Kinder (bis 12 Jahre) frei,
Jugendliche (12 bis 15 Jahre) 4 €, Schü-

ler, Studenten etc. 7 €. Der Eintrittspreis
beinhaltet zwei Freigetränke, eine Brezel
und diverse Gutscheine.
Tipp: In der Genießerlounge können Besucher an längeren Verkostungen teilnehmen,
hier kann man auch ein Drei-Gänge-Menü
in Buffetform hinzubuchen. Reservierungen
unter 06561/94641-0 oder per E-Mail an
info@derbiersommelier.de.
www.bitburger.de
Museum des Eifelmalers Fritz von Wille,
Bedaplatz 1, 54634 Bitburg. Tel. 06561/
96450
E-Mail: info@haus-beda.de; Di 14–17 Uhr
oder nach telefonischer Absprache; Erw.
2 €, Kinder und Jugendliche frei.

Abtei Himmerod im Salmtal

»Unsere Türen stehen offen«, sagt Abt
Johannes, und das ist durchaus wörtlich
zu nehmen. Denn die wuchtigen Tore
an der Klostereinfahrt haben nur noch
symbolischen Charakter. Die zum Bistum
Trier gehörende frühere Zisterzienserab-
tei Himmerod in der Nähe des kleinen
Nestes Großlittgen und bei Eisenschmitt
ist in ihrer großzügigen Schlichtheit ein
barocker Kraftort mit besonderer Aus-
strahlung. Der lange wie weite und hohe
Kirchenraum hat ein mächtiges Gewölbe,
aber nur ganz wenig sakralen Schmuck.
Einzig ein Holzkreuz hängt im unmittel-
baren Altarraum. Sonst nichts.
Himmerod ist vor allem morgens ein Erlebnis – um 10 Uhr scheint die Kloster-
welt noch in Ordnung, bevor später die
Bustouristen auf Südeifel-Tour einfallen.
Die Klosteranlage mit Gärtnerei, Fischerei, Bäckerei, Laden und Gastronomie
– alle privat betrieben – erfüllt schnell
das Motto »Stille. Ankommen. Erholen«.

Gäste wie Familien oder Wanderer können hier übernachten und dürfen an den
Gottesdiensten und den Gebetszeiten
teilnehmen.
Zisterziensermönche lebten hier seit fast
900 Jahren. 1134 wurde das von Bern-
hard von Clairvaux gegründet, der auch
für das berühmte Kloster Eberbach im
Rheingau (Drehort für ›Im Namen der
Rose‹) Pate stand. 2017 kam dann das
Ende für die Abtei in der südlichen Eifel, zum Schluss gehörten gerade mal
noch sechs Mönche zum Konvent und
lebten den strengen Klosteralltag. Auch
wirtschaftlich ist Himmerod nicht auf
Rosen gebettet.
Dennoch bleiben die Klostertore geöffnet – das Bistum Trier führt das Kloster
als ›geistlichen Ort‹ weiter. Auch das
bunt gemischte Jahresprogramm aus
Konzerten, Seminaren, Fortbildungen,
Einkehrtagen und dem jährlichen statt-
findenden Internationalen Orgelsommer
wird weiter angeboten. Was wann läuft,

steht auf der Homepage. Der Eintritt zu den Konzerten ist frei, es wird um eine angemessene Spende gebeten. Klosterführungen werden nur nach Vereinbarung angeboten. Nach einem Brand in der Orgel musste die Kirche im Frühjahr 2018 saniert werden und wird bis Juni 2018 nicht zugänglich sein.

■ **Eisenschmitt**
Das Dorf Eisenschmitt mit seinen rund 300 Menschen hat gleich zwei Besonderheiten zu bieten: Zum einen ist die Gemeinde das, was in der früheren DDR die Region um Dresden war – ein Tal der Ahnungslosen. Moderne Telekommuni-

kation findet hier weitgehend nicht statt – Handy und Internet haben (meistens) Pause. Besonderheit Nr. 2: Der Ort diente der Eifel-Schriftstellerin Clara Viebig als Vorlage für ihren »Das Weiberdorf«. Beschrieben wird das harte Leben der Frauen in der Dorfgemeinschaft, die auf sich alleine gestellt sind, weil ihre Männer als ›Gastarbeiter‹ in die Stahlwerke des Ruhrgebiets (Duisburg, Oberhausen, Essen) abgewandert waren. Lesenswert! Wandertipp: Man kann von Eisenschmitt via Molitors Mühle zur Abtei Himmerod über den alten Mühlenpfad immer an der Salm entlang wandern – zwei Stunden Gehzeit sind nötig.

ℹ️ Abtei Himmerod
Abteistraße 3, 54534 Großlittgen, Tel. 06575/95130, Übernachtung mit Frühstück: 35 €, mit Vollpension: 50 € Anfragen zur Zimmerreservierung: Wolfgang Valerius, Tel. 06575/951380 www.abteihimmerod.de

Molitors Mühle, Eichelhütte, 54533 Eisenschmitt, Tel. 06567/9660; DZ ab 130 €. Ganz in der Nähe der Abtei empfiehlt sich das idyllisch gelegene 4-Sterne-Hotel mit Spa, See und Restaurant. www.molitors-muehle.de

Wittlich

Wittlich ist Kreisstadt und mit dem Zusatz ›Land‹ Verbandsgemeinde und Versorgungszentrum für ein Einzugsgebiet von 56 Gemeinden in der Region Eifel und Mosel. Die Stadt hat zwar keine herausragenden Sehenswürdigkeiten, lohnt dennoch aber eine Stippvisite. Rund um den Marktplatz stehen einige sehr schöne Patrizier- und Bürgerhäuser aus dem 18. und frühen 19. Jahrhundert. Das Alte (rote) Rathaus ist ein Renaissancebau und beherbergt heute die städtische Galerie für moderne Kunst.
Zudem ist Wittlich Weinstadt. Begünstigt durch ein eigenes Mikroklima in der Wittlicher Senke gedeihen hier Riesling und auch verschiedene Burgundertrauben prächtig. Stolz sind die Wittlicher Winzer noch heute darauf, das einst Bundespräsident Walter Scheel vom ›Gelben Wagen‹ herunterstieg und Wittlicher Wein

(zählt zu den Moselweinen) probierte. Selbiges tat später auch noch Spaniens König Juan Carlos.

Teufelsschlucht und Felsenland Südeifel

Plötzlich wird der Weg, der eben noch breit und ausladend durch den Wald führte, ganz eng. Und dunkel. Steil geht es auf Treppen bergab. Das Moos und die Flechten auf dem Fels lässt die Nase Witterung aufnehmen – das hier ist Natur pur. Im Felsenland Südeifel, das sich entlang der deutsch-luxemburgischen Grenze (so heißt auch der gleichnamige Naturpark) erstreckt, ist die Teufelsschlucht das natürliche Highlight. Wanderer finden auch weitere spannende Premiumwanderwege, zum Beispiel den grenzüberschreitenden Naturwanderpark deluxe, der 23 Rundwanderwege entlang von Sauer und Our anbietet.

▲ Karte S. 168/169

In der Teufelsschlucht

Wer lieber radelt, kann sich zum Beispiel für die grenzenlose 5-Täler-Tour entscheiden, die mit einer Gesamtlänge von 115 km auch die Sauer-, Prüm-, Kylltour und den Mosel-Radweg berührt. Man kann seine persönliche Strecke nach Lust, Länge und Können zusammenstellen und an zwölf Bahnhöfen zwischen Bitburg-Erdorf und Wasserbillig ein- oder aussteigen. Während im Norden des Felsenlandes der Luxemburger Sandstein dominiert, prägen entlang der Täler von Enz und Our vor allem Schieferfelsen die Landschaft. Alle Informationen zur Region gibt es im Naturparkzentrum Teufelsschlucht

■ Mit dem Dino per Du

Eine besonders bei Kindern beliebte Attraktion der südlichen Eifel ist der **Dinosaurierpark Teufelsschlucht**, der nur rund 300 Meter vom Naturparkzentrum entfernt ist. Ausgestellt sind über 150 lebensgroße Rekonstruktionen vieler ausgestorbener Dino-Arten, die ziemlich realistisch gehalten sind. Infotafeln und/oder ein Audioguide vermitteln Wissen und erzählen einem die Geschichte der Tiere. An mehreren Stellen können Kinder auch selbst aktiv und kreativ werden, etwa im Forschercamp.

■ **Ofen- und Eisenmuseum Hüttingen**
Dieses Museum ist etwas ganz besonderes: Brigitte und Theo Lukas haben auf

etwa 500 Quadratmeter Ausstellungsfläche Öfen, Eisen und sonstige Raritäten ausgestellt, darunter auch alte Haushaltsgeräte wie Bügeleisen oder Backgeräte oder Kaminsägen. Insgesamt sind's rund 25 000 Exponate. Das ganze Museum ist nach Themen aufgeteilt, darunter die Kinderstube, das Klassenzimmer und Omas Waschküche. Ein Highlight ist im ehemaligen Kuhstall untergebracht: das Museumscafé ›Ofenstube‹ (45 Plätze): Hier kann man etwas essen und dabei auch Stücke aus früherer Zeit anschauen, wie etwa einen Bullerjan-Ofen.

ℹ Felsenland Südeifel

Touristeninformationrmation Bollendorf, im Abteihof, Neuerburger Str. 6, 54669 Bollendorf, Tel. 06525/93393-30.
Touristeninformationrmation Irrel, Niederweiser Str. 31, 54666 Irrel, Tel. 06525/9339350.
Die Öffnungszeiten sind nicht wirklich besucherfreundlich, sie variieren sehr stark – man ruft besser vorher an.
www.naturwanderpark.eu
www.felsenland-suedeifel.de

Ofen- und Eisenmuseum Hüttingen, Am Römerberg 10, 54675 Hüttingen bei Lahr, Tel. 06566/8542; Karfreitag bis Ende Okt. Mi–So 14–18 Uhr, Mo, Di nur an Feiertagen. Eintritt 4/6 €.
www.ofen-und-eisenmuseum.de

Naturparkzentrum Teufelsschlucht, Ferschweilerstraße 50, 54668 Ernzen, Tel. 06525/933930, Winter 11–17 Uhr, im Sommer 11–18 Uhr. Leider ist an manchen Tagen geschlossen, deshalb vorher die genauen Informationen auf der Homepage abrufen.
Im Zentrum lädt auch das **Bistro Teufelsküche** zu Speis und Trank ein. Auch geführte GPS-Touren sind im Angebot.
www.teufelsschlucht.de
Dinosaurierpark, Ferschweilerstraße 50, 54668 Ernzen, Tel. 06525/9339344; 8. April–30. Juni tgl. 10–18 Uhr, 1. Juli–15. Sept. tgl. 9–18 Uhr, 16. Sept.–5. Nov. täglich 10–18 Uhr. Kinder von 4–12 Jahren 7 €, Jugendliche ab 13 Jahren und Erwachsene 8,50 €.
www.dinosaurierpark-teufelsschlucht.de

Schloss Weilerbach

Einen netten Ausflug wert ist das aufwändig renovierte Rokokoschloss Weilerbach an der Sauer, das zusammen mit einer Eisenhütte zwischen 1777 und 1780 vom baufreudigen letzten Abt der luxemburgischen Abtei Echternach in Auftrag gegeben wurde. Das zwischen Echternacherbrück und Bollendorf auf deutscher Seite gelegene Schlösschen diente einige Jahre als Verwaltungszentrum der Hütte sowie dem Abt als ver-

gnügliches Sommerhaus. Gegen Ende des 2. Weltkrieges wurde es schwer zerstört, ab 1991 aber durch den Landkreis Bitburg-Prüm restauriert. Das Schloss kann nicht besichtigt werden, wohl aber die barocke Parkanlage mit großer Freitreppe. Mit Kaffee und Kuchen stärken kann man sich in der früheren Remise, in die jetzt ein Museumscafé einlädt. Auch für Brautpaare ist das Schloss mit seinem Festsaal eine lohnende Adresse – hier darf standesamtlich geheiratet werden.

Blick über die Grenze

Tief in ihrem Westen, wo die Sonne versinkt, geht die Eifel nahtlos in Westeuropa auf – der belgische und der kleine Luxemburger Teil der Ardennen sind der logische Fortsatz des westlichen deutschen Mittelgebirges. Diese Grenzlage kennt die Eifel im Westen schon zwei Jahrtausende, denn auch bei den Römern gab es die Provinzen Niedergermanien (mit Köln), Obergermanien (mit Mainz) und Belgien. Insofern setzt die heutige Eifel da auch ein Stück weit die alte Geschichte fort.

»Moien« im Deutsch-Luxemburger Naturpark (Naturpark Südeifel)

Der deutsch-luxemburgische Naturpark war 1964 der erste seiner Art in Westeuropa, der Grenzen überschritt. Was im Europa von heute kein großes Thema mehr ist, war damals schon noch eine Besonderheit – eine offene, natürliche Grenze. Der Park ist rund 790 Quadratkilometer groß, die sich ungefähr zu gleichen Teilen auf die Ardennen und die Eifel verteilen. Für die deutsche Seite betreut der Naturpark Südeifel die Region, während in Luxemburg mit dem Naturpark Our, dem Eislek und der Kleinen

Luxemburger Schweiz bei Echternach Angebot und Nachfrage auf drei touristische Regionen verteilt sind.

Luxemburg – bunt und mehrsprachig (letzeburgisch, deutsch, französisch), ein kleines Juwel im Herzen Europas, ein Land der kurzen Distanzen, mit ›großer Natur‹ und einem reichen Kulturmix, verstreut sich auf sechs verschiedene Regionen. Zwei davon grenzen unmittelbar an die Eifel und wollen entdeckt werden. Luxemburg ist die charmante Ergänzung zur Eifel: Das merkt man schon, beim Essen, leicht französisch, mit eigenem Bier, eigenem Wein und einem prickelndem Cremant, der es leicht mit dem Champagner aufnehmen kann. Auf geht's ins zweitkleinste Land der EU – wir springen auf ein »Hallo« ins Großherzogtum, auf Letzeburgisch sagt man »Moien«, auch am Abend!

Vianden

»Alles, was man sieht, ist prachtvoll. Die Ardennen verzaubern einen«, schrieb Victor Hugo 1862 – und der französische Poet (u. a. ›Der Glöckner von Notre Dame‹) wusste genau, wovon er schrieb: Er wählte das hübsche Burgstädtchen Vianden für einige Monate als politisches

Der Grenzfluss Our zieht nördlich von Vianden eine pittoreske Schleife

Burg Vianden

Exil. Heute erinnert vor Ort ein kleines Museum direkt an der Our an diese Zeit In Vianden sollte man durch das mittelalterliche Städtchen bummeln und den Weg hoch zur **Burg** wählen (alternativ kann man mit dem einzigen Sessellift des Landes fahren, 5 Euro hin- und zurück). Die Talstation befindet sich in der Rue du Sanatorium (Ostern–19. Oktober 10–17 Uhr). Hinweis: Von der Bergstation sind es noch beschwerliche 20 Minuten über Felsen und verwurzelte Wege zur Burg. Die imposante Burganlage der einst mächtigen Grafschaft von Vianden wurde hoch am Berg zwischen dem 11 bis 14. Jahrhundert auf den Fundamenten eines römischen Kastells erbaut, erlebte eine wechselvolle Geschichte und wurde erst 1977 in alter Pracht restauriert. Für eine Burgbesichtigung sollte man mindestens 90 Minuten einplanen, geöffnet ist täglich 10 Uhr (in der Saison bis Ende September bis 18 Uhr). Der Eintritt kostet 7 €, Kinder 2 €. Die Preise gelten nicht für das jährliche Mittelalterfest auf der Burg ab Ende Juli. (www.castle-vianden.lu) Die touristischen Möglichkeiten in der

Umgebung sind vielfältig: Wandern, Radfahren, kleine Städte, lokale Märkte. Die Ardennen sind ein sanftes Hügelland mit Schieferfelsen, ohne größere Steigungen und mit ausgedehnten Laubwäldern. Malerische Flusstäler an Our und Sauer – ein Blick über die Eifelgrenze ins einzige Großherzogtum der Welt lohnt, und das beileibe nicht nur wegen der günstigeren Benzin-/Diesel- und Schnapspreise.

■ **Wandertipp:**
Escapardenne Lee Trail
Die Tour führt in fünf Etappen durch das Eislek (also die Lux-Ardennen) und weist über 50 Prozent naturnahe Wege auf. Wegweiser ist eine weiße Welle auf blauem Grund. Die Tour ist auch für drei Tage möglich, für die es ein Pauschalangebot »Wandern ohne Gepäck« (www.stephany.lu) gibt (Informationen zum Trail stehen unter www.escapardenne.lu).

Müllerthal

Bewaldete Hochplateaus und bizarre Felslandschaften aus Sandstein bestimmen das Bild in der kleinen Luxemburger

Karte S. 168/169

Schweiz, die auch Region Müllerthal genannt wird und die die kleinste touristische Region Luxemburgs ist. Bekanntester Wanderweg ist der Müllerthal-Trail über 112 Kilometer, für den drei Etappen geplant werden sollten.

Nahe Berdorf bringen uns wundersame Felsengärten mit bizarren Formationen zum Staunen. Um ihre phantasievollen Namen ranken sich oft Sagen und Geschichten: Labyrinth, Keltenhöhle, Räuberhöhle, Wolfsschlucht und Teufelsinsel. Eine heißt Zickzackschluff, und Schluffs gibt es hier gleich mehrere. Das sind Löcher und Durchbrüche im Fels, durch die man hindurch läuft. Eine der meist besuchten Sehenswürdigkeit im Müllerthal ist der Schiessentümpel – ein Wasserfall mit drei Kaskaden, über den sich eine Steinbrücke schwingt.

Grenzüberschreitend gibt es das Projekt ›Naturwanderpark Delux‹, mit dem 23 Premium-Rundwanderwege im zweistaatlichen Naturpark erfasst werden. Neun von ihnen sind grenzüberschreitend, die 14 anderen verlassen die Eifel nicht (www.mullerthal.lu, www.natur wanderpark.eu).

In der Altstadt von Vianden

Echternach

Kapitale des Müllerthals ist Echternach, das als die älteste Stadt des kleinen Landes gilt. 2008 hat die europäische Kommission das anschauliche Grenzstädtchen (gut 5000 Einwohner), das sich viel von seinem mittelalterlichen Ambiente bewahrt hat, als »European destination of excellence« für Luxemburg auserwählt. Die vielen verwinkelten Gassen, die Überreste der alten Stadtmauer, der formschöne Marktplatz mit dem gotischen Stadthaus, mit der Urteilssäule (Urtsel), auch ›Justizkreuz‹ genannt, dem Denzelt-Palast (unter seinen Spitzbögen wurde einst Gericht gehalten), viele Straßencafés und Kneipen lassen erahnen warum... Der Kulturweg ›Via Epternacensis‹ führt auf rund 2,2 Kilometern zu 13 Highlights der City. Einen Flyer dazu gibt es kostenlos in der Touristeninformation.

Die steinernen Reste einer großen **römischen Luxusvilla** mit einem modernen Info- und Besucherzentrum lohnt einen Besuch. Sie liegt südwestlich des Stadtzentrums am sogenannten Echternachter Meer.

Die Basilika von Echternach

Südliche Eifel und Trier

Ebenfalls sehens- und erlebniswert sind die alte Grenzbrücke nach Echternacherbrück (Deutschland), das gotische Haus sowie ein breites Konzertangebot im Sommer (Klassik im Mai/Juni, Jazz im Sept.), die die Stadt zu einem spannenden Wochenendziel machen.

Weithin bekannt ist Echternach für seine **Springprozession**: Jedes Jahr am Pfingstdienstag stellen sich Tausende Einheimische und Gäste in Fünferreihen auf und springen tanzend von einem Bein auf das andere zu verschiedenen polkaähnlichen Klängen durch die Stadt zum Grab des Heiligen Willibrord in der Krypta unter dem Hauptaltar der Basilika. Die Springprozession wurde von

der UNESCO 2010 als »immaterielles Kulturerbe der Menschheit« anerkannt. Mönch Willibrord ist auch die **Basilika** der Stadt geweiht, der dort einst um das Jahr 700 herum erst eine Kirche bauen ließ, später eine Abtei (heute ein Gymnasium) mit angrenzendem Lustgarten am Ufer der Sauer gründete. Die Basilika wurde nach der Französischen Revolution zu einer Steingutfabrik umfunktioniert. 1861 wurde sie wiederhergestellt. Im Zweiten Weltkrieg zerstört, wurde sie nach dem Krieg mit einer Flachdecke wiederaufgebaut und 1953 geweiht. In den Kellerräumen des Abteipalastes befindet sich heute das Abteimuseum, hier geht es u. a. um das Leben von Willibrord.

ℹ️ **Vianden und Echternach**

Touristeninformation Vianden, 1 Rue du Vieux Marché, L-9419 Vianden, Tel. +352/834257; tgl. 10–12 Uhr und 13–18 Uhr. Sa, So, Fei 10–15 Uhr. www.vianden-info.lu
Syndicat d'Initiative Echternach, Basilikafortplatz, L-6401 Echternach, Tel. +352/720230. www.echternach-tourist.lu www.echternach.lu

Naturpark Our, 12, Parc L-9836 Hosingen, Tel. +352/908188–1. www.naturpark-our.lu
Luxemburger Ardennen (Eislek): www.ardennes-lux.lu

Von der Eifel aus kann man Vianden und Echternach leider nicht mit öffentlichen Verkehrsmitteln erreichen. Für Bus und Bahn ist Europa hier noch nicht grenzenlos.

Hotel-Restaurant Victor Hugo, 1 rue Victor Hugo, L-9414 Vianden, Tel. +352/8341601. www.hotelvictorhugo.lu
Hostellerie de la Basilique (4 Sterne), Place du Marché, L-6460 Echternach, Tel.

+352/729483. Mittendrin und direkt am Marktplatz. www.hotel-basilique.lu
Schlosscafé Weilersbach, von Ostern bis Mitte Oktober täglich von 11–18 Uhr. Für Details ist die Service-Telefonnummer +49/6526/1333 geschaltet.

🏛️

Victor Hugo Museum, 37 Rue de la Gare, 9420 Vianden, Luxemburg, Tel. +352/268740 88; tgl. außer Mo 11–17 Uhr; Erw. 4€, Kinder und Jugendliche 3,50 €.
Römische Villa Echternach, bei freiem Eintritt vom 11. April– 1. Ok. geöffnet: Mo geschlossen; Di–So 10–12 Uhr und 13–17 Uhr. Für Feiertage gelten Sonderzeiten. Jeden Sonntag gibt's um 15 Uhr eine kostenlose Führung. Anfahrt: auf der Hauptstraße (E29) Richtung Südwesten, vor dem Einkaufszentrum am Ortsausgang links (großer Parkplatz). www.mnha.lu/de/Roemische-Villa-Echternach.
Abteimuseum Echternach, Parvis de la Basilique 11, L-6486 Echternach geöffnet von Palmsonntag bis Allerheiligen, April, Mai, Juni, Sept., Okt. 10–12 Uhr und 14–17 Uhr, Juli, Aug. 10–17 Uhr; Erw. 3 €, Kinder und Jugendliche bis 21 Jahre sind frei. www.willibrord.lu

▲ Karte S. 168/169

Trier

Wer durch die älteste Stadt Deutschlands bummeln will, sollte dies mit viel Muße tun. Denn in Trier laufen die Passanten besonders langsam und gemütlich, hat eine Vergleichsstudie zur durchschnittlichen Gehgeschwindigkeit in deutschen Großstädten ergeben. Also: immer mit der Ruhe in Trier und bloß nicht die so wertvolle Arbeit der Wissenschaftler entwerten. Die Mosel- und Eifel-Grenzstadt lädt allerdings auch förmlich dazu ein, sie in Ruhe und mit viel Genuss zu erleben. Trier macht Spaß und hat viel zu bieten, dazu zählen gleich neun Weltkultur-Erbestätten. Die Stadt an der Mosel mit einer noch im Fundament originalen Flussbrücke der Römer atmet schon die Leichtigkeit des Südens, die man in den vielen Cafés, Kneipen und Weinwirtschaften im Herzen der Stadt rund um den Hauptmarkt genießen kann. Wein ist hier ›Nationalgetränk‹, der in der Regel ›weiß‹ ist und aus dem lokalen Anbaugebiet Mosel, Saar, Ruwer stammt. Es gibt natürlich auch Bier, keine Großbrauerei mehr, dafür aber zwei kleine Craftbrauer.

Geschichte

Trier ist über 2000 Jahre alt; es wurde wahrscheinlich im Jahre 16 vor Christus als *Augusta Treverorum* (Stadt des Augustus im Land der keltischen Treverer) gegründet. Für gut hundert Jahre war das heutige Trier dann eine Art ›Zentrum der Antike‹ und nach Rom die wohl wichtigste Stadt im Römischen Reich und zudem mit bis zu 100 000 Einwohnern größte *Colonia* nördlich der Alpen. Zum Vergleich: Trier zählt heute rund 115 000 Einheimische (davon rund 23 000 Studenten), hat sich also in gut 2000 Jahren nicht wirklich rasant vergrößert.

Ihre Blüte erreichte die Stadt am Fluss als Sitz mehrerer Kaiser mit Konstantin dem Großen, der die heutige (protestantische) Konstantinbasilika und die berühmten Kaiserthermen bauen ließ. In der nachrömischen Zeit ließen es sich vor allem Franken und Wikinger in Trier gut gehen. Und immer mittendrin waren katholische (Erz-)Bischöfe, die zunehmend an Macht und Einfluss gewannen. Selbst das wahrscheinlich bekannteste Bauwerk der Stadt, die römische Porta

Trier ist südlich und beschaulich

Südliche Eifel und Trier

Die Porta Nigra

Nigra (Schwarzes Tor), wurde als Kirche umgebaut und bis in die Napoleonische Zeit hinein so genutzt. Als Goethe Trier besuchte, muss der Klerus ihn derart auf den Geist gegangen sein, dass er hinterher von Trier als einem »Pfaffennest« gesprochen hat. Der imposante Dom, der keiner exakten Bau- und Stilepoche zuzuordnen ist, kann als wichtigste der vielen Kirchen der Stadt noch heute als das ausladende Beispiel für Goethes ketzerischen Ausspruch gelten.

Die wichtigsten Sehenswürdigkeiten

■ Porta Nigra

Das um 180 erbaute Monument gilt als das am besten erhaltene römische Stadttor nördlich der Alpen. Das ›schwarze Tor‹ bildet den nördlichen Abschluss der alten römischen Stadt und war ursprünglich als Teil der Stadtmauer auch Wehrturm. Das Tor besteht aus weißen Sandsteinquadern aus dem nahen Kylltal, die sich, bedingt durch Wind und Wet-

ter, mit den Jahren dunkel verfärbten, ähnlich wie beim Kölner Dom. Die Steine wurden exakt angepasst und ohne Mörtel aufeinander gesetzt. Der jeweilige Nachbarstein wurde mit einer Eisenklammer verbunden, sodass ein solides, festes Gesamtbauwerk entstand. Daran änderte sich nur wenig, als im Mittelalter Eisendiebe die wertvollen Metallklammern herausbrachen, um das Material gewinnbringend zu verkaufen.

Um 1228 ließ sich der griechische Mönch Simeon als Einsiedler in den Ostturm einmauern. Nur durch eine Luke wurde ihm Speis und Trank gereicht. Nach seinem Tod wurde er im Erdgeschoss bestattet und heiliggesprochen. Auch um den Toten zu ehren, ließ man zwei übereinanderliegende Kirchen in das Tor einbauen, die viele Jahre als Gotteshäuser genutzt wurden. Damit war Schluss, als Napoleon in Trier das Sagen hatte. Auf seinen Befehl hin wurden die Kirchen wieder abgetragen (etwa 1804–1809). Heute noch kann man mit

▲ Karte S. 185

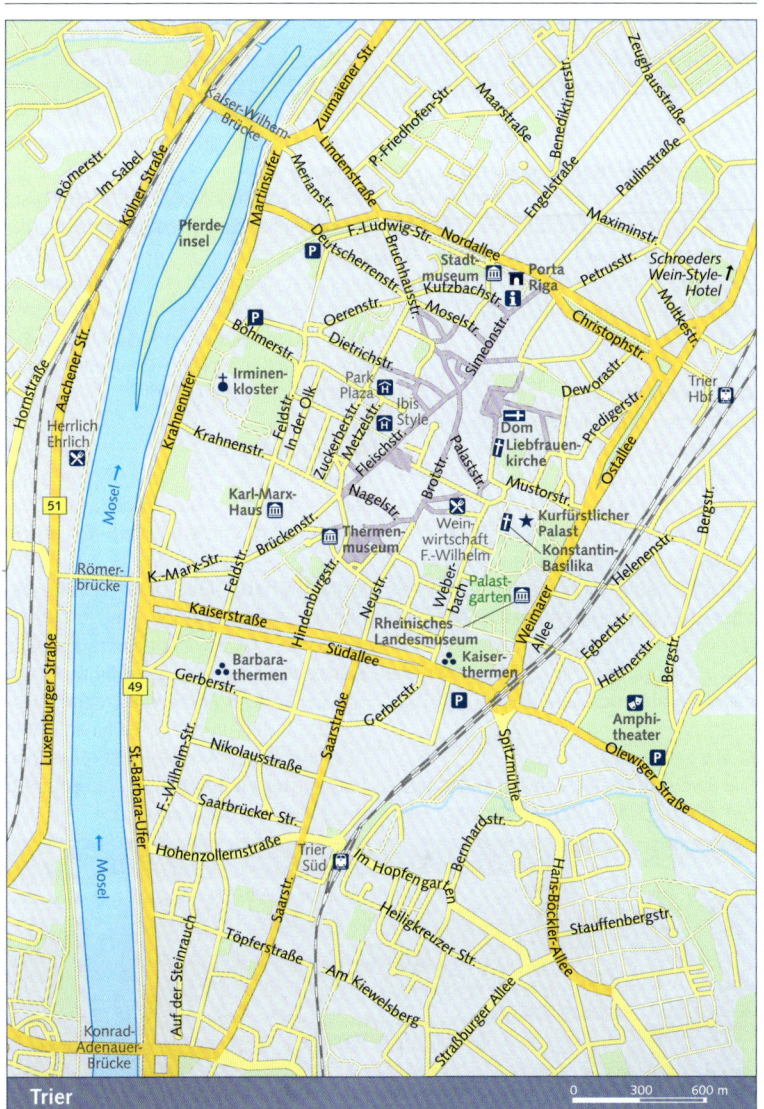

Trier

0 300 600 m

geübtem Auge im Inneren des schwarzen Tores Spuren der Doppelkirche, römische Steinmetzzeichen und Datumsgraffiti sehen. Von oben hat man eine gute Aussicht über die Stadt. Es gibt diverse Führungen zu buchen.

■ **Stadtmuseum Simeonstift**
Direkt neben der Porta Nigra liegt rings um den romantischen Brunnenhof das Stadtmuseum Simeonstift. Die rund 900 Objekte der Sammlung werden auf 1000 Quadratmeter Ausstellungsfläche präsen-

tiert. Grundlage des gesamten Bestandes, der eine Zeitspanne von rund 2000 Jahren umfasst, bilden Schenkungen Trierer Bürger. Schwerpunkt der Sammlung ist die Zeitspanne von der frühen Neuzeit bis ins 20. Jahrhundert. Kostbare Gemälde und Skulpturen, feines Porzellan und Ostasiatika, aber auch Alltags- und Gebrauchsgegenstände bieten vielfältige Einblicke in Leben und Alltag, Wirtschaft und Handel, Politik, Glaube, Kunst und Technik.

■ **Kaiserthermen**

Die Ruinen der Kaiserthermen sind ein imposantes Stück Gemäuer und die jüngste von einst drei römischen Badeanlagen in der Stadt. Zu Anfang des 4. Jahrhunderts begonnen, gehörten sie zu den größten Bädern des Römischen Reiches. Heute kann man die Thermen ober- und unterirdisch besichtigen. Unklar ist, ob sie jemals als Badeanstalt in Betrieb gegangen sind. Später wurde das Gelände auch als Kaserne genutzt.

■ **Barbarathermen**

Die Barbarathermen wurden in der zweiten Hälfte des 2. Jahrhunderts n. Chr.

errichtet und waren die zweite Badeanstalt der Stadt. Da Trier damals seine Blütezeit erlebte und ständig weiter wuchs, war der Bau einer zweiten Therme lebensnotwendig. In den Barbarathermen badeten die Römer gut 300 Jahre lang, bevor es mit ihrer Macht und Herrlichkeit zu Ende ging. Die Thermen wurden später als Steinbruch ge- und missbraucht, was dazu führte, dass die verbliebenen Ruinen heute weniger eindrucksvoll sind als zum Beispiel in den Kaiserthermen. Die Besucher werden über einen Steg durch die Anlage geführt.

■ **Amphitheater**

Etwa 500 m von den Kaiserthermen entfernt erstreckt sich das Amphitheater, das schon 100 n. Chr. erbaut wurde und ein Fassungsvermögen von rund 20 000 Zuschauern hatte. Eine derart große und damit prestigeträchtige Anlage bauten die Römer nur in wichtigen Städten. Die Bauart der Trierer Arena weicht allerdings von der anderer Anlagen ab, denn durch die besonders günstige Lage am Fuße des Petrisberges konnten die römischen Baumeister die natürliche Hanglage für die Zuschauertribünen nutzen.

Karte S. 185

▲ *Kurfürstliches Palais und Konstantin-Basilika*

Römer-Erlebnisführung durch Trier

■ Konstantin-Basilika

Der Name führt zunächst einmal leicht in die Irre, denn die sogenannte Basilika ist nicht nur der größte Einzelraum, der aus der Antike mehr oder weniger überlebt hat. Sie war der Thronsaal und vor allem die Audienzhalle für Kaiser Konstantin – die Römer setzten ihrem großen und mächtigen Kaiser hier ein eindrucksvolles Architekturdenkmal. Die Basilika, die eher an eine Halle erinnert, war der größte säulenfreie Raum, den die Römer je gebaut haben – fast 70 Meter lang, 33 m hoch und 27 m breit. Die Halle ist so groß, dass ein Sieben-Sekunden-Nachhall auf die große Orgel antwortet! Der Kaiserbau war auch im Inneren überaus prächtig ausgestaltet – mit Marmor, Mosaiken und vielen schmückenden Statuen. Auch der beheizbare Fußboden war aus Marmor. Geblieben ist vom teuren Innenleben der Halle nichts – Plünderungen, Brände und der Zweite Weltkrieg sorgten immer wieder für große Zerstörungen. Heute wird die Basilika – nach dem Wiederaufbau in den 1950er-Jahren – als eine der wenigen protestantischen Kirchen im sehr katholischen Trier genutzt. Trierer Bischöfe waren es als die neuen Herren von Trier dann auch, die die ziemlich zerstörte Palasthalle später erst komplett abreißen wollten, dann aber Teile des römischen Baus in ihre neue Bischofsresidenz integrierten und als **Kurfürstliches Palais** nutzten. So kam ein Rokokoflügel dazu, der als einer der prächtigsten seiner Art weltweit gilt. Heute wird das Palais als Verwaltungsgebäude genutzt, Besichtigungen sind nur an bestimmten Tagen möglich. Immer wieder stehen Konzerte im großen Saal oder im Sommer auch im Innenhof auf dem Programmkalender.

■ Dom und Liebfrauenkirche

Der heutige Dom St. Petrus mit seinen zahlreichen Türmen enthält als älteste deutsche Bischofskirche noch den römischen Kernbau, den sogenannten ›Quadratbau‹ mit Originalmauern bis zu einer Höhe von rund 25 Metern.

Auch das riesige Fragment einer Granitsäule neben dem Eingang zum Dom deutet auf den römischen Ursprung dieses Gotteshauses hin: Der Legende nach soll der Teufel die Säule vor den Dom geworfen haben, als er hörte, man baue nicht die größte Kneipe, sondern ein Gotteshaus. Die Rekonstruktion einer

Dom und Liebfrauenkirche

Südliche Eifel und Trier

solchen Säule und eine der weltweit bedeutendsten Deckenmalereien der Spätantike – das unter dem Dom gefundene konstantinische Deckengemälde – sind im Museum am Dom ausgestellt.

Nach teilweisen Zerstörungen im 5. und 9. Jahrhundert wurde der intakt gebliebene antike Kernbau durch romanische Anbauten erweitert. Im 13. Jahrhundert kam es dann auf den Resten der niedergelegten antiken Südbasilika zum Bau der Liebfrauenkirche unmittelbar neben dem Dom – als erste Kirche auf deutschem Boden im spätgotischen Stil. Um 1700 wurde am Scheitel des Ostchors die Heilig-Rock-Kapelle angebaut. Sie birgt angeblich die kostbarste Reliquie des Doms, das Gewand (Tunika) Jesu Christi, auch ›Heiliger Rock‹ genannt. Helena, die Mutter von Kaiser Konstantin, soll das Stück Stoff angeblich von einer Pilgerreise mitgebracht haben.

Gut erkennt man im Umfeld des Gotteshauses auch noch die sogenannte Dom-Immunität, eine Art Stadtmauer, in deren Häusergeviert die städtischen Rechte, auch die Steuerhoheit endeten.

■ Rheinisches Landesmuseum

Triers größte Museum Trier ist auch sein bekanntestes – das Rheinische Landesmuseum. Es gehört zu den ganz wichtigen archäologischen Häusern in Deutschland. Und wohl kein anderes Museum bundesweit unterrichtet so umfassend über Zivilisation, Wirtschaft, Siedlung, Religion und Kunst der ersten vier Jahrhunderte nach Christus. Der Großteil der Bestände stammt aus der römischen Epoche. Die imposanten Grabdenkmäler aus Neumagen und dem Trierer Land, die das Leben und Treiben an der Mosel illustrieren, nehmen, so heißt es, auch in der internationalen Kunstgeschichte einen hervorragenden Rang ein. An farbenprächtigen Fußbodenmosaiken besitzt das Landesmuseum über 150 Einzelstücke, weitaus mehr als alle anderen deutschen Museen zusammen. Und zugleich birgt das Museum den größten römischen Goldmünzschatz der Welt mit knapp 2600 Münzen aus reinem Gold. Auch die Präsentation der Exponate ist überaus eindrucksvoll und es gibt zahlreiche Führungen und Veranstaltungen.

ℹ️ **Trier**

Touristeninformation, Simeonstraße 55, 54290 Trier, Tel. 0651/978080, Jan. u. Febr. Mo-Sa 10–17 Uhr, März u. April: Mo-Sa 9–18 Uhr, So 10–15 Uhr, Mai-Dez. Mo-Sa 9–18 Uhr, So 10–17 Uhr. An vielen Feiertagen gelten gesonderte Öffnungszeiten oder die Info ist geschlossen.www.trier-info.de

Spezialführungen: es gibt in Trier dazu ein breites Angebot – vom ›Gladiator Valerius‹ über das ›Geheimnis der Porta Nigra‹ bis hin zum launigen Nachtschwärmer-Rundgang. Alle buchbar über die Touristeninformation.

Kombi-Eintrittskarten: AntikenCard Basic, inkl. Eintritt in das Rheinische Landesmuseum sowie in zwei Trierer Römerbauten. 12 € pro Person (bis zu vier Kinder unter 18

Jahre inklusive). AntikenCard Premium, inkl. Eintritt in das Rheinische Landesmuseum sowie in alle vier Römerbauten (Porta Nigra, Kaiserthermen, Amphitheater, Thermen am Viehmarkt). Preis: 18 € pro Person (bis zu vier Kinder unter 18 Jahre inklusive).

TrierCard: Die TrierCard kostet 9,90 € pro Person und beinhaltet bis zu 25 Prozent Ermäßigung bei Eintritten sowie freie Fahrt im innerstädtischen ÖPNV. Die Für eine Familie kostet die TrierCard 21 € (2 Erw. und bis zu 3 Kinder unter 14 Jh.) –

🚌 🚋

Trier ist über diverse Autobahnen gut zu erreichen, mit der Bahn allerdings recht umständlich (nur Regionalbahnen). Von Köln zum Beispiel fährt man auf der Eifelstrecke via Gerolstein.

▸ Karte S. 185

Park Plaza, Nikolaus-Koch-Platz 1, 54290 Trier, Tel. 0651/9993-0. Erstes Haus am Platz, 4 Sterne S, sehr zentral, einladende Lobby mit Bar. DZ ab 140 Euro.
www.parkplaza-trier.de
Ibis Styles, Metzelstraße 12, 54290 Trier, Tel. 0651/99492-0. 3-Sterne-Haus mit modernen, teilweise sehr hohen Zimmern in altem Gemäuer am gemütlichen Kornmarkt; DZ ab 90 Euro, Frühstück inkl.
www.ibis.com/9752
Schroeders Wein-Style-Hotel, Keuneweg 7, 54295 Trier, Tel. 0651/69984670, 3 Sterne-Hotel garni, moderne Zi., etwas außerhalb mit Blick in die Weinberge, 20 min. mit dem Bus in die City, Haltestelle direkt gegenüber. DZ ab 80 Euro.
www.wein-style-hotel.de

Plaza Grill, Adresse wie Hotel Park Plaza, hochwertige Grillspezialitäten vom 800 Grad Southbend Grill, ausgezeichnet als eines der besten Steakhäuser Deutschlands. Reservierung erbeten unter Tel. 0651/9993430.
www.plazagrill-trier.de
Kost-Bar, Weberbach 75, 54290 Trier, Tel. 0651/99474800. Die Kost-Bar bietet als kleine Vinothek Tapas und verschiedene Weine der Region als Probe (ab 3 x 0,05 l) und ist Teil der Weinwirtschaft Friedrich-Wilhelm.
www.weinwirtschaft-fw.de
Herrlich Ehrlich, Aachener Straße 63, 54294 Trier, Tel. 0160/3834520. Verschiedene Küchen der Welt unter einem Dach, auf dem Gelände der Europäischen Kunstakademie (etwas außerhalb der City).
www.herrlichehrlich-trier.de

Rabattt- und Kombikarten s. o.
Porta Nigra, Porta-Nigra-Platz 1, 54290 Trier; April-Sept. 9-18 Uhr, Okt. und März 9-17 Uhr, Nov.-Febr. 9-16 Uhr; Erw. 4 €, Kinder und Jugendliche bis 17

Jahren 2,50 €, Rentner, Studenten, Schüler 3 €, Gruppen- und Familienkarten günstiger.
Stadtmuseum Simeonstift, neben der Porta Nigra; Tel. 0651/7181459; tgl. außer Mo 10-17 Uhr; Erw. 5,50 €, Kinder bis 10 frei Familienkarte 9 €. An jedem ersten Sonntag im Monat bezahlt man nur 1 €.
www.museum-trier.de
Kaiserthermen, Weberbach 41, 54290 Trier, Tel. 0651/4362550, Öffnungszeiten und Eintrittspreise wie Porta Nigra.
Barbarathermen, Südallee, 54290 Trier, Tel. 0651/4608965; Öffnungszeiten wie Porta Nigra, der Eintritt ist frei.
Amphitheater, Bergstraße 45, 54295 Trier, Tel. 0651/9780808; Öffnungszeiten und Preise siehe Porta Nigra.
Konstantin-Basilika, Konstantinplatz 10, 54290 Trier; Nov.-März Mo-Sa von 10-12 und von 14-16 Uhr, So 10- 15 Uhr. April-Okt. ist Mo-Sa von 10-18, So 13-18 Uhr geöffnet. Der Eintritt ist frei.
Kurfürstliches Palais, Willy-Brandt-Platz 3, 54290 Trier. Besichtigung nur manchmal möglich, näheres unter
www.trier-info.de
Dom und Liebfrauenkirche, Liebfrauenstraße 12, 54290 Trier, Tel. 0651/9790790; April-Okt. tgl. 6.30-18 Uhr, Nov.-März tgl. von 6.30-17.30 Uhr. Besichtigungen sind nur außerhalb der Gottesdienste möglich. Der Eintritt in den Dom ist frei, Führungen April bis zum 31. Okt. jeden Tag um 14 Uhr statt, Dauer eine Stunde. Preis 4,50 € für Erw., Familienkarte 9,50 € (2 Erw. und bis zu 4 Kinder).
www.dominformation.de
Rheinisches Landesmuseum, Weimarer Allee 1, 54290 Trier, Tel. 0651/97740; Di-So 10-17 Uhr. Erw. 8 € (ermäßigt 6 €), Familienkarte 16 € (2 Erw. und bis zu 4 Kinder unter 18).
www.landesmuseum-trier.de
Geburtshaus von Karl Marx, Brückenstraße 10, Tel. 0651/97068-0. Ab Mai 2018 ständige Ausstellung.
www.fes.de/museum-karl-marx-haus/

Südliche Eifel und Trier

Karl Marx

Der große Sohn der Stadt ist nicht unbedingt bei jedem beliebt. Doch die Chinesen setzen dem Urvater des Sozialismus jetzt in seiner Geburtsstadt ein mächtiges Denkmal aus Bronze, das der chinesische Künstler Wu Weishan gefertigt hat. Das sollte mal 18 Meter hoch werden, wurde dann aber in hartnäckigen Verhandlungen mit Peking auf die immer noch stolze Höhe von 5,50 Meter ›gestutzt‹. Die Marx-Statue wird am 5. Mai 2018 zum 200. Geburtstag von Karl Marx auf dem Simeonstiftplatz enthüllt. Marx blickt dann mehr oder weniger direkt auf das Haus, in dem er als Jugendlicher groß wurde. Heute verschleudert in dem Gebäude, das Marx Vater, ein Anwalt, einst gekauft hatte, ein Ein-Euro-Shop allen möglichen Krimskrams für kleines Geld.

Marx im Museum

Das Geburtshaus des sozialistischen Vordenkers steht in der Brückenstraße 10 (Verwaltung in Haus-Nr. 5) am Rande der heutigen Fußgängerzone. Es ziert eine Gedenktafel und ist heute ein von der Friedrich-Ebert-Stiftung getragenes Museum. Ab Mai 2018 läuft hier eine neue Dauerausstellung zum Leben, den Ideen und der Wirkungsgeschichte des Philosophenund Ökonomen.

Zum 200. Geburtstag zeigt Trier zudem gleich zwei große Ausstellungen. Im Rheinischen Landesmuseum Trier läuft ab 5. Mai und bis zum 21. Oktober die große Landesausstellung ›Karl Marx 1818–1883. Leben. Werk. Zeit.‹, die zum größten Teil auf Elementen beruht, die sonst in der Dauerausstellung im Marx'schen Geburtshaus zu sehen sind. Gleichzeitig sind im Stadtmuseum Simeonsstift ›Stationen (s)eines Lebens‹, das bekanntlich sehr bewegt war, zu sehen (Öffnungszeiten und Adresse → S. 189; Eintritt: Zum Marx-Jubiläum legt Trier eine Karl-Marx-Card auf, die für 20 Euro (ermäßigt 18 Euro) sozusagen ›Marx komplett‹ beinhaltet).

Das Geburtshaus von Karl Marx in der Brückenstraße beherbergt eine Ausstellung

Ausflug an die Mosel

Die Mosel, die aus der Luft betrachtet wie eine Riesenschlange erscheint, ist mit ihren vielen großen, zuweilen auch sehr engen Schleifen und insgesamt 28 Staustufen einer der spektakulärsten Wasserläufe in Deutschland. Als Moselle entspringt sie in den Vogesen und fließt auch über die Hälfte ihrer insgesamt 544 Kilometer bis zur Mündung in den Rhein in Koblenz durch Frankreich. Ab dem Dreiländereck in Schengen bildet sie als Musel/Mosel die offene deutsche Grenze zu Luxemburg.

Generell, so sagen es Tourismusexperten, hat die Region noch viel Potential, besonders im Wein-, Aktiv und Flussschifffahrts-Tourismus. Was vor allem ein ›Facelifting‹ vieler Uferpromenaden und eine bessere Anbindung der Schiffsanlieger an die Innenstädte zur Folge haben muss.

Die Mosel hat wie eh und je ihr Publikum. Vereinsreisen, Kegelclubs, Tagestouristen. Dazu aktive Wanderer und reichlich Radfahrer. Die Kehrseite der Medaille: Viele Winzerorte sind in der Saison an bestimmten Tagen (etwa wenn drei Großschiffe ›drin‹ sind) sehr überlaufen. Die eigentlich sehr romantischen Gassen platzen dann aus allen Nähten, wobei japanische und zunehmend chinesische Töne und Dollarnoten schwenkende Amerikaner (»A glass of wine, please, but a big one!«) längst dominieren. Viele Hotels haben eine Runderneuerung mehr als nötig, wollen sie auf Dauer Erfolg, sprich Gäste generieren, die auch mal länger als nur eine Nacht bleiben. Sicher ist: Das Moseltal hat mit seinen Weinbergen, seinem Fachwerkgemäuer und seinem kulturellen Angebot viel Potential – dies gilt es mit einem Mix aus Tradition und modernen An- und Umbauten zu nutzen.

Von Trier bis Cochem

Wer früher, so vor 25 Jahren, zum Wein an die Mosel fuhr, musste sich allerhand Spottverse gefallen lassen: »Dat süße Zeugs kippste besser in die Waschanlage im Auto«, hieß es da respektlos. Ein Vierteljahrhundert später hat sich die Lage komplett gedreht. An den 250 Weinkilometern Mosel wird von jungen Winzern heute meist viel Klasse statt (wie früher) viel Masse produziert, und die Weine sind begehrt wie selten. Für den Scheibenwischer jedenfalls sind die modernen Riesling & Co. viel zu schade!

■ Bernkastel-Kues

Die neue Qualität zeigt sich zum Beispiel in Bernkastel-Kues. Die Stadt schmückt sich mit dem klangvollen Namen ›Internationale Stadt der Rebe und des Weins‹ und bietet folglich in ihrem Gefilde reichlich gemütliche Weinstuben und – im Spätsommer/Herbst – Probierstände. Lohnend ist auch ein Bummel durch die malerische Altstadt mit viel buntem

Bernkastel-Kues

Südliche Eifel und Trier

Fachwerk und ein Besuch – hoch über dem Zentrum der Mittelmosel – auf der Burgruine Landshut.

■ Traben-Trarbach

Nächster Stopp ist in Traben-Trarbach. Um 1900 war diese Stadt an der kurvigen mittleren Mosel die Nr. 2 im weltweiten Weinhandel. Nur das berühmte Bordeaux in Frankreichs Süden war noch süffiger. An der Mosel jedenfalls mussten, um die Weinmengen zu lagern, Kapazitäten erst geschaffen werden – und so entstanden die legendären Keller, 100 Meter und längere, teils doppelstöckige Gewölbe unter der Erde, von denen ›T-T‹ bis heute an die hundert hat. Viele sind verfallen, andere liegen brach, aber an die 30 werden noch (u. a. für Wein) genutzt und können in einer ›Führung durch die Unterwelt‹ besichtigt werden.

Ein bundesweit ziemlich einmaliges Erlebnis ist der Weihnachtsmarkt der Stadt in diversen, festlich geschmückten Kellern. Die Termine liegen immer im November und Dezember.

Die Bindestrichstadt präsentiert sich im Sommer als gemütliche Gemeinde mit

Traben-Trarbach und die ›Dnjepr-Brücke‹

Weinbergen an den Hängen, zwei leider sehr verkehrslauten Innenstädten und einigen teuren Belle Epoche-Villen, die zeigen, dass hier einst viel Geld verdient wurde. Traben und das vis-à-vis gelegene Trarbach lebten in Saus und Braus, das Geld saß locker. Das lockte ebenso wie die weinselige Mosel-Romantik viele Zeitgenossen an. Auch der Berliner Jugendstilarchitekt Bruno Möhring war Gast und Auftragnehmer zugleich: Zehn seiner astreinen Jugendstilbauten sind bis heute bewohnt. Auch das erste Hotel am Platze, das ›Bellevue‹, ist ein 4-Sterne Design-Schätzchen.

Ein Ort des inspirierten Staunens ist das noch junge **Buddha-Museum** am Trarbacher-Moselufer, das in einer ehemaligen im Jugendstil erbauten Weinkellerei rund 2000 Buddha-Figuren zeigt. Von der Dachterrasse blickt man übrigens fluss abwärts auf die **Moselbrücke**, und die sollte eigentlich den Dnjepr in der Ukrainischen Sowjetrepublik überqueren. Das war im Zweiten Weltkrieg und als der brutal verloren war, schaute die Dortmunder Herstellerfirma dumm aus der Wäsche. Aber wie es der Zufall wollte, brauchte die Mosel einen neuen Übergang. Und siehe da: Die Maße der Brücke für den Dnjepr passten wie die Faust aufs Auge.

▲ *Hochbetrieb in Bernkastel-Kues*

Karte vordere Umschlagklappe

Die Mosel als älteste der 13 deutschen Weinregionen ist heute top aufgestellt und vor allem beim Riesling (knapp 60 Prozent der Anbaufläche) Weltklasse. 4000 Winzer bewirtschaften in 125 Winzerorten etwa 60 Millionen Rebstöcke auf rund 9000 Hektar Fläche. ›Weiß‹ ist die Weinkönigin an der Mosel, aber auch Rotweine, die bundesweit im Geschmackstrend liegen, holen auf: acht Prozent. 50 Kilometer flussabwärts sind die Hänge dann an der unteren Mosel (von Cochem bis Winningen) noch einen Tick steiler, was dazu führte, dass sich die Ecke als Terrassenmosel zu vermarkten sucht! Hangneigungen von bis zu 70 Prozent bilden hier eine beeindruckende Landschaft, in der man begreift, dass Wein seinen Preis hat. Für 1,99 Euro pro Flasche kann es eigentlich nur ›Frostschutz‹ geben...

■ **Zell und Cochem**
Zell liegt an der engsten Stelle der Mosel-Schleife und lohnt eine Stippvisite. Im historischen Stadtkern ist der Runde Turm als Teil der alten Stadtbefestigung sehens- und erlebenswert. Ebenso das spätgotische Kurfürstliche Schloss mit Renaissanceanbau (1530–1536) oder das Heimatmuseum mit zahlreichen Dokumenten zur Entwicklung des Weinlagenamens ›Zeller Schwarze Katz‹. Tipp: Einkehren und ein ›Viertele‹ genießen. Cochem fällt dem Besucher schon weit vor den Stadttoren ins Auge, was vor allem an der Reichsburg liegt, die sich mit ihrem auffallenden, schiefergedeckten Turm gut 100 Meter über dem Moseltal erhebt.

■ **Winningen**
Die kleine Gemeinde (fünf Hotels, 20 Winzer, jeder kennt jeden) leistet sich gleich vier Besonderheiten: Man hat ein eigenes öffentliches Beschallungsradio (gesendet wird zweimal am Tag), hier wurde 1868 der Autopionier August Horch (Audi) geboren, man sagt, man feiere jährlich das wohl älteste Weinfest Deutschlands, und in der Vinothek werden (fast) alle Winninger Weine offen ausgeschenkt. So manchem Besucher ist das schon zum rauschenden Verhängnis geworden – und er musste über Nacht bleiben.

ℹ️ **Mosel**

Mosel-Gäste-Zentrum, Gestade 6, 54470 Bernkastel-Kues; Tel. 06531/500190; Mo–Fr 9–17 Uhr, im Sommer auch Sa 10–17 u. So 10–13 Uhr. www.bernkastel.de **Touristeninformation Traben-Trarbach**, Am Bahnhof 5, 56841 Traben-Trabach, Tel. 06541/83980; Mo–Fr 10–16 Uhr, Sa 9–13 Uhr, Nov.–Febr. Sa u. Mi geschlossen, März Sa geschlossen. www.traben-trarbach.de **Zeller Land Tourismus GmbH**, Balduinstraße 44 , 56856 Zell (Mosel), Tel. 6542/9622-0. Mo–Fr 9–17, Nov.–März Mo–Do 9–12.30 u. 13.30–16 Uhr, im Sommer und zu Veranstaltungen erweiterte Öffnungszeiten. www.zell-mosel.com www.mosellandtouristik.de www.wein-reich.info, www.rlp-info.de

🏛

Traben-Trabacher Unterwelt, Führung durch die Weinkellergewölbe immer am letzten Freitag im Monat ab 18 Uhr. www.unterwelt-ausflug.de **Buddha-Museum Traben-Trarbach**, Bruno Möhring Platz 1; Das Tagesticket kostet für Erwachsene 15 €; Kinder 6–14 Jh. 7,50 €, Schüler/Studenten 8 €; geöffnet Di-So 10–18 Uhr, im Winter eingeschränkte Öffnungszeiten. www.buddha-museum.de **Reichsburg Cochem**, Tel. 02671/255; im Sommer tgl. 9–17; im Jan. u. Febr. nur Mi, Sa, So; Zutritt nur mit Führung (alle 15 min.). Erw. 6 €, Kinder von 6–17 J. 3 €, Familienkarte 16 €. www.reichsburg-cochem.de

Reisetipps von A bis Z

Anreise

Die Eifel ist mit dem Auto aus allen Himmelsrichtungen gut zu erreichen und von einem Autobahnnetz umgeben (A 4, A 48, A 60, A 61, E 40). Die A 1 ist im Herzen von Ost- und Vulkaneifel immer noch ein Torso, der Lückenschluss sollte längst erfolgt sein. In der Nordeifel wechseln sich gut ausgebaute Landstraßen mit kurvenreichen Nebenstraßen ab.

Die Bahnanreise ist meist mit einem Umsteigen verbunden. Wichtige Eifel-Bahnhöfe sind Euskirchen, Düren, Bad Münstereifel, Bad Neuerahr/Ahrweiler, Daun, Heimbach Gerolstein, Wittlich. Die alte (nicht elektrifizierte) Eifelquerbahn im Südosten (ab/bis Andernach) wird nur noch in Teiletappen befahren, wird aber möglicherweise wieder bis Daun reaktiviert.

Nächste große Flughäfen sind Köln/Bonn, Frankfurt und Luxemburg.

In Monreal

Angeln

Dies ist in vielen Gewässern der Eifel möglich. Teilweise gelten gesetzliche Bestimmungen (zum Beispiel Fischereischein und Angelkarte). Von A wie Aal bis Z wie Zander kann die Fangausbeute reichhaltig sein. Tipp für den Rursee: Am besten angelt man vom Boot aus – Petri Heil!

Baden

Planschen und Schwimmen ist vielfach möglich. Neben Badeseen und (Natur-)freibädern ist vor allem das Schwimmen in einigen Maaren (s. dort) ein kühlendes Vergnügen.

Camping

Die Eifel ist ein Dorado für Camping-, Caravan- und Wohnmobilfreunde. Quer über die gesamte Region verteilt laden über 100 offizielle Plätze zum Verweilen ein. Zentren sind um den Laacher See, am und um den Nationalpark, um Blankenheim, Prüm sowie in der Südeifel an der Sauer. Detaillierte Informationen gibt es im Campingmagazin und in der Broschüre »Reisemobilerlebnis«, die beide unter www.eifel.info angefordert werden können.

Eifel-Marketing

Eifel-Imbiss. Eifel-Milch. Eifel-Fleisch. Eifel-Gastgeber. Eifel-Whisky. Die Aufzählung ließe sich beliebig fortsetzen: Es ist chic und sehr angesagt, die Region Eifel auch als Werbeträger zu nutzen. Das gelbe ›E‹ im bunten Umfeld ist ›in‹, frei nach dem Motto: »Wo Eifel drauf steht, ist auch Eifel-Qualität drin«. Das mag nicht in allen Fällen stimmen, ist aber doch ein erstaunlicher Wertewandel gegenüber alten Zeiten. Unter der ›Marke Eifel‹ und mit entsprechendem Logo werden heute über die Region hinaus viele Produkte angeboten, die auch einen Trend bedienen: hin zu mehr Nähe und Regionalität. Das gilt genauso für Gastgeber mit Bett und Küche. Auch diverse Arbeitgeber haben sich die ›Marke Eifel‹ auf ihre Fahnen geschrieben.

Kriminalhaus mit Café in Hillesheim

Ferienparks

Ferien- und Freizeitparks sind eine typische Eifel-Spezialität. Über zwei Dutzend Parks wetteifern eifelweit um die Gunst der zahlenden Gäste, darunter auch die Marktführer aus den nahen Niederlanden. Die Holländer (und auch viele Belgier) sind in vielen der Anlagen alljährliche Stammgäste.

Golf

Golfen ist auf mehreren Plätzen (in der Regel 18-Loch-Bahnen) möglich, vor allem in der Südeifel. Informationen unter www.eifelbooking.de/golfen-in-der-eifel.

Informationen

Für die gesamte Eifel gibt es unter www.eifel.info Neuigkeiten und ›Basics‹. Alle einzelnen Eifelregionen haben zudem noch eigene Adressen. Alles über den Nationalpark steht unter www.nationalpark-eifel.de. Das Ahrtal vermarktet sich touristisch selbst unter www.ahrtal.de . Informationen über die belgische Eifel: www.st.vith.be/touristinfo.
Viel fürs Auge bietet die DVD »Sehenswerte Eifel« von Rhein-Eifel-TV. Vorgestellt werden 30 beliebte Ausflugsziele in informativen Kurzfilmen. Ein Schwerpunkt der DVD sind Stadtportraits: Bad Münstereifel, Bitburg, Blankenheim, Heimbach, Koblenz, Kronenburg, Mayen, Monreal, Monschau

und Trier. Die Sehenswürdigkeiten und die Geschichte der Orte werden in Kombination mit viel Wissenswertem vorgestellt (Preis 9,95 € inklusive Versand innerhalb Deutschlands – bestellen über eMail an: info@rhein-eifel.tv).
Die Öffnungszeiten vieler Touristeninformations sind ein zentrales Ärgernis. Nicht nur, dass sie sich von Gemeinde zu Gemeinde unterscheiden (können). Besonders dumm ist aber vor allem, dass nicht selten über Mittag gar nichts geht, der Besucher vor verschlossener Tür steht. Frei nach dem Motto: »Lieber Gast, du bist uns lieb und teuer. Aber nicht in unserer Mittagspause. Komm später wieder.« Diese gastunfreundliche Position findet man im deutschen Landtourismus noch häufig. Leider auch in der Eifel.

Karneval

Wer glaubt, die Eifel habe mit dem närrischen Treiben nichts im Sinn, irrt. In den Karnevalshochburgen wird auch in der Eifel Alaaf und Helau großgeschrieben. Zum Beispiel rund um Aachen, im Kreis Euskirchen, in Monschau, Gerolstein oder Mendig. Der abendliche Geisterzug in Blankenheim am Karnevalssamstag ist legendär: Die Narren verkleiden sich mit einem Betttuch und ziehen mit ihrem jecken Schlachtruf »Juh-Jah« durch die Straßen. Auch in vielen Hotels kommen Karnevalsflüchtlinge vom Regen in die Traufe.

Motorradtouren

Die Eifel ist Motorradland. Nicht nur die legendäre Nordschleife des Nürburgrings ist hügelig, kurvig und saugefährlich – viele ›normale‹ Straßen vor allem in der Nord- und Vulkaneifel sind es auch. Viele motorradfreundliche Gastgeber haben sich auf die Bedürfnisse der Tourenfahrer (zum Beispiel Trockenraum) eingestellt. Der ADAC stellt besondere Touren- und Routenblätter für Motorradfreunde bereit. (www.adac.de). Umfangreiche Planungshilfen und viele Tourtipps für eine PS-starke Eifelreise auf zwei Reifen gibt es auch unter www.eifelmotorrad.de.

Reisetipps von A bis Z

Museen

Die Museumslandschaft der Region ist eine der dichtesten in Deutschland, dabei sehr vielfältig und meist ausgerichtet auf die lokalen/regionalen Besonderheiten. So steht der vulkanische Eifel-Hintergrund an mehreren Stellen vor allem in der Ost- und Vulkaneifel im Mittelpunkt eines Museums. Aber auch kuriose Themen wie ›Mausefallen‹ oder ›Krimis‹ oder ‹Apotheken‹ finden museale Eifel-Ehren. Einen Überblick gibt es hier: www.eifelmuseen.de

Öffentliche Verkehrsmittel

Ausgehend von den großen Städten der Umgebung (u. a. Köln, Bonn, Aachen, Koblenz, Trier) sind Ziele in der Eifel mit Bus und Bahn nicht lückenlos, aber einigermaßen zügig zu erreichen.

Zur ewigen Lampe in Nideggen

Gut aufgestellt vor allem für Wanderer und Radfahrer ist der Kreis Euskirchen, der seine Angebote in einer Broschüre ›Wandern mit Bahnanschluss‹ nennt (www.nordeifel-tourismus.de).

Fahrradbusse starten zum Beispiel von Aachen aus an Sonn- und Feiertagen ab Ostern bis in den Herbst in die Eifel; entweder nach Vogelsang im Nationalpark oder nach Heimbach in der Rureifel. Die Fahrradbus-Linie 815 verbindet zudem Aachen mit Monschau und Kalterherberg, von wo aus die RAVeL-Route entlang der alten Vennbahn erreicht wird.

Tipp: Freie Fahrt in der Region Nationalpark gibt es für Gäste, die in einem teilnehmenden Betrieb übernachten.

Radeln

Das Radwegenetz ist weitläufig und hat Angebote für sportliche Fahrer wie für Rad-Wanderer. Oftmals verläuft ein Radweg dort, wo früher die Bahn fuhr. Was den Vorteil hat, dass Steigungen äußerst moderat ausfallen. Einer der beliebtesten Radwege Europas ist mittlerweile der grenzüberschreitende Vennbahn-Radweg über 125 Kilometer von Aachen bis nach Troisvierges in Luxemburg. Auf alter Bahntrasse verläuft auch der Maare-Mosel-Radweg (58

km) oder der Enz-Radweg (50 km). Auch die Flüsse Ahr, Erft, Kyll und Rur werden von gut ausgebauten Radwegen begleitet. Zu einem einzigen Thema kann man zum Beispiel auf der kurz und knackigen Mineralquellen-Route ab Daun (31 km) radeln. Auch mehrtägige Touren durch die Kombination mehrerer Radwege sind leicht möglich. Sehr nützlich ist der Flyer ›Radwege Eifel‹, der alle wichtigen Touren auf einer Übersichtskarte sowie mit Kurztexten vorstellt. Den Flyer und weitere Informationen rund ums Rad gibt es beim Eifel Tourismus, Kalvarienbergstraße 1, 54595 Prüm, Tel. 06551/9656-0, www.eifel.info/radtouren.htm.

Reisezeit

Die Eifel ist eine Ganzjahresdestination mit Schwerpunkten im Sommer und Herbst (Wandern, Wassersport, Radeln, Familienurlaub).

Reiten

Urlaubsangebote mit Pferden gibt es eifelweit einige – von Leihpferden über Pferde-Trekking und Reiterpauschalen bis hin Wanderreiten. Einen guten Überblick gibt es hier: www.eifelzupferd.de, www.eifler-pferdetrekking.de, www.westernreiten-eifel.de.

Unterkünfte

Wo schlafen, übernachten, wohnen in der Eifel? Das Angebot ist sehr vielfältig – vom ganz einfachen Zeltplatz bis hin zu wenigen 5-Sterne-Hotels. Im Schnitt bietet die Eifel einen ordentlichen Standard in Hotels, Pensionen und Ferienwohnungen auf 3-Sterne-Niveau. Ferienparks (s. dort) sind eine Eifel-Spezialität.

Wandern

Die Eifel bietet eine riesige Vielfalt an Wanderwegen, dessen Netz insgesamt an die 10 000-Kilometer-Marke heranreicht. Wie die benachbarten Regionen Rhein, Ahr oder Westerwald hat auch die Eifel ihren zertifizierten Premiumwanderweg – den Eifelsteig. Der verläuft – einmal quer durch – über 313 Kilometer von Aachen (Kornelimünster) bis Trier. Der Steig ist in 15 Etappen unterteilt, an die man sich halten kann, aber nicht muss. 14 km ist der kürzeste Abschnitt, 29 km der längste. Insgesamt geht's 7745 Meter bergauf und 8013 Meter bergab. Die ›Bergwertung‹ erreichen Wanderer im Hohen Venn bei gut 650 Meter. Beliebt sind auch die sogenannten Erlebnisschleifen – Rundwege, die durch besonders attraktive und abwechslungsreiche Landschaften führen: die Rur-Olef-Route, die von Gemünd über

Fachwerk im Dörfchen Olef

Hellenthal nach Einruhr über rund 30 Kilometer führt. Auf der Narzissenroute in Monschau-Höfen kommen immer im April Blumenfreunde voll auf ihre ›gelb blühenden Kosten‹.

Im Süden sind es die sanften Anhöhen im Bitburger Gutland, die Wanderer anlocken oder auch grenzüberschreitend die unverfälschte und raue Natur im Luxemburger Ardennen-Ausläufer, der Eislek.

Schließlich bietet die Eifel vor allem in ihrem Ostteil eine Vielzahl von so ausgewiesenen Traumpfaden, die sich vor allen lokal für lockere Tagestouren eignen. Da gibt es zum Beispiel die Vier-Berge-Tour ab Mendig (12,9 km) oder auch den kurzen Vulkanpfad bei Ettringen (6,6 km).

Apropos: Die meisten Wanderwege werden seit 1888 durch ehrenamtliche Mitarbeiter des Eifelvereins unterhalten und gepflegt. Auch sind sie für die Ausschilderung zuständig, und das mit Erfolg: Verlaufen ist quasi unmöglich.

Wassersport

Alle Arten von Wassersport sind vor allem auf dem Rursee am Nationalpark Eifel möglich (www.rursee-mein-revier.de) Auch einige Maare sind bedingt wassersporttauglich, so etwa das Maar in Schalkenmehren.

In der Nordeifel bei Reifferscheid

Reisetipps von A bis Z

Weihnachtsmärkte

In der Eifel werden an mehreren Orten besonders malerische und stimmungsvolle Weihnachtsmärkte angeboten. So zum Beispiel in Monschau, Kronenburg, Mayen oder auf Burg Reifferscheid. In Hillesheim öffnet im Dezember eine weihnachtlicher Markt in der Halle, der Vulkan-Express dampft an mehreren Dezembertagen durch die manchmal weiße Landschaft und vor den südlichen Eifeltoren an der Mosel in Traben-Trarbach geht man für den Weihnachtsmarkt unter die Erde, in ehemalige Weinkeller. Alle Informationen zu vielen einzelnen Märkten findet man auf www. eifel.info (Veranstaltungskalender).

Wintersport

Die Eifel mit ihren sanften Höhen ist nicht wirklich schneesicher. Einzig im Norden am Übergang zum Hohen Venn werden in der sogenannten Schneifel bei entsprechender Schneelage Pisten und Loipen präpariert. In den Wintersportgebieten am Schwarzen Mann nahe Bleialf und Wolfsschlucht (bei Prüm) ist alpin (auf 3 Pisten), nordisch (etwa 12 km) und Rodeln möglich, es stehen zwei Schlepplifte zur Verfügung. Hier sorgen zudem Schneekanonen für die weiße Pracht.
Schnee-Tel. 06551/4422
Skiverleih: Tel. 06551/965757 oder 0171/ 6997889
www.skiverleih-schwarzermann.de.
Übrigens hat der Name ›Schneifel‹ nichts mit ›Schnee‹ und/oder Eifel‹ zu tun. Früher wurde mundartlich mit Schneifel eine Schneise benannt, eingedeutscht wurde daraus ›Schnee-Eifel‹, die es als Region so aber gar nicht gibt.

Im Wintersportgebiet ›Weißer Stein‹ (bei Hellenthal) laden eine rund 550 m lange Piste, ein Schlepplift, gespurte Loipen (gut 6 km) und eine Rodelbahn zu einem eher familiären ›Vergnügen in weiß‹ ein. Eine Skihütte rundet das weiße Erlebnis ab (Schnee-Tel. 02482/85200).

Leichtere alpine Abfahrten sind auch anderswo in der Eifel bei entsprechender Schneelage möglich, zum Beispiel am Mäuseberg bei Daun (mit Liftbetrieb).

Wintersportgebiet Hohe-Acht/ Jammelshofen

Auch auf dem Dach der Eifel, an der Hohen Acht, sind im Gebiet Jammelshofen einige Wintersport-Disziplinen möglich (Abfahrt, Langlauf, Rodeln). Im Detail: zwei Abfahrtspisten 800 m und 400 m lang, moderne Schleppliftanlagen, maschinell präparierte Pisten, Rodelbahn, Langlaufloipe Lützelacht mit Streckenführungen von 2,5 km, 4 und 5 km (gespurt und markiert), Skischule, Langlaufschule, Verleih Langlaufski.
Schnee-Telefon und allgemeine Auskünfte unter Tel. 02691/7741, Langlaufkurse an den Wochenenden auf Anfrage unter Tel. 02691/2519.
Die Schlepplifte sind bei ausreichender Schneehöhe werktags von 13–17 Uhr und an den Wochenenden von 9–17 Uhr in Betrieb.

Nützliche Links

Wandern

Unter www.eifel.info gibt es das Magazin Wanderland mit einer Übersichtskarte aller Wanderwege in der Eifel.
www.eifelreise.de, www.eifelfuehrer.de, www.eifelsteig.de, www.traumpfade.info

Römer

www.erlebnisraum-roemerstrasse.de

Vulkane

www.geopark-vulkaneifel.de (Vulkaneifel)
www.vulkanpark.com (Osteifel)

Wein

www.ahrwein.de
www.mosellandtouristik.de
www.wein-reich.info

Literatur – Eifel zum Schmökern

Alessandra Barabaschi, Axel Schwalm: Eifel – Lieblingsplätze zum Entdecken. Gmeiner-Verlag. ISBN 978-3-839 219973.

Alexander Barth: Unorte. 50 Spuren der Weltkriege im Dreiländereck zwischen Aachen (Eifel/Ardennen), Lüttich und Maastricht. ISBN 978-3-86712–118-7.

Jacques Berndorf: Diverse Eifel-Krimis. Erschienen im Grafit-Verlag, Dortmund und später in der KBV Verlags- und Mediengesellschaft, Hillesheim.

DuMont Bildatlas Eifel – Aachen. ISBN 978-3-7701-9346-2.

Heinz Günter Horn: Agrippastraße Köln-Trier. Reihe: Reisen in die Heimat. J.P. Bachem-Verlag. ISBN 978-3-7616-2365-7.

Heinz Günter Horn: So badeten die Römer. Rund um die Thermen von Zülpich. Verlag Ralf Liebe. ISBN 978-3-941037-06-9.

Bernd Imgrund: 111 Orte in der Eifel, die man gesehen haben muss. Emons-Verlag. ISBN 978-3-95451-003-0.

Matthias M. Machan/Heinz Wohner: Die Eifel. Ein großformatiger Bild-/Text-Band.

Sehens- und lesenswert. Ellert & Richter Verlag. ISBN 3-89234-622-4.

Barbara und Hans Otzen: Erlebnis Nationalpark Eifel. Die erste grundlegende Publikation über den einzigen Nationalpark in NRW. Viele tolle Fotos. Regionalia-Verlag. ISBN 978-3-95540-207-5.

Hans-Peter Pracht: Sagen und Geschichten aus der Eifel. Ein literarischer Reiseführer. J.P. Bachem-Verlag. ISBN 978-3-7616-2164-6.

Hans-Peter Pracht: Das ist die Eifel. Maare, Burgen, Kommissare. Ein Wegweiser mit Tiefgang, der Spaß macht. Regionalia-Verlag. ISBN 978-3-95540-231-0.

Thomas Schiffer: Auf Römerwegen durch die Eifel. Ein Reiseführer mit römischer Ausrichtung. Regionalia-Verlag. ISBN 978-3-939722-47-2.

Bernd und Gabriele Steinicke: Magie der Vulkaneifel. Unterwegs zu Maaren, Kratern und Geysiren. Theiss-Verlag. ISBN 978-3-8062-3017-8.

Der Autor

Alexander Richter bereist als freier Redakteur und Autor von seiner Heimatstadt Köln aus die Welt und hat von allen Kontinenten (außer Australien) zahlreiche Reisereportagen in Zeitungen und Zeitschriften in Deutschland, Österreich, der Schweiz und in Luxemburg veröffentlicht. Die Eifel, die immer wieder unter den TOP 10 der deutschen Wanderregionen auftaucht, kennt er von Kindesbeinen an, die damals noch in einer Sepplhose steckten...

Danke an Rieke, meine Frau, für die charmante Begleitung und die Bereitschaft, 14 Tage Eifelurlaub statt Strand in Frankreich zu wagen und zu genießen. Und danke an Sarah Schroer-López für die Recherche-Mitarbeit.

Alexander Richter

Anhang

INTERNATIONALER PLATZ VOGELSANG IP
IM NATIONALPARK EIFEL

NATIONALPARK-ZENTRUM EIFEL

ERLEBNISAUSSTELLUNG
„WILDNIS(T)RÄUME"
2.000 QUADRATMETER
BARRIEREFREI & FÜR JEDES ALTER

Ausstellungsführungen:
in Begleitung eines Rangers, täglich 14 Uhr,
samstags, sonntags und an Feiertagen
11 und 14 Uhr, ohne Voranmeldung

Media-Guides mit Fremdsprachen,
Audiodeskription und Gebärdensprache

**Spezielle Angebote mit Indoor- und
Outdoor-Programm auf Anfrage**

Ausflüge in die Umgebung:

Wanderungen mit dem Ranger
(sonntags 13 Uhr)

Kutschenfahrten (April bis Oktober)

Weitere Infos:
www.nationalparkzentrum-eifel.de

NS-DOKUMENTATION VOGELSANG

DAUERAUSSTELLUNG
„BESTIMMUNG: HERRENMENSCH.
NS-ORDENSBURGEN ZWISCHEN
FASZINATION UND VERBRECHEN"

Ausstellungsführungen:
samstags, sonntags und an Feiertagen
11 und 14 Uhr

Geländeführungen:
täglich 14 Uhr, samstags, sonntags und
an Feiertagen 11 und 14 Uhr

**Individuelle Führungen und diverse
Bildungsprogramme auf Anfrage**

Täglich 10 bis 17 Uhr, 365 Tage geöffnet

FORUM VOGELSANG IP
Vogelsang 70
53937 Schleiden / GERMANY
fon +49 (0) 2444 91579-0
www.vogelsang-ip.de

Kartenregister

Übersichtspläne
Nordeifel und Ostbelgien S. 49
Rureifel und Eifeler Seenplatte S. 64
Vordereifel S. 86
Osteifel S. 99
Ahreifel S. 114
Vulkaneifel S. 145
Südeifel S. 168/169

Stadtpläne
Aachen S. 41
Bad Münstereifel S. 88
Bad Neuenahr-Ahrweiler S. 122
Gerolstein S. 150
Bitburg S. 173
Trier S. 185

Bildnachweis

Reissdorf Kölsch

KÖLSCHE MOMENTE

... auch in der Eifel
Drink doch ene met!

Kölner Brautradition seit 1894

KÖLSCHGENUSS AUS DER PRIVAT-BRAUEREI REISSDORF

Kartenlegende

- Autofähre
- Bahnhof
- Bank
- Bar
- Brunnen
- Burg/Festung
- Burgruine
- Busbahnhof
- Café
- Campingplatz
- Denkmal
- Dorfkirche
- Fähre
- Flughafen
- Hafen
- Höhle
- Hotel
- Internetcafé
- Kino
- Kirche
- Kloster
- Klosterruine
- Krankenhaus

- Leuchtturm
- Markt
- Moschee
- Museum
- Naturschutzgebiet
- Oper
- Parken
- Parkhaus
- Post
- Restaurant
- Ruine/Ausgrabungs- stätte
- Segeln
- Sehenswürdigkeit
- Seilbahn
- Strand
- Supermarkt
- Synagoge
- Theater
- Tor
- Touristeninformation
- Turm
- Zoo

- ★ Sehenswürdigkeit
- Burg
- Kirche
- † Friedhof
- Zeltplatz
- ▲ Berggipfel
- Seilbahn

- Autobahn
- Schnellstraße
- Hauptstraße
- sonstige Straßen
- E 65 Europastraße
- A 65 Autobahn
- 243 Bundesstraße
- Eisenbahn
- ⊖ Grenzübergang
- Staatsgrenze
- ■ Hauptstadt
- ● Stadt/Ortschaft

Zeichenlegende Infokästen

- Allgemeine Informationen
- Busbahnhof
- Bahnhöfe, Zugverbindungen
- Informationen für Autofahrer
- Schiffsverbindungen
- Hotels, Gästehäuser
- Campingmöglichkeiten
- Restaurants, Cafés
- Museen, Galerien, Ausstellungen
- Konzert, Musikfestival, Theater

- Naturparks, Wildgehege
- Thermen, Hallenbäder
- Freibäder
- Badestrände
- Bootsverleih
- Angelmöglichkeiten
- Freizeitpark, Kirmes
- Sportmöglichkeiten
- Einkaufsmöglichkeiten